沟通基层
媒介与中国乡村有效治理的基础建设

李 乐 著

复旦大学出版社

目录

>> 导 言 / 1

>> 第一章　媒介与乡村有效治理的政治基础 / 23

　　　　第一节　电视与中央治理力量的突显 / 25

　　　　第二节　融媒体中心与县级党组织治理力量的强化 / 37

　　　　第三节　社交媒体与农村基层党组织治理能力建设 / 52

　　　　第四节　重启农村广播：赓续集体化时期的基层治理经验 / 64

　　　　第五节　媒介、国家政权与乡村有效治理 / 81

>> 第二章　媒介与乡村有效治理的社会基础 / 86

　　　　第一节　农村红白喜事的社会关系网络与人际互动 / 88

　　　　第二节　农村群众文化活动的文化网络与乡村交往 / 98

第三节　农村电影放映的集体性塑造与乡村交往 / 117

第四节　社交媒体的乡村虚拟社区构建 / 133

第五节　媒介、社会交往与乡村有效治理 / 138

>> 第三章　媒介与乡村有效治理的文化基础 / 141

第一节　家谱编修：乡村血缘伦理文化的延续 / 141

第二节　村志编纂与村庄政治文化的承续 / 147

第三节　农村文化礼堂的集体记忆建构 / 156

第四节　村庄记忆在网络空间的创生和绵延 / 164

第五节　媒介、文化传承与乡村有效治理 / 170

>> 第四章　媒介与乡村有效治理的信息基础 / 177

第一节　乡村治理中的信息不对称 / 178

第二节　电视的"三农"政策信息传播及其局限 / 184

第三节　乡村治理中基于互联网媒介的信息沟通 / 191

第四节　乡村智治中的信息沟通 / 205

第五节　媒介、信息沟通与乡村有效治理 / 212

>> 第五章　媒介视角下的乡村有效治理 / 217

第一节　媒介与自治主体间的关系塑造及沟通 / 217

第二节　媒介与法治的政权支持及观念培育 / 224

第三节　媒介对实现乡村德治的支持 / 227

第四节　媒介维度的"三治"融合 / 232

>> 结　语 / 239

>> 附　录　调查访谈提纲 / 245

>> 主要参考文献 / 252

>> 后　记 / 272

导　言

一、研究缘由

中华人民共和国成立初期,农村集体化进程的结果是在1962年确立了"政社合一"的人民公社体制。改革开放后,农村人民公社很快成为历史,家庭联产承包责任制迅速得以确立,农村基层自治制度逐渐完善并在全国范围内推广开来。这意味着新中国乡村治理进入一个新的历史时期。新时期以来的农村改革为乡村经济发展乃至整个国家的经济发展释放出巨大能量。同时,随着城市化进程的快速推进,农村人口大规模流向城市,农村基层乡土性走向式微,乡村社会在后公社时期呈现出离散化的趋向。这给乡村治理带来了挑战,也给乡村治理研究提出了新问题。

1. 乡村治理实践提出的问题

农业、农村、农民("三农")问题是关系国计民生的根本性问题,解决好包括乡村治理在内的"三农"问题是中国共产党工作的重中之重。党的十九大报告提出实施"乡村振兴战略",将"治理有效"作为实施这一战略的总要求之一①。为贯彻落实党的十九大精神和《中共中央、国务院关于实施乡村振兴战略的意见》部署

---

① 习近平:《习近平谈治国理政》(第三卷),外文出版社2020年版,第25页。

要求,2019年中共中央办公厅、国务院办公厅印发《关于加强和改进乡村治理的指导意见》,明确了实现"治理有效"的具体举措,提出了关于乡村治理的一个阶段性目标:"到2035年,乡村公共服务、公共管理、公共安全保障水平显著提高,党组织领导的自治、法治、德治相结合的乡村治理体系更加完善,乡村社会治理有效、充满活力、和谐有序,乡村治理体系和治理能力基本实现现代化。"[1]近年来,在中央战略、政策的指引及各级党委、政府的推动下,党组织领导的自治、法治、德治相结合的乡村治理体系逐渐完善,惠及广大乡村民众的乡村治理成果日益显现。然而,乡村振兴是一个较为长期且艰难的进程,乡村有效治理的实现也不可能毕其功于一朝一夕,并且同样艰难。实现乡村有效治理需要尽可能充分地调动相关积极因素,传播即为其中的重要一种。

乡村社会的有效治理离不开有效的传播,因为"社会不仅因传递(transmission)与传播(communication)而存在,更确切地说,它就存在于传递与传播中"[2],"传播远远超出单纯的信息(information)传递和交流:传播创造和维持社会"[3]。就此而言,传播是可以改变乡村社会治理状况的一种重要力量。乡村治理离不开信息传播和交流,也离不开传播对乡村社会的创造和维系。传播之于乡村治理到底存在什么样的具体现实关系,传播在应然层面如何介入乡村治理才能更加有效?这是新时代乡村振兴事业给传播学界提

---

[1] 《关于加强和改进乡村治理的指导意见》,中华人民共和国中央人民政府网站,http://www.gov.cn/zhengce/2019-06/23/content_5402625.htm,最后浏览日期:2021年7月22日。
[2] 这是杜威(Dewey)的观点,转引自[美]詹姆斯·W.凯瑞:《作为文化的传播:"媒介与社会"论文集》,丁未译,华夏出版社2005年版,第3页。
[3] 这是贝尔曼(Belman)对芝加哥学派观点的概括,转引自[美]E.M.罗杰斯:《传播学史——一种传记式的方法》,殷晓蓉译,上海译文出版社2005年版,第170页。

出的重要问题。

2. 现有研究引出的课题

关于传播与乡村社会治理问题,学术界已有一批具有较高学术价值和现实意义的研究成果。这些成果为本研究的展开提供了较高起点和有益提示,因而有必要进行深入评述。

第一,既有研究成果较少涉及传播媒介对各乡村治理主体关系的塑造这一重要问题。在乡村治理实践中,治理主体不是互不相关的行动者,而是由互动形成特定的关系并在这种关系的基础上开展活动的行动者。各治理主体之间有面对面的互动(如开会),也有经由广播、电视、网络新媒体等传媒中介的互动。有别于面对面的互动,经由传媒中介的互动是现代性的一种表现①。因此,研究经由传媒中介的各治理主体之间的互动及其形成的关系显得尤为必要。在与之相关的领域,学术界业已产出一批富有启发意义的成果②。然而,值得注意的是,这些成果关于传媒的论述都有一个基本倾向,即将其视为治理主体为达到某种目标而采用的工具、手段、渠道、路径等,至于传媒的特殊性质及其对各治理主体之间关系的塑造则被忽略了。实际上,治理主体对传媒的使用并不是随心所欲的,必定会受到传媒本身性质的制约。进一步讲,

---

① 潘忠党:《"玩转我的 iPhone,搞掂我的世界!"——探讨新传媒技术应用中的"中介化"和"驯化"》,《苏州大学学报(哲学社会科学版)》2014 年第 4 期。潘忠党认为:"'中介化'是对人类传播/交往形态转换的一个概括,即经由传媒中介的社会交往和互动,有别于面对面的社会交往和互动,凸显于现代社会,是现代性的表现之一。"按照这种解释,本研究只在现代性的意义上使用"中介"一词。

② 代表性成果如徐勇:《"宣传下乡":中国共产党对乡土社会的动员与整合》,《中共党史研究》2010 年第 10 期;李广:《中国乡村治理中的政治传播与控制》,山东大学出版社 2011 年版;蒋旭峰、唐莉莉:《政策下乡的传播路径及其运作逻辑——一项基于江苏省 J 市 10 个乡镇的实证调查》,《学海》2011 年第 5 期;王越、费爱华:《从组织传播到大众传播:国家治理乡村社会的策略演进》,《南京社会科学》2012 年第 4 期。

一种新传媒的出现必然会重组各乡村治理主体之间的关系,并在他们当中重新分配力量。

第二,乡村民众之间的交往关系成为乡村传播研究的重要论题。乡村民众是乡村治理的重要主体。在传统媒体时代,乡村民众主要是自上而下信息传播的接受者,他们之间缺乏有效的传媒连接。因此,在早先的乡村传播研究中,乡村民众的整体形象不仅较为被动,而且颇似孤立的原子。基于互联网的社交媒体在乡村社会推广开来之后,乡村民众在乡村传播研究中的整体形象得到很大程度的改观。例如,方晓红、牛耀红的研究认为,"村民通过网络公共生活复兴,使分散在不同时空中的个体再聚合,密切社会交往,重构社会连接,实现'网络共在'。村民通过网络公共参与重建乡土舆论,重构乡约民规,重兴乡土精神,达成'舆论共识'。村民通过网络动员、组织共同参与乡村公共事务,促进'共同行动'。网络公共空间建构了新型村民参与公共事务的平台和机制,经由传播实现了村民从'共'到'公'的转化,在讨论和行动中拓展了'公'的边界,再生产了乡土公共性。传播构成了网络公共交往,传播生成了网络公共舆论,传播促成了网络公共行动,因此传播生成公共性"[1]。又如,郑素侠、杨家明的研究认为,"通过对进城务工人员和市郊乡村居民的深度访谈,发现信息传播技术(ICTs)的可供性,以及乡村人口对技术所提供机会和潜力的感知、采纳,改变了乡村的交往格局,塑造了数字技术时代的乡村社会关系,重现并延伸了在城市化浪潮中遗失的'部落体验',进而推动了中国乡

---

[1] 方晓红、牛耀红:《网络公共空间与乡土公共性再生产》,《编辑之友》2017年第3期。

村'重新部落化'的进程"①。以上两项研究关注的都是基于互联网媒介的乡村居民交往关系,在这种类型的研究之外,还有关于网络使用对乡村居民现实人际交往影响的研究。金恒江、聂静虹、张国良基于问卷调查和焦点小组访谈,从关系传播理论视角出发,探讨社交网络使用对乡村居民人际交往的影响。他们的研究发现:在宏观视角上,社交网络使用的社会心理因素(网络社会临场感)和社交网络使用行为(网络自我表露、网络信息分享、网络娱乐活动)均对乡村居民现实和网络人际交往质量具有显著正向影响;在微观视角上,社交网络使用对乡村居民的现实人际交往(亲子交往/亲密交往/友谊交往/老乡交往)和网络陌生人交往起着积极调适作用,但对现实邻里交往存在失调效应②。尽管乡村民众在乡村传播研究中的形象是在他们开始使用移动互联网之后才发生变化的,但这并不等于说当下只有移动互联网才能将乡村民众连接起来进而形成较为紧密的交往关系。实际上,带有传统性的农村红白喜事、群众文化活动和电影放映等都具有这方面的功能,但既有研究较少涉及它们。

第三,传承作为传播的重要方面,已经开始受到乡村传播研究者的注意。狭义的传播指建立在信息沟通基础上的人类交流,这种意义上的传播发生在共时的个体之间;广义的传播则包括历时的人类交流,发生在不同世代之间,也可以称这种类型的传播为传承。传播的共时交流维度固然值得重视,其历时交流维度也不可轻视。有学者指出:"同一个事实可以从不同的层面来进行研

---

① 郑素侠、杨家明:《云端的连接:信息传播技术与乡村社会的"重新部落化"》,《现代传播(中国传媒大学学报)》2021年第5期。

② 金恒江、聂静虹、张国良:《乡村居民社交网络使用与人际交往——基于中国35个乡镇的实证研究》,《新闻与传播研究》2020年第2期。

究,既要有区别又要有兼容性。比如说,人类语言可以被当作一种传播工具(moyen de communication),一种使对话双方互相沟通理解的交流工具来分析研究。同时,人类语言也具有传承功能(fonction de transmission)……当我们把语言当作一种传播工具来研究的时候,其实就是以一种同步的方式来研究个体间的相互作用;但我们把语言当作一种具有传承功能的工具来研究的时候,那是从历时性的角度来看,来研究代与代之间的相互作用。然而,我们面对的对象始终是同一种语言。"①换言之,传播与传承是一对存在显著区别的范畴,而到底是传播包含传承,还是传承独立于传播之外,这仅是概念理解上的差异问题。抛开这种差异不论,这位学者的论述揭示出人类交流的不同维度,也表明传承不应被忽视。乡村治理研究领域的学者已开始注意乡村民众交流中的传承现象。张祝平在考察乡村礼堂变迁与乡村社会再组织化问题的基础上,提出农村文化礼堂应以传承创新为原则,寓变于不变之中,既重视当下的合理性,也重视历史的合理性,"正确处理好传统与当下的关系,促进传统与现代的融合,赋予传统文化新意,凝练乡村主流文化价值"②。从技术的角度看,农村文化礼堂以建筑形式出现,属于传统性质的媒介。实际上,不仅传统性质的媒介具有传承功能,以互联网技术为基础的新媒体同样具有这种功能。于晶、谢泽杭以抖音"福建村"为个案,聚焦农民工短视频社群建构与乡土记忆的关系,探讨新媒体如何影响记忆生成与再现。他们的研究发现,因技术赋能下的情感互需,抖音"福建村"以在线社群方式

---

① [法]雷吉斯·德布雷:《媒介学引论》,刘文玲译,中国传媒大学出版社2014年版,第4—5页。
② 张祝平:《论乡村礼堂的变迁与乡村社会的再组织化》,《广西民族大学学报(哲学社会科学版)》2016年第6期。

被建构。抖音"福建村"借用"地方",利用地方资源再生产创作短视频作品,使用仪式化直播进行展演,开展乡土记忆实践,依托地缘、血缘形成文化认同与共通交流内容,成员的互动和分享让共有的乡土记忆得以生成。研究认为,新媒体的出现使得记忆场域不断拓宽,短视频平台独特的算法推送机制为拥有共同乡土记忆的网络社群形成助力,生成了介于绝对领导与人人平等间的记忆场域①。共同乡土记忆经由新媒体的生成,看起来仅是当下乡村社区成员之间互动的结果,但集体性质的记忆本身具有历时的传承性。这就是说,共同乡土记忆经由新媒体的持续生成也是不同世代的乡村社区成员之间交流的结果。就此而言,共同乡土记忆的生成体现了新媒体的传承性能。从研究现状来看,尽管传承在乡村治理中的作用已被注意到,但开掘的深度、涉及的媒介都比较有限。例如,乡村治理视角下农村文化礼堂的传承性有待进一步揭示和论述,家谱、村志的传承性少有学者论及。

第四,学术界对乡村治理中信息不对称问题间或有涉及,但尚不深入。与治理相关的信息在各乡村治理主体之间均衡分布是实现乡村有效治理的重要前提,学术界对此早有关注。杨俊凯、唐俊、周丽婷的研究揭示出信息不对称与转型期乡村社会中农村的生存现实和村级治理困境的关联性,提出关于政策与制度在农村的创新实施、和谐干群关系的构建和村级管理规范化问题的对策②。孙翊锋、刘晓波认为,乡村治理中信息不对称的消极影响表现为治理低效、农民的政治冷漠和腐败行为的滋生等;信息不对称

---

① 于晶、谢泽杭:《故乡何处是:短视频平台上的农民工社群建构与乡土记忆——对抖音"福建村"的考察》,《新闻界》2021年第9期。

② 杨俊凯、唐俊、周丽婷:《非对称信息视角下的村级治理——来自信息经济学的分析和阐释》,《当代经济》2007年第9期(上)。

的成因包括村干部自利性的存在、信息传递机制不完善、信息交易的成本太高、农村居民对信息的理解有限和村务信息公开制度缺乏等;消除信息不对称状况应采取的对策有转变村干部信息观念、构建有效的信息传递机制、实行村务信息公开制度和提高村民信息素质等[①]。侯东栋将农村居民视为在差序格局环境下成长的能动性个体,研究如何优化农村信息传递环境。他认为:"传统乡土社会的差序格局是农村居民有机互动的生活和价值共同体,这在农村基层管理者身上留有深刻的印记。伴随着农村内部利益结构不断复杂和农村社会阶层分化日益凸显,农村部分基层管理者凭借对公共信息的优先获取,导致形成公共信息圈子化,进而侵犯公共利益。要推动农村治理现代化,离不开对差序格局熟人社会弊端的克服。故而,要注重外引和内生的双重途径,优化农村公共信息的供给机制,提高基层管理者治理水平,以期畅通农村公共信息传递环境并推动农村熟人社会的良性互动。"[②]信息不对称问题是长期困扰乡村治理的老问题,从目前的情况看,学术界对这一问题的关注度不够高,研究也不够深入。近年来,既有研究提出的对策在乡村治理中得到部分落实,在一定程度上改善了信息沟通不畅的状况,但并未从根本上解决这一问题。实际上,新信息技术变革为解决这一问题创造了新的有利条件,这是当前学术界探寻解决这一问题新路径的良好契机。

第五,传播的负效应业已进入乡村传播研究者的视野。从传播学的奠基者开始,传播的正效应就是传播研究的焦点,西方早期

[①] 孙翊锋、刘晓波:《乡村治理中信息不对称问题及其对策分析》,《金融经济》2011年第14期。

[②] 侯东栋:《差序格局、信息传递与农村治理现代化》,《电子政务》2018年第3期。

主流传播研究关于传播的结构和功能分析就是这方面的重要表现。在西方,传播批判研究居于次要地位,其研究旨趣偏向传播的负效应,并且偏爱社会宏观层面的分析。在中国乡村治理研究领域,长期以来,研究者的主要关注点集中于传播的正效应,不过,在电视成为乡村社会的主导性媒介之后,传播的负效应引起了研究者的注意。车英、袁松、张月盈认为:"税费改革之后,媒体成为农民获取政策信息的最主要的来源。上级政府的政策信息以大众传播的模式通过传媒的政策报道、典型报道、批评报道及常规新闻节目直接向农民受众传递。村民与基层干部之间、村民与村民之间基于不同的利益角度对这些'直达'的政策精神做出的不同解释,使得基层治理中的意见分歧越来越大。这一方面削弱了基层组织的权威,增加了基层政权采取作为的难度,另一方面也强化了农村公共品自我供给的困难。"①孙秋云、王利芬、郑进对贵州、湖南、河南等地乡村的实地调查显示,当电视成为乡村社会主导性媒介后,它对村民国家形象的认知起着重要作用,"这种影响主要表现为中央政府与地方基层政权、中央电视媒体与当地县市电视媒体间较为强烈的认知割裂状态"②。除影响地方基层政权和农村基层组织的权威及村民对它们的认知之外,电视还削弱了乡村社会的面对面交往。陈新民、王旭升发现,电视在农村的不断普及成为"饭市"这一中国北方农村地区常见的日常生活现象日趋衰落的重要原因,而"饭市"本是"一种活跃的群体传播方式和典型的村落公

---

① 车英、袁松、张月盈:《试论新闻传播在乡村治理中的反作用》,《武汉大学学报(人文科学报)》2008年第1期。
② 孙秋云、王利芬、郑进:《电视传播与村民国家形象的建构及乡村社会治理——基于贵州、湖南、河南三省部分乡村的实地调查》,《广东社会科学》2015年第1期。

共空间"①。从目前的研究情况来看,学术界对传播负效应的关注主要集中于电视,较少涉及其他媒介,特别是对当下正在乡村社会中日益普及的互联网媒介缺乏省思。

第六,在传播与乡村治理研究领域,考察一种或几种传播媒介的研究较多,系统考察传播媒介的研究较少。农村地区空间广阔,在当中发挥作用的传播媒介不仅有以现代信息技术为支撑的传媒,还有颇具乡土色彩的传统性媒介。从整体上对重要的传播媒介加以考察,可以发现它们在乡村治理中的优劣之处及互补性,以便更有力地推动乡村社会趋向善治。其一,从历史进程的纵向脉络来看,每个阶段的乡村主导性媒介都对乡村治理主体间的关系产生了重要影响,乡村主导性媒介的更替会造成乡村治理主体间关系的变动。因此,从整体上考察乡村主导性媒介的更替,不仅可以厘清媒介维度上乡村治理主体间关系的来龙去脉,而且有助于在主导性媒介之外发挥其他媒介的优长以弥补主导性媒介在调整治理主体间关系方面的不足。其二,从整体上考察媒介与乡村交往关系,既可以发现电视这类媒介给乡村交往带来的负面效应,也可以更加清楚地看到基于互联网的社交媒体给增进乡村交往关系带来的新契机。同时,尽管从当前的情况来看社交媒体有助于增进乡村交往关系,但在技术中介的离身性交往中,作为熟人社会的乡村是否会重蹈城市的覆辙,逐步转向"陌生人社会",是值得深思的问题②。在离身性交往带来的结果具有不确定性的情况下,充分重视农村红白喜事、群众文化活动、电影放映这类以身体在场

---

① 陈新民、王旭升:《电视的普及与村落"饭市"的衰落——对古坡大坪村的田野调查》,《国际新闻界》2009 年第 4 期。
② 郑素侠、杨家明:《云端的连接:信息传播技术与乡村社会的"重新部落化"》,《现代传播(中国传媒大学学报)》2021 年第 5 期。

为前提的交往中介尤为必要。其三,从整体上系统考察重要的乡村传播媒介,有助于区分偏向"传播"的媒介和偏向"传承"的媒介,从而在乡村治理场域中实现信息传播与文化传承的相融互补。在既有的研究中,信息传播受到更高程度的关注,这一领域产生的成果也较为丰富,文化传承却没有得到应有的重视,而文化传承是乡村治理实践不可缺少的要素。其四,从整体上系统考察重要的传播媒介,有助于发现新信息技术条件下具有破除乡村治理信息不对称状况潜能的媒介,从而构建有利于信息流通的传播媒介体系。其五,从整体上系统考察重要的乡村传播媒介,有助于发现某些传播媒介在乡村治理领域产生的负效应并予以弥补。例如,电视削弱市县级和农村基层政权的权威,影响村庄社区成员面对面交往,这种负效应可以通过加强县级融媒体中心建设、重启旧媒体或者援引新媒体等措施予以弥补。同理,基于移动互联网的社交媒体正成为乡村社会的主导性媒介,可能对乡村治理大有裨益,也可能给乡村治理带来负效应。如果这种效应存在,如何运用其他媒介的优长进行弥补,也是本研究需要探讨的问题。

综合上述,在既有研究的基础上探讨传播视角下的乡村治理仍存在较大可拓展的空间,包括六个方面:传播媒介与各乡村治理主体关系的建构、传播媒介与乡村民众交往关系的塑造、传播媒介与乡村文化的传承、传播媒介与乡村治理中信息不对称状况的改变、传播媒介变革在乡村治理中产生的负效应及对它的因应、传播媒介系统在乡村治理中的整体效应。

二、研究对象和研究方法

确立主要问题和主要课题指明了研究的目标,在此基础上,还需要明确研究对象和研究方法。其中,关于研究对象的界定可以从厘清相关概念入手,因为研究对象总要通过相关概念来指称。

1. 研究对象及指称它们的相关概念

在本研究中,乡村传播是研究乡村治理的入射角,也是研究对象的重要组成部分。李红艳对乡村传播的界定是:乡村社会内部及与之相连接的外界传播系统的传播现象①。这一定义的价值在于指明乡村传播并不只是发生在乡村社会内部的传播现象,在现代技术条件下乡村社会内部发生的诸多传播现象总与外界传播系统相连。在这一定义的基础上,结合本研究的需要,还可以对乡村传播做两个方面的延伸解释。第一,从媒介来源看,乡村社会发生的传播现象有三种类型:一是从外部嵌入乡村社会的传播现象,主要指以广播、电影、电视、互联网等为媒介的传播现象;二是乡村社会内生的具有乡土性质的传播现象,主要指以农村红白喜事、家谱等为媒介的传播现象;三是内外因素结合而成的传播现象,主要指以农村群众文化活动、农村文化礼堂等为媒介的传播现象。第二,从传播内容看,乡村社会发生的传播现象有两种类型:一是以信息散布和沟通为主的传播现象;二是以文化传承为主的传播现象。

在构成乡村传播的多种要素中,哪种要素最重要?对这一问题不免见仁见智。有学者认为是信息②,但对本研究而言,传播媒介最适合作为乡村传播的核心要素,因为在媒介视角下比较容易做到将外部与内部、嵌入性与本土性、信息沟通与文化传承等统筹起来加以考量。此外,麦克卢汉的"媒介即讯息"命题也说明媒介

---

①② 李红艳:《关于乡村传播与新农村建设的几点思考》,《中国农业大学学报(社会科学版)》2006年第3期。

视角是考察传播现象的锐利眼光。麦克卢汉的这一命题包括两个层面的含义:第一,从漫长的人类社会发展过程来看,真正有意义、有价值的"讯息"不是各个时代的传播内容,而是这个时代所使用的传播工具的性质、它所开创的可能性及带来的社会变革;第二,"媒介是社会发展的基本动力,每一种新的媒介的产生,都开创了人类感知和认识世界的方式,传播中的变革改变了人类的感觉,也改变了人与人之间的关系,并创造出新的社会行为类型"①。在麦克卢汉生活的年代,媒介变革相较于前代称得上急剧,媒介变革所造成的影响也比较显著,这是麦克卢汉媒介观形成的时代条件。正是在这样的时代,麦克卢汉发现了媒介在传播诸要素中的决定性地位,发现了媒介在漫长历史中作为变量所引起的人类社会的变化。21世纪以来,以数字和新信息技术为支撑的互联网媒介改变了媒介嬗变的规律,它对社会、人与人之间的交往关系、人类感知和认识世界的方式等所带来的变化,在广度、深度上并不亚于文字、印刷术的发明。不仅如此,21世纪以来的媒介变革堪称剧烈,其急剧程度是历史上历次媒介革命所未曾达到的。正是由于21世纪以来媒介变革的频次较高,媒介过去在较长时段才能释放出来的力量,现在在较短时间内就得到展现,并且更加强劲。这意味着,媒介不再仅是丈量历史长期变迁的尺度,也是考察当下的锐利视角。因此,综合来看,从媒介切入传播与乡村治理研究是一个比较有利的选择。

乡村治理既是本研究的归宿,也是研究对象的另一个重要组成部分。乡村治理,就是治理主体"对乡村社会的调控、引导和规

---

① 郭庆光:《传播学教程》,中国人民大学出版社1999年版,第148页。

范"①。乡村治理实践存在两种类型的主体。

一是国家政权。国家政权指中国共产党及其领导的各级各类国家机构和组织等。就乡村治理而言,农村基层政权在国家政权体系中的地位特别重要。农村基层政权可分为三部分。第一部分是农村基层党组织。党中央对农村基层党组织的界定和要求为:乡镇党委和村党组织(村指行政村)是党在农村的基层组织,是党在农村全部工作和战斗力的基础,全面领导乡镇、村的各类组织和各项工作,其领导地位必须坚持,不能动摇②。第二部分是乡镇人民政府。第三部分包括村民自治组织、村务监督组织、集体经济组织、农民合作组织和其他经济社会组织。对三者之间的关系及各自职能,《中华人民共和国村民委员会组织法》规定:"中国共产党在农村的基层组织,按照中国共产党章程进行工作,发挥领导核心作用,领导和支持村民委员会行使职权;依照宪法和法律,支持和保障村民开展自治活动、直接行使民主权利。""乡、民族乡、镇的人民政府对村民委员会的工作给予指导、支持和帮助,但是不得干预依法属于村民自治范围内的事项。村民委员会协助乡、民族乡、镇的人民政府开展工作。"③中共中央办公厅、国务院办公厅印发的《关于加强和改进乡村治理的指导意见》规定:"村党组织全面领导村民委员会及村务监督委员会、村集体经济组织、农民合作组织和其他经济社会组织。村民委员会要履行基层群众性自治组织功能,增强村民自我管理、自我教育、自我服务能力。村务监督委员会要发挥在村务决策和公

---

① 周郎生:《治理的理论诠释——从治理到乡村治理》,《兰州学刊》2008年第7期。
② 《中国共产党农村基层组织工作条例》,法律出版社2019年版,第1页。
③ 《中华人民共和国村民委员会组织法》,中国人大网,http://www.npc.gov.cn/zgrdw/npc/xinwen/2019-01/07/content_2070268.htm,最后浏览日期:2023年6月3日。

开、财产管理、工程项目建设、惠农政策措施落实等事项上的监督作用。集体经济组织要发挥在管理集体资产、合理开发集体资源、服务集体成员等方面的作用。农民合作组织和其他经济社会组织要依照国家法律和各自章程充分行使职权。"①尽管国家政权是作为一个体系而在乡村治理中发挥作用的,但这个体系内部也存在差异,从中央政权到省、市、县级政权,再到农村基层政权,它们各有不同的职能,在乡村治理中的定位也不尽相同。调整它们之间的关系以使其乡村治理效能最大化,便构成乡村治理的政治基础。

二是构成乡村社会的乡村民众。乡村民众既是乡村治理对象——乡村社会——的主要要素,又作为乡村治理主体出现在乡村治理实践中。乡村民众并不是抽象的存在,而是具有异质性的乡村社区成员的总体。在城市化、全球化进程中,具有异质性的乡村民众个体呈现出原子化趋向。在此情势下,重建乡村民众个体之间的连接、交往和交流,以使乡村民众结合成为具有一定程度共识的集合体,便成为乡村治理的社会基础。

乡村治理主体对乡村社会的调控、引导和规范主要包括两个方面:一是乡村民众通过乡村文化传承而实现的自我调控、引导和规范;二是国家政权与乡村民众之间及乡村民众相互间通过信息沟通而实现的对乡村社会的调控、引导和规范。前者构成了乡村治理的文化基础,后者则构成了乡村治理的信息基础。

2. 现实与历史之间的研究

以现实问题为指引,从现实出发反观历史,又由历史进入现实,不仅可以让现实问题得到更清晰的呈现,而且可以为关于现实

---

① 《中共中央办公厅 国务院办公厅印发〈关于加强和改进乡村治理的指导意见〉》(2019年6月23日),中华人民共和国中央人民政府网站,http://www.gov.cn/zhengce/2019-06/23/content_5402625.htm,最后浏览日期:2021年7月22日。

问题的研究建立历史根基，使研究具有历史感。本研究关注的是媒介与乡村治理的现实问题，但乡村传播媒介有其变迁的历史，不仅如此，乡村传播媒介与乡村治理的关系也存在自身的历史经纬。以历史思维考察媒介与乡村治理问题，存在三个进路。

第一，乡村主导性媒介的更替引起乡村治理状况变化并产生现实治理结果。新中国成立以来的乡村主导性媒介依次为农村有线广播、电视和互联网媒介①。三种媒介在新中国乡村发展中依次走上历史前台，彰显自身对于乡村治理主体间关系的塑造力，使媒介在乡村治理中的角色得以凸显。同时，主导性媒介的变化必然在一定程度上引起乡村治理主体关系的变动。当然，农村有线广播、电视和互联网媒介依次上台并成为乡村社会的主导性媒介，并不是说后来的主导性媒介完全消灭前面的主导性媒介，实际上，它只是占有前面主导性媒介的主导地位。

第二，乡村重要媒介自身的变动引起乡村治理状况变化并产生现实治理结果。新中国成立以来，一些重要的乡村媒介之所以从占主导地位的位置上走下来，除后起的较为强大的媒介对其影响力的侵蚀之外，这些媒介自身发生的变动也是重要原因。例如，新中国成立后的三十年中农村有线广播和农村电影放映都在乡村社会拥有较为强大的影响力，但这种影响力在改革开放后逐步走向式微。这主要是因为作为媒介，农村有线广播和农村电影放映都不是单纯的技术，而是技术与制度的结合体，具体说，是技术与农村人民公社制度的结合体。改革开放后，农村人民公社走入历史。由于制度基础不复存在，农村有线广播和农村电影放映难以免除式微的命运。

---

① 从本研究对全国几个村庄的调查结果来看，互联网媒介正取代电视成为乡村社会的主导性媒介。

作为乡村社会的重要媒介,农村有线广播和农村电影放映在改革开放后的变动,在一定程度上引起了乡村治理主体间关系的变化。反过来说也是成立的。"政社合一"的农村人民公社制度被农村基层自治制度和家庭联产承包责任制代替,造成乡村治理主体间关系的改变,这种改变又引起农村有线广播和农村电影放映的变化。进入21世纪后,在部分农村地区复苏的农村有线广播和农村电影放映,建立在不同于之前的制度基础上,属于与公社时期不完全相同的媒介,它们塑造的乡村治理主体间关系也与公社时期不同。

第三,以信息与通信技术为支撑的媒介变革推动媒介观念更新,在新媒介观视野下,具有乡土或地方色彩的媒介及其乡村治理意义被发现。农村红白喜事、农村群众文化活动、家谱、村志、农村文化礼堂等,原本是不被作为媒介的。随着电子媒介在人类生活中地位的凸显,许多学者开始超越以信息传播效果为导向的研究,关注媒介对认知偏向、时空限制、交往关系等方面的影响,新的媒介观开始形成。从新媒介观反观人类传播史,一大批原本不被作为媒介的事物被冠以媒介之名,例如至今仍在乡村治理中发挥作用的农村红白喜事、农村群众文化活动、家谱、村志、农村文化礼堂等。

本研究既涉及历史又关注现实,所用的资料来源较多,因此,有必要作适当的说明。在本研究中,历史论述援引的资料主要来自报纸、档案、地方志和过刊论文中的相关调查材料等,现实论述援引的资料主要来自本研究的入村调查,先后调查的村庄有安徽省 D 县 Y 村、浙江省 R 市 J 村、贵州省 X 县 X 村、河南省 W 县 B 村、河南省 Q 县 M 村、湖北省 G 县 D 村、湖北省 X 市 C 村、湖北省 J 市 X 村等①。

---

① 在调查前与访谈对象约定,使用调查资料时隐去地名和人名,因此,本研究选择以字母指称调查的地方和访谈对象。此外,在指称地方时,本研究一般仅标明省、县、村三级,本书中出现的市一般为县级市。

这些村庄在空间分布上较为广泛,不属于特殊的村庄类型,具有一定的代表性。此外,浙江省农村文化礼堂最为兴盛,具有较高的代表性,因此,将研究农村文化礼堂的视点落在浙江省是合适的选择。农村文化礼堂的研究资料来自对浙江省宁海县梅山村和海头村的调查。

3. 宏观与微观相结合的研究

就本研究所论的媒介与乡村治理问题而言,本可以选择一个具有代表性的村庄作为主要样本,同时找几个村庄作为主要样本的参照样本,再对这几个样本村庄做深入的民族志研究。尽管照此思路开展的研究能够做到像"解剖麻雀"一样细致入微,但会存在明显劣势并会受到一些条件的限制。其一,本研究力图穿行在现实与历史之间,但选择的样本村庄可能很难保证存有可供开展历史研究的资料。尽管口述史调查在一定程度上能够弥补这样的缺憾,但在缺乏文献资料佐证的情况下,仅靠口述史资料难以准确把握历史的关节点。其二,中国幅员广阔,农村地区存在较大差异,各地区当下存有的媒介和历史上有过的媒介并不完全相同,如果把视野仅仅局限在几个样本村庄上,难免错过一些在乡村治理方面颇有价值的传播媒介,即会出现"只见树木,不见森林"的情况。其三,从历史观照现实,需要从宏观上把握媒介与乡村治理变迁中的关键问题,而这种把握不易从关于几个样本村庄的微观研究中获得。

综合考量,在研究中将宏观与微观结合起来也许是较好的选择。首先,将宏观研究视野与基于传播媒介差异的微观论述结合起来。本研究分为"媒介与乡村有效治理的政治基础""媒介与乡村有效治理的社会基础""媒介与乡村有效治理的文化基础""媒介与乡村有效治理的信息基础"等若干部分,每部分都是一个较为宏观的问题。解答这样较为宏观的问题需有具体微观的论述来支撑，传播媒介的差异性就为把较为宏观的问题转变成具体微观的论述提供了条件。其次，将关于全国范围内乡村传播媒介的资料与入村调查获得的资料结合起来使用。这既可以避免遗漏某些在乡村治理方面具有重要价值的传播媒介，又可以根据具体情况灵活运用搜集到的资料，以使论述更加丰富。

三、研究重点和基本思路

传播与乡村治理问题是一个较为宽广的论题，就此论题展开研究需要突出重点，以使研究工作更加聚焦并能够在一些点上取得创新和突破。

第一，关于"传播"，本研究不仅聚焦于传播媒介，而且把阐发传播媒介的特性作为一项重点任务。这又涉及对媒介的理解问题。黄旦认为："媒介常常只被看成是一种手段或工具，人与媒介之间实际上是一个主体和客体的关系，是对象的使用问题。但是，我们从来没有想过媒介是怎样被使用的。你能随心所欲地使用媒介吗？读报纸和看电脑是两种完全不同的方式，媒介起到中间调节的作用。媒介一定是和媒介的运作联系在一起的。有人说媒介牵涉到四个层面的问题：一是它的技术问题，二是它的制度层面的问题，三是它的组织方式问题，四是它的内容呈现和体验的问题。四个层面结合在一起，我把它称之为媒和介之间的一个互动。这与汉字里的'媒'字是吻合的。汉字里的'媒'就是谋和二性者。所谓媒人，要把两个不同的人变成新的一种关系，这就相当于我们现在媒介所起的作用。"① 从运作、中间调节作用和关系等角度来

---

① 黄旦：《新媒介与中国传播研究》，《中国社会科学评价》2019 年第 4 期。

理解传播媒介,有助于我们打开审视传播与乡村治理问题的视野,发现传播介入乡村治理的路径,为新时代乡村治理实践提供参考。同时,由于各种传播媒介的运作及其在各乡村治理主体间所起的调节作用、所塑造的主体间关系不尽相同,传播介入乡村治理的丰富性也能较好呈现出来。此外,如果从运作、中间调节作用和关系等角度理解传播媒介,媒介变革必然引起各乡村治理主体间关系的变动,这有助于我们从历史演进的动态角度把握传播与乡村治理问题。

第二,关于"乡村治理",本研究虽然在一定程度上涉及乡村治理及其成效本身,但更关注乡村有效治理赖以达成的各种基础。如果将乡村治理界定为对乡村社会的调控、引导和规范[①],那么调控、引导和规范活动及其所达成的效果便属于"治理有效"的范畴。调控、引导和规范是由什么主体实施的,其治理力量来自何处?治理主体凭借什么获得治理的成效?国家政权和乡村民众是乡村治理的主体,单一媒介或赋予或削弱他们的治理能力,各种媒介的综合运用则可以从整体上赋予而不是削弱他们的能力。媒介对国家政权赋能有助于增强乡村有效治理的政治基础,对乡村民众赋能则有助于增强乡村有效治理的社会基础。作为乡村治理主体,国家政权和乡村民众调控、引导和规范乡村社会必须有所依凭。从传播的角度看,文化和信息在其依凭的资源中不可少,这两种资源分别属于乡村有效治理的文化基础和信息基础。

第三,关于"媒介"和"乡村治理",它们之间互为视角,具体说,就是"媒介视角下的乡村治理"和"乡村治理视角下的媒介"。

[①] 周朗生:《治理的理论诠释——从治理到乡村治理》,《兰州学刊》2008年第7期。

比较而言,前者是本研究的重点。两者的落脚点不同,前者的落脚点是乡村治理,后者的落脚点是媒介。本研究确立的一个重要缘由是响应国家乡村振兴战略、探寻乡村有效治理的传播学方案,而不是单纯探讨乡村传播问题。因此,本书的行文逻辑是,从媒介出发,落脚于乡村治理,乡村治理是重点。

围绕这些重点问题,本书分为五章进行探讨。

第一章探讨媒介与乡村有效治理的政治基础,关注点在于媒介如何为作为乡村治理主体的国家政权赋能。就乡村社会而言,国家政权体系主要属于从外部进入的治理主体。自上而下延伸的国家政权体系介入乡村治理有赖于能够有效连接上下的媒介,包括电视、县级融媒体中心、社交媒体和农村广播等。

第二章探讨媒介与乡村有效治理的社会基础,关注点在于媒介如何为作为乡村治理主体的乡村民众赋能。乡村民众属于乡村社会内部的治理主体。在乡村人口广泛流动的背景下,乡村民众介入乡村治理不仅有赖于基于互联网的社交媒体,而且离不开为互联网虚拟社区提供现实交往关系基础的媒介,包括农村红白喜事、群众文化活动和电影放映等。

第三章探讨媒介与乡村有效治理的文化基础,关注点在于媒介如何为乡村治理主体的治理活动供给文化资源。有利于乡村治理的文化资源多来自传统文化的传承。在当下乡村社会,具有文化传承功能的媒介主要有家谱、村志和农村文化礼堂等。此外,在乡村社会流行开来的社交媒体也具有文化传承功能。

第四章探讨媒介与乡村有效治理的信息基础,关注点在于媒介如何为乡村治理主体的治理活动供给信息资源。与文化资源不同,有利于乡村治理的信息资源多来自现代媒介。在当下乡村社会,这些媒介包括电视、互联网媒介等。此外,部分地区开始建设的乡村"智治"系统也属于这类媒介。

第五章探讨媒介视角下的乡村有效治理问题,关注点在于媒介如何推动乡村善治的实现。乡村治理包括自治、法治、德治及三者的融合等,第一章至第四章对这些问题都有所涉及,第五章将进一步分别系统阐释媒介与乡村自治主体间的关系塑造及沟通、媒介与法治的政权支持及观念培育、媒介与德治的舆论支持等重要问题,并在此基础上讨论媒介维度上的"三治"融合问题。

第一章
媒介与乡村有效治理的政治基础

乡村治理的政治基础主要是中国共产党的领导。乡村社会媒介化治理的首要任务是借助媒介力量巩固国家政权在乡村治理体系中的主导和支配地位。当下日趋成熟的中国特色社会主义国家治理体系，吸取中华传统治国理政文化精华，近承中国共产党领导的伟大中国革命、社会主义建设和改革开放实践，始终保持着国家政权在治理体系中的主导和支配地位。这一治理体系已被实践充分证明具有显著优势。正是基于这些原因，"中国政府部门在使用治理相关话语时，一方面主张加强市场和社会组织等多元行动者对公共事务的参与，另一方面特别强调政府对政府以外行动者的主导和支配作用"①。

在当代中国，无论是国家事务还是政府工作，都处于中国共产党的领导之下，因此，强调国家或政府在治理中的主导和支配地位，实际上就是强调各级党组织在治理中的主导和支配地位。中央政策文件关于党组织在乡村治理中地位和作用的表述，经历了

---

① 田凯、黄金：《国外治理理论研究：进程与争鸣》，《政治学研究》2015年第6期。

逐渐完善的过程。2017年10月,党的十九大报告提出,"加强农村基层基础工作,健全自治、法治、德治相结合的乡村治理体系"①,虽未明确强调党组织的领导地位和作用,但党的工作报告中的工作主体当然是党的各级组织,党组织对乡村治理体系的领导是不言而喻的。2019年4月,《中共中央 国务院关于建立健全城乡融合发展体制机制和政策体系的意见》提出,"建立健全党组织领导的自治、法治、德治相结合的乡村治理体系"②,写明了党组织在乡村治理体系中的领导地位和作用。2019年6月,中共中央办公厅、国务院办公厅印发的《关于加强和改进乡村治理的指导意见》进一步明确了党组织的这种地位和作用③。中国共产党领导是中国特色社会主义最本质的特征,是中国特色社会主义制度的最大优势,党是最高政治领导力量。党的十九届四中全会强调,必须"把党的领导落实到国家治理各领域各方面各环节"④。乡村治理是国家治理的重要领域、重要方面,当然不能置于党的领导之外。此外,从当代中国历史进程看,乡村社会生机盎然、安定和谐局面的出现都不曾离开党组织的领导,未来中国乡村社会要达到更高的治理水平也必然离不开党组织的领导。

党组织对乡村治理的领导,是实现乡村有效治理的政治基础。

---

① 习近平:《习近平谈治国理政》(第三卷),外文出版社2020年版,第25页。
② 《中共中央 国务院关于建立健全城乡融合发展体制机制和政策体系的意见》,中华人民共和国中央人民政府网站,http://www.gov.cn/zhengce/2019-05/05/content_5388880.htm,最后浏览日期:2021年7月22日。
③ 《关于加强和改进乡村治理的指导意见》,中华人民共和国中央人民政府网站,http://www.gov.cn/zhengce/2019-06/23/content_5402625.htm,最后浏览日期:2021年7月22日。
④ 《中共中央关于坚持和完善中国特色社会主义制度 推进国家治理体系和治理能力现代化若干重大问题的决定》,中华人民共和国中央人民政府网站,http://www.gov.cn/zhengce/2019-11/05/content_5449023.htm,最后浏览日期:2021年7月24日。

2020年9月17日,习近平总书记在基层代表座谈会上指出:"基础不牢,地动山摇。只有把基层党组织建设强、把基层政权巩固好,中国特色社会主义的根基才能稳固。'十四五'时期,要在加强基层基础工作、提高基层治理能力上下更大功夫。要加强和改进党对农村基层工作的全面领导,提高农村基层组织建设质量,为乡村全面振兴提供坚强政治和组织保证。"[1]

党的领导工作要细化、落实到各级党组织的领导工作。在乡村治理实践中,同一种媒介对不同层级的党组织来说具有不同意义,这是由这种媒介的特性决定的。下面将从中央、县级、基层维度来论述媒介与乡村治理的政治基础。

第一节　电视与中央治理力量的突显

从整个国家来看,20世纪80年代是中国电视机普及率迅速提高的时期,这一时期电视机的增长弹性高达15.1[2];截至2020年,中国电视节目综合人口覆盖率达99.6%[3]。从农村地区来看,电视在20世纪70年代末80年代初开始进入中国乡村,于90年代中后期实现在乡村的普及。截至2019年,农村有线广播电视用户数为7 322万户,农村电视人口覆盖率达99.2%[4]。改革开放以来,在众多乡村传播媒介中,电视长期占据主导地位。

---

[1] 习近平:《在基层代表座谈会上的讲话》,《人民日报》2020年9月20日第2版。
[2] 胡鞍钢、张晓群:《中国传媒普及率追赶的实证分析》,《新闻与传播研究》2004年第4期。
[3][4] 国家数据网站(国家统计局),https://data.stats.gov.cn/easyquery.htm? cn = C01,最后浏览日期:2021年7月25日。

与其他传播媒介相比,电视在中国乡村治理领域所起的作用自有其特殊性,这可以从电视的媒介性质来解释。

一、电视的媒介偏向

在尼尔·波兹曼看来,每种技术都有自己的内在偏向,"都有自己的议程,都是等待被揭示的一种隐喻","一旦技术使用了某种特殊的象征符号,在某种特殊的社会环境中找到了自己的位置,或融入经济和政治领域中,它就会变成媒介",而媒介形式又"偏好某些特殊的内容"①。他认为,电视的内容偏好是娱乐,因为"在电视上,话语是通过视觉形象进行的,也就是说,电视上会话的表现形式是形象而不是语言。……电视需要的内容与其他媒体截然不同","只有在呈现动感的视觉形象时,电视才能对观众产生最大的吸引力"②。

波兹曼并不是所谓的技术决定论者或技术中心主义者。在他看来,媒介并不是单纯由技术构造的器物,而是技术、象征符号和特殊的社会环境的统一体,换言之,不同社会环境中的技术构造物实质上属于有差异的媒介。对此,他有论述:

> 我们首先要明白,当我们谈论电视的时候,我们不是指一种技术,而是指一种媒介。在世界上很多地方,虽然制造电视的技术和美国是一样的,但在那些地方,电视是一种完全不同的媒介。在我所指的那些地方,大多数人还没有电视机,拥有电视机的人也只有一台,他们只有一个电视台,他们没有全天

---

① [美]尼尔·波兹曼:《娱乐至死》,章艳译,广西师范大学出版社2004年版,第110—111、10页。
② 同上书,第8—9、157页。

24小时播放的电视节目,大多数节目都以推进政府的意识形态和政策为首要目的。在那些地方,人们不知电视广告为何物,电视上的主要画面就是一些"说话的人头",电视的用途和收音机相差无几。由于上述这种种原因,那些地方的电视不可能拥有像在美国一样的意义或威力,也就是说,由于使用方法不同,某种技术可能无法发挥其潜能或者只能产生最低限度的社会效应。①

波兹曼关于20世纪下半叶美国电视的论述具体且详尽。在他眼中,正是当时美国的"民主制度和相对自由的市场经济"构成了电视技术可以充分发挥其娱乐潜能的"肥沃土地"②。电视在美国"沃土"上的繁荣所导致的一个结果就是"美国的电视节目在全世界供不应求",而"美国的电视节目之所以供不应求,并不是因为人们热爱美国,而是因为人们热爱美国的电视"③。他解释说:

> 美国的电视确实是美丽的奇观,是难得的视觉愉悦,每天你都能看见成千上万个图像。电视上每个镜头的平均时间是3.5秒,所以我们的眼睛根本没有时间休息,屏幕一直有新的东西可看。而且,电视展示给观众的主题虽多,却不需要我们动一点脑筋,看电视的目的只是情感上得到满足。就连很多人都讨厌的电视广告也是精心制作的,悦目的图像常常伴随着令人兴奋的音乐。我们可以毫无疑问地说,世界上最美的

---

① [美]尼尔·波兹曼:《娱乐至死》,章艳译,广西师范大学出版社2004年版,第112页。
② 同上书,第112页。
③ 同上书,第112—113页。

照片出现在电视广告里。换句话说,美国电视全心全意致力于为观众提供娱乐。①

虽然社会环境不同,但在中国,电视的娱乐本性也在一定程度上得到表现。最直观的表现就是电视娱乐性节目的兴盛。长期以来,具有较强娱乐性的影视剧一直是中国各级电视台的主打节目。2019 年全国电视广播(影视)剧类节目播出时间为 8 484 507 小时,而电视新闻资讯类节目播出时间为 2 797 166 小时②,相形之下,影视剧占据优势地位。2019 年全国综艺益智类节目播出时间达 1 305 022 小时③,虽然不及影视剧类节目和新闻资讯类节目,但也相当可观。与电视娱乐性节目兴起相伴随的是观众对娱乐消遣的热衷。根据方晓红等在世纪之交对苏南地区的调查,该地区农民"在收看电视时,在影视(娱乐)、新闻、综艺、音乐、科技、谈话、广告类节目中,农村最欢迎的是影视(娱乐)类节目,排名第一"④。冉华、窦瑞晴对河南、甘肃两省部分地区的调查也表明,"农村受众将大部分的收视时间分配在娱乐节目之中"⑤。本研究的入村调查也能证明这一点。湖北省 G 县 D 村村民 C 说:"以前没有手机的时候,看电视还是比较多的……除了新闻台,以前也经常看中央三台,里面都是一些唱歌啊、晚会之类的节目,听别人唱

---

① [美]尼尔・波兹曼:《娱乐至死》,章艳译,广西师范大学出版社 2004 年版,第 113—114 页。

②③ 国家数据网站(国家统计局),https://data.stats.gov.cn/easyquery.htm? cn=C01,最后浏览日期:2021 年 7 月 25 日。

④ 方晓红:《大众媒介与苏南农村文化生活关系研究》,《当代传播》2004 年第 4 期。

⑤ 冉华、窦瑞晴:《我国电视对农传播的整体现状——基于九个电视对农频道和两个农村地区的实证研究》,《湖北社会科学》2018 年第 5 期。

唱歌、说说笑笑的,图个娱乐嘛。"①村民 Z 说:"早上起来看一会儿电视,晚上吃了饭之后再看一会儿,通常都是在家里没有事的时候看。一般看中央台的综合频道,就看综艺节目,像《开门大吉》《越战越勇》,还有湖北经视频道的一些相亲节目,就是看他们笑,自己也跟着笑呗。"②

然而,"问题不在于电视为我们展示具有娱乐性的内容,而在于所有的内容都以娱乐的方式表现出来"③,"凡是被它触摸过的东西都被它变成纯粹的娱乐"④。基于这样的认识,波兹曼对美国电视新闻节目的娱乐化现象进行了深入分析。

> 即使是报道悲剧和残暴行径的新闻节目,在节目结束之前,播音员也会对观众说"明天同一时间再见"。为什么要再见?照理说,几分钟的屠杀和灾难应该会让我们整整一个月难以入眠,但现在我们却接受了播音员的邀请,因为我们知道"新闻"是不必当真的,是说着玩的。新闻节目的所有一切都在向我们证明这一点——播音员的姣好容貌和亲切态度,他们令人愉快的玩笑,节目开始和结束时播放的美妙音乐,生动活泼的镜头和绚丽夺目的各类广告——这一切都告诉我们,没有理由为电视上的不幸哭泣。简单地说,新闻节目是一种娱乐形式,而不是为了教育、反思或净化灵魂,而且我们还不能过于指责那些把新闻节目作此定位的

---

①② 资料来自对湖北省 G 县 D 村的调查。
③ [美]尼尔·波兹曼:《娱乐至死》,章艳译,广西师范大学出版社 2004 年版,第 114 页。
④ [美]托马斯·金卡雷利:《尼尔·波斯曼与媒介环境学的兴起》,载[美]林文刚编:《媒介环境学:思想沿革与多维视野》,何道宽译,北京大学出版社 2007 年版,第 175 页。

人。他们播报的新闻不是为了让人读,也不是为了让人听,他们的新闻是让人看的,这是电视自身所指引的方向,他们必须遵循。①

波兹曼对美国新闻节目娱乐化现象进行了绘声绘色的描述和入木三分的评论。值得注意的是,他对电视的批判性研究没有停留在道德层面。道德批评是容易的,但不免会流于肤浅。波兹曼对电视的批判是从媒介特性的角度,或者说是从媒介逻辑层面展开的。我们日常用语中的"看"电视,十分准确地揭示出电视的感官特征。之所以在电视新闻领域普遍存在娱乐化现象,表面上看是因为电视新闻节目的制作者主动迎合观众的视觉感官需要,其实,这种看法缺乏说服力,因为这种解释模式可以用来解释任何一种受受众欢迎的传播现象。波兹曼显然对这一问题看得更深刻,他认为电视新闻领域之所以普遍出现娱乐化现象,"是电视自身所指引的方向",电视新闻工作者"必须遵循"这一方向,而所谓"电视自身"是指电视的特性——在电视上,只有以形象会话的方式才能最大限度地展现这一媒介的潜能和优势。

二、赋能中央:电视在乡村治理领域显现的力量

在中国各级电视台的新闻节目中,总能发现若隐若现的娱乐方式,并且各级电视台以娱乐方式呈现的新闻节目还在娱乐性上存在级差。

中国四级(中央、省、地、县)电视台②分别属于从中央到县的

---

① [美]尼尔·波兹曼:《娱乐至死》,章艳译,广西师范大学出版社2004年版,第114—115页。

② 1983年召开的第十一次全国广播电视工作会议确定了"四级办广播、四级办电视、四级混合覆盖"政策。

各级政府,处在不同的地域,所能获取的各种资源存在较大差异。相较于市县电视台,高级别电视台在播音员和记者的形象、报道对象的名人效应、报道题材的重大性等方面都有显著优势,这使高级别电视台的新闻节目要素更具娱乐性。更重要的是,高级别电视台在新闻报道的策划与组织、影像拍摄与制作、节目编导等方面具有更高水平,具有在新闻节目中以更恰切的娱乐方式呈现娱乐性要素的能力。在以娱乐消遣为主要动机的乡村民众面前①,高级别电视台的新闻节目自然更容易胜出。当然,存在一些特殊情况。例如,2020年年初新冠肺炎疫情期间,中国民众对电视新闻节目的收视需求高涨,除热衷于高级别电视台的新闻节目之外,对市县电视台的新闻节目也较为关注。在社会环境存在较高等级风险的情况下,人们迫切需要了解周遭的变动状况,因此,市县电视台的新闻节目成为收视热点。

波兹曼还发现,在电视中,"讲述者的可信度决定了事件的真实性。这里的'可信度'指的并不是讲述者曾经发表的言论是否经得起事实的检验,它只是指演员/报道者表现出来的真诚、真实或吸引力(需要具备其中一个或一个以上的特点)"②。这是一个颇有意思的发现。新闻学教科书讲授的如何使新闻报道符合事实的规范及如何使新闻报道具备客观报道形式的技法,与播音员和记者表现出来的"真诚、真实或吸引力"相比,都显得不甚重要。电视观众更倾向于认为,他们信赖的播音员和记者播报的新闻都是真实的,而对于这些新闻是否符合事实,他们则不太关心。高级

---

① 方晓红:《大众媒介与苏南农村文化生活关系研究》,《当代传播》2004年第4期。

② [美]尼尔·波兹曼:《娱乐至死》,章艳译,广西师范大学出版社2004年版,第132—133页。

别电视台的播音员和记者在表现"真诚、真实或吸引力"方面更具实力,对观众而言,他们自然拥有更高的"可信度"。学术界开展的几项调查都可以同上述分析进行互证。例如,申端锋等通过对河南、江西、湖北等地农村的调查发现,乡村生活的主体农民(中老年农民),尤其是男性,对中央电视台的新闻节目表现出异乎寻常的收看热情。课题组对 870 位农民的抽样调查显示,54.5%的青年农民、64.1%的中年农民、58.4%的老年农民都喜欢看《新闻联播》,并且一致认为中央电视台的新闻节目最可靠、最真实。与这一现象形成鲜明对比的是,农民对县、市电视台的新闻节目没有多少收看热情,评价相当低,甚至非常反感。农民的说法主要是地方电视台的"新闻不新","不真实,很多承诺兑现不了"①。本研究的入村调查获知的情况与之相似。河南省 W 县 B 村调查村民 M 说:"不看 J 市电视台和 W 县电视台,因为内容少、节目一般,看不看这些新闻关系不大。"②湖北省 G 县 D 村村民 Z 说:"G 台(县级)我不怎么爱看,反正一天到晚都在播新闻,但是有时候放电视剧还是会看一会儿。现在好看的节目也多,我就看我自己喜欢看的。"③

申端锋不是从电视的媒介特性角度,而是从"农民在乡村公共治理和私人生活中的当下生活境遇"来解释"农民对电视节目

---

① 申端锋:《电视下乡:大众媒介与乡村社会相关性的实证研究》,《华中科技大学学报(社会科学版)》2008 年第 6 期。除申端锋等之外,蒋旭峰、孙秋云等也发现了类似的现象(参见蒋旭峰、唐莉莉:《政策下乡的传播路径及其运作逻辑——一项基于江苏省 J 市 10 个乡镇的实证调查》,《学海》2011 年第 5 期;孙秋云、王利芬、郑进:《电视传播与村民国家形象的建构及乡村社会治理——基于贵州、湖南、河南三省部分乡村的实地调查》,《广东社会科学》2015 年第 1 期)。

② 资料来自对河南省 W 县 B 村的调查。

③ 资料来自对湖北省 G 县 D 村的调查。

的选择和评价"。这自然有其道理。然而,从媒介特性的角度来看,正是电视的娱乐性导致乡村民众对不同级别电视台的新闻节目持相异的态度,这也具有较为充分的解释力。中央电视台有能力在新闻节目中以更恰切的娱乐方式呈现娱乐性要素,并且其播音员和主持人对观众来说具有更高的可信度,因此,乡村民众才会认为中央电视台的新闻节目最真实、最可靠,这些节目因而受到他们的欢迎。与之相反,县市电视台的新闻节目则被认为不新鲜、不真实,因而受到排斥。尽管两种解释都在一定程度上揭示了事物的本质和面相,各有其道理,但是对本研究来说,电视媒介特性视野下的乡村治理结构问题更有讨论的意义。

各级党组织及其领导的政府经由电视治理乡村社会的主要途径就是制播新闻资讯类节目,因此,乡村民众对各级电视台新闻资讯类节目的相异态度便意味着县级以上各级党组织及其领导的政府被电视赋予了不一样的治理力量。具体来说,就是从县级党组织及其领导的政府到中央呈递增趋向,县级党组织及其领导的政府被电视赋予的治理力量最小,党中央和中央国家机构被赋予的力量最强。

至于乡镇级党组织和政府、村级组织,则被排除在电视事业之外。在电视视角下,乡镇级党组织和政府、村级组织在乡村治理中是缺席的。导致这一局面的原因有三。第一,国家确立的中央、省、市、县"四级办电视"的传媒政策,没有给乡镇级党组织和政府、村级组织参与电视事业的机会。第二,相较于广播,电视技术要复杂得多,参与电视事业的门槛和成本相对较高,乡镇级党组织和政府、村级组织的能力无法达到办电视的要求。第三,电视的媒介形式偏好娱乐性内容,而乡镇级党组织和政府、村级组织无力提供适合电视要求的内容，即使办起电视台，也不会有多少观众。

基于电视的乡村治理力量对比，值得注意。从电视的角度看，各乡村治理主体产生了分化，他们被赋予的力量呈现较为严重的失衡状态：村级组织和乡镇级党组织几乎没有从电视上获得什么力量；在县级及以上党组织中，县级党组织被电视赋予的力量最弱，中央被电视赋予的力量最强。电视造成了一种"头重脚轻"的乡村治理结构。关于这种治理结构，有两点需要说明。首先，电视所造成的这种治理结构只是在电视媒介维度上呈现出来的，实际上，从其他媒介或其他维度看，在乡村治理领域便会有其他结构形态呈现出来。这就意味着，电视媒介所造成的乡村治理主体力量的失衡可以由其他媒介来平衡。其次，这种"头重脚轻"型的治理结构与当前国家所推行的社会治理重心向基层下移政策相悖，但这并不意味着电视媒介在乡村治理领域难有作为。国家之所以要加强农村基层基础工作，推动治理重心下移，是因为农村基层工作较弱，而不是要削弱上层国家政权的农村工作力量。正是在保持或加强中央治理力量层面，电视仍有发挥作用的空间。

电视虽然造成各治理主体的分化和力量失衡，但对党中央及其他中央国家机构直接介入乡村治理十分有利。电视突显了中央在乡村治理中的力量，为中央领导乡村治理提供了重要保障。在无法改变电视媒介特性的情况下，将其力量赋予偏向充分发挥出来，同时用其他媒介对这种偏向加以平衡，也不失为一种选择。为强化党中央及其他中央机构的力量，中央级电视台应特别重视涉农报道并向乡村民众提供高质量的新闻资讯服务。具体来说，包括两个方面。

第一,农业农村频道、新闻频道、综合频道及其他频道的新闻栏目应进一步加强涉农报道和新闻资讯服务。以中央电视台(简称央视)农业农村频道为例,该频道是中央对农传播的重要平台,于2019年9月从军事·农业农村频道中独立出来。该频道的独立是央视积极主动配合国家实施乡村振兴战略的重要举措。央视农业农村频道独立举办后,"承担起了解读'三农'政策排头兵和'国家队'的重任,在全天传播主时段设置新闻类节目《乡村振兴资讯》《农业产经周刊》等,聚焦'三农'及民生相关重大问题和热点话题,内容前沿、题材亲民,以服务农民为宗旨,帮助广大农民群众准确把握农村经济和社会发展趋势,传播党和国家推动'三农'工作高质量发展的路线方针政策";"访谈类节目《乡村振兴面对面》邀请国家有关部委、各领域负责人,以人物专访的形式阐述贯彻落实国家在'三农'工作方面制定的规划和具体举措"[1]。面对新时代全面振兴乡村的任务,央视农业农村频道应进一步加强与中央相关部委的联动,做好中央"三农"政策通俗而又有深度的解读,做好中央"三农"政策落地实践成功事例的报道,充分发挥电视擅长形象会话的优势,增强"三农"电视节目的吸引力。再以央视《新闻联播》节目为例,《新闻联播》是央视最有名的新闻节目,在全国农民群众中拥有巨大影响力,应在议程设置方面给"三农"问题保留与其战略地位相应的位置。

第二,顺应电视媒介的娱乐性,进一步增强涉农新闻资讯节目的吸引力。按照波兹曼的看法,电视技术的娱乐潜能只有在最合适的土壤中才能最充分地发挥出来,某些社会对电视的使

---

[1] 郭振南:《新时代 新阵地 新作为——央视农业农村频道谱写"三农"宣传新篇章》,《声屏世界》2020年第4期。

用方法不一定能够完全释放电视技术的娱乐潜能。这提示我们,电视技术的社会影响是可以控制的,无论是降低其负面影响,还是扩大其正面影响,都存在可能性。波兹曼对电视娱乐性的揭示是通过批判方式实现的,贯穿他的整个研究的是对电视的隐忧。他在《娱乐至死》开头和结尾都特别提到奥尔德斯·赫胥黎的《美丽新世界》:"赫胥黎担心的是,我们将毁于我们热爱的东西。"[①]波兹曼对电视的批判和隐忧既源自其学术旨趣和学术抱负,也受到时代的影响。20世纪下半叶正是电视事业蒸蒸日上的年代,电视改变了美国的政治、宗教、新闻、教育等公共生活的诸多领域。在当时看来,这种变化的长期后果不可预知。正是基于这种危机感,波兹曼很好地履行了他作为知识分子的批判职责。然而,在经历较长时间的历史检验后,我们发现,波兹曼所担心的电视时代可能出现的糟糕情况并没有完全变成现实——"再也没有人愿意读书","人们在汪洋如海的信息中日益变得被动和自私","真理被淹没在无聊烦琐的世事中","我们的文化成为充满感官刺激、欲望和无规则游戏的庸俗文化"[②]。这些情况可能在我们所经历的电视时代或多或少发生过,却并没有将我们吞没。虽然作为娱乐方式的电视造成了人类理智活动和文化生活的变动,但这种变动并不全然是消极的。遵循有利、有节的原则,我们完全可以按照波兹曼所揭示的电视媒介偏向,优化高级别电视台涉农新闻资讯类节目,使其在乡村民众中更受欢迎,这也是对波兹曼著述的正面积极利用。

[①②] [美]尼尔·波兹曼:《娱乐至死》,章艳译,广西师范大学出版社2004年版,第2页。

第二节 融媒体中心与县级党组织治理力量的强化

如前所述,电视造成的治理主体力量失衡——地方党组织获得的力量远低于中央,需要其他媒介来平衡。从当前的情况来看,在能够有效弥补地方党组织力量缺失的媒介中,县级融媒体中心占据重要位置。

一、县级政权与县级融媒体中心

只有地方和基层实现了有效治理,才能国泰民安,因此,才有"郡县治,天下安"的说法。自古以来,在中国国家政权体系中,县级政权都具有重要性。第一,从长时段看,"县级建制已有两千多年历史,并且一直保持了相当的稳定性"①。在新中国农村集体化(合作化和公社化)过程中,县级以下的区级、乡镇级、村级建制都发生了变化,县级建制受到的触动则较小。出现这种情况的原因有很多,其中,保持县级建制的稳定应是当时决策者的重要考量。第二,从县级建制在国家政权体系中的地位看,县级政权在古代中国政权体系中处于最基层,即使新中国国家政权体系全面深入县级以下,它仍然是国家治理乡村社会极为重要的政权枢纽。习近平总书记指出:"在我们党的组织结构和国家政权结构中,县一级处在承上启下的关键环节,是发展经

---

① 贺雪峰:《央地关系视野下的县级治理》,《治理现代化研究》2021年第2期。

济、保障民生、维护稳定、促进国家长治久安的重要基础。"①第三,从县级建制的功能来看,县级政权是一级完备政府,具有较强的行政能力和因地制宜进行统筹决策的能力。特别是县城,作为地方政治中心、经济中心、文化中心和教育中心,政权结构相当完备,具备比较强的统筹能力②。

正是因为县级建制在国家政权体系中居于重要地位,所以改革开放后,党和政府几次推行传媒发展和改革政策时都将县域媒体作为国家传媒体系的重要组成部分。20世纪80年代国家确立"四级办广播电视"的政策,其中,县为最基层的一级。"区县广电媒体在四级办台整体制度设计中的最初功能和定位是作为农村广电网络扩散建设主体和上级广电宣传内容的转播平台。在前卫星时代,中国的政治传达正是通过四层网络'混合覆盖'的方式,进行逐层下渗式传播。因此区县广电媒体在政治宣传的'最后一公里'的到达率上起到了至关重要的作用。"③21世纪初调整传媒结构时,国家在取消全国绝大部分县级报纸的同时,仍保留了县级广播电视,有两个方面原因:一方面,相较于报纸,广播电视不会给基层群众造成较大负担;另一方面,广电媒体在技术上更新一些,因此,决策者认为无论是在政治宣传上还是在商业经营上,广电媒体都具有更大的潜能。不过,此时处在"四级办台"体制下的县级广播电视的处境可谓艰难④。尽管艰难,但在之后的十多年时间里,县级广播电视"依然能维持相对

---

① 习近平:《习近平谈治国理政》(第二卷),外文出版社2017年版,第140页。
② 贺雪峰:《央地关系视野下的县级治理》,《治理现代化研究》2021年第2期。
③④ 周逵、黄典林:《从大喇叭、四级办台到县级融媒体中心——中国基层媒体制度建构的历史分析》,《新闻记者》2020年第6期。

完整的系统结构和新闻媒体属性"①,这就为近几年县级融媒体中心的建设保留了根基。

随着媒体融合改革的深入推进,高级别媒体的融合工作业已取得较大进展。在这种情况下,县级媒体的融合改革问题被提上议事日程。2018年,县级融媒体中心建设成为国家政策②,为全国各地的县级融媒体中心建设注入了强劲动力。在各方面力量的推动下,全国许多区县以广播电视为核心建成融媒体中心,县级融媒体中心成为国家传媒体系的基层部分。2019年,县级融媒体中心建设在全国范围内系统性展开,数量呈井喷式增长③。截至2019年6月,北京全市16个区级融媒体中心全部建成,江苏全省县级融媒体中心全部建成,山西全省建成39个县级融媒体中心,江西省以"赣鄱云"为载体建成48个县级融媒体中心,贵州省建成20余个县级融媒体中心,完成88个县级融媒体中心建设项目的签约④。经过整体推进,到2020年年底,全国县级融媒体中心搭建工作基本完成。

---

① 周逵、黄典林:《从大喇叭、四级办台到县级融媒体中心——中国基层媒体制度建构的历史分析》,《新闻记者》2020年第6期。

② 2018年8月,习近平在全国宣传思想工作会议上指出,"要扎实抓好县级融媒体中心建设,更好引导群众、服务群众";11月,习近平主持召开的中央全面深化改革委员会第五次会议,审议通过了《关于加强县级融媒体中心建设的意见》。

③ 中国互联网络信息中心:《第45次中国互联网络发展状况统计报告》,中国互联网络信息中心网站,http://www.cnnic.cn/hlwfzyj/hlwxzbg/hlwtjbg/202004/P02021020550603631479.pdf,最后浏览日期:2021年7月27日。

④ 中国互联网络信息中心:《第44次中国互联网络发展状况统计报告》,中国互联网络信息中心网站,http://www.cnnic.cn/hlwfzyj/hlwxzbg/hlwtjbg/201908/P020190830356787490958.pdf,最后浏览日期:2021年7月27日。

二、作为网络节点的县级融媒体中心及其困境

全国各地的县级融媒体中心大多数是以原来的县级广播电视台为核心搭建起来的,即"县级融媒体建设是在四级办台的广电体制下,对县级广播电视机构的一次组织改造和技术升级"①。实际上,经过组织改造和技术升级后,县级广播电视的影响力依然十分有限。这有两个方面的原因:其一,移动互联网消除了人类交流的空间限制,造成了人类交往格局的革命性变化,在新传播革命背景下,广播电视行业出现了整体性衰落,这不是组织改造、技术升级等修修补补的措施就可以挽回的;其二,如上所述,县级电视台在与高级别电视台的竞争中处于劣势地位,不仅县级电视如此,作为大众传媒的县级广播也与之类似。从媒介角度看,县级融媒体中心建设的最大成果是推动县级新闻宣传工作队伍将工作重心转移到运营"两微一端"及互联网平台账号。例如,比较成功的浙江省长兴县融媒体中心,2018 年开发新的传播平台和移动终端,重点打造集新闻、服务、互动、直播、游戏等于一体的第三代"掌心长兴"客户端,尝试搭建县域"政务+民生"服务平台,当年"两微一端"用户超过 65 万人②。浙江长兴融媒体中心属于成功典型,而从全国一般情况来看,县级融媒体中心存在两个方面的困境。

第一个困境是县级融媒体中心是否要打造客户端,有了客户端以后如何保证其日活量。有学者对客户端问题进行了调查,有受访者坦言:"你设想全国大概有 2 000 多个县各搞一个 App,它的

---

① 周途、黄典林:《从大喇叭、四级办台到县级融媒体中心——中国基层媒体制度建构的历史分析》,《新闻记者》2020 年第 6 期。
② 王晓伟:《县级融媒体中心建设的长兴经验》,《中国广播》2019 年第 1 期。

下载量能是多少？它的日活量能是多少？"①另有研究者在北京县级融媒体中心建成两周年时撰文进行总结和反思，也谈到客户端问题："要不要做 App？对于县级融媒体中心来说，这是个艰难的抉择。一方面，要实现县级融媒体的三大功能——主流舆论阵地、综合服务平台和社区服务枢纽，App 是目前最适合的平台与工具；另一方面，大部分县级融媒体中心运营的 App，由于掌握资源、影响范围有限，活跃度普遍不足。"②但即使处于矛盾境地，北京许多区县融媒体中心负责人仍偏向选择建设客户端，理由有四：一是要承担服务功能就必须有 App；二是对自主可控平台的迫切需求；三是沉淀数据；四是扩大传播渠道③。

第二个困境是作为网络中的一个节点，县级融媒体中心在乡村治理中不能发挥作用，它在网络中"有位置但不必然有效力"④。在县级融媒体中心运营过程中，技术和成本并不是根本性问题，即使开发客户端成本较高，对许多地方来说，也不是不能承受，对另一些地方来说，成本高只是暂时的，技术进步会使成本降低。县级融媒体中心运营的根本问题是，客户端等新媒体的用户数量和活跃度不能得到保证。其实，这个问题不只存在于县级融媒体中心，基于移动互联网的新媒体都多少存在这个问题。在互联网背景下，无论新媒体由谁主导，它们的力量要么只是一种潜能，要么充满不稳定性，处于变动之中。之所以如此，是因为新媒体的传播形态与农村有线广播网、电视等媒介存在显著差异。农

---

① 周逵、黄典林：《从大喇叭、四级办台到县级融媒体中心——中国基层媒体制度建构的历史分析》，《新闻记者》2020 年第 6 期。

②③ 陈国权、吴佳莲：《县级融媒体中心发展关键问题讨论》，《中国记者》2020年第 10 期。

④ 黄旦：《重造新闻学——网络化关系的视角》，《国际新闻界》2015 年第 1 期。

村有线广播网制造的接受空间是乡村民众较难回避的,乡村民众对有线广播缺乏选择的余地;对于电视,乡村民众尽管手握遥控器、拥有选择权,但可以选择的电视频道都是由各级国家机构办的;至于新媒体,乡村民众则拥有更为充分的选择权,可以自由接触网络上巨量的新媒体,县级党组织主导的融媒体中心只是互联网上不计其数的节点中的一部分。在网络中,"各节点通过更多地吸收信息并有效地处理这些信息来增强自己在网络中的地位;而如果它们的表现不佳,其他关节点则会把它们的任务给接收过来。因而,各节点在网络中的重要性如何并不在于它们本身的属性,而在于网络中的其他节点相信不相信它们的能力。从这个意义上说,重要节点并不是网络中心点,而是网络中起转换作用的关节点,这些'转换者'遵从的是网络运行逻辑,而不是命令逻辑"①。就此而言,无论是县级党组织掌握的融媒体中心,还是更高级党组织掌握的新媒体,都无法凭借权力将自己掌握的新媒体打造成乡村民众绕不开的节点。各类新媒体在网络中占据的节点,既存在互相之间的竞争,又不得不与网络上其他不计其数的节点展开竞争,竞争失败就不免要出局。有学者调查发现,某些区县融媒体中心的客户端通过行政手段推广安装,其注册量突破了20万,但日活量微乎其微②。本研究入村调查掌握的情况也说明部分县级融媒体中心在获取活跃用户方面存在困难。浙江省R市J村村干部J说:"R市(县级市)融媒体中心说是去年(2021年)建好了,但一

---

① [英]约翰·厄里:《全球复杂性》,李冠福译,北京师范大学出版社2009年版,第12页。
② 周逵、黄典林:《从大喇叭、四级办台到县级融媒体中心——中国基层媒体制度建构的历史分析》,《新闻记者》2020年第6期。

直没下一步动向,上面没通知,我们也不知道做什么。"①贵州省 X 县 X 村村民 C 反映:"我倒是听说过这个融媒体中心,好像以前村委开会宣传过,但具体是什么样子、有什么作用我就不晓得了。"②湖北省 G 县 D 村村民 X 说:"我是知道县融媒体中心的,可能在村里知道这个的人不是很多,像'屠陵在线'就是县融媒体中心的嘛,但是除了微信公众号,其他的一些媒体就没有关注了。"③

整体来看,两个困境其实是一个,即在网络中命令逻辑不再有效,县级党组织无法通过权力保证县级融媒体中心新媒体的用户数量和活跃度。

以上讨论的都是基于互联网的县级融媒体中心所拥有的新媒体,而从更深层次看,上一节考察的电视也是网络中的节点。数字技术是一种元技术,"不仅复制了先前所有的表征与交流媒介的特征,而且将它们重新整合于一个统一的软硬件物理平台上"④。传统传播形式和新媒体统一于数字技术所造就的软硬件物理平台。在数字时代,新媒体和传统媒体都是网络中的节点,它们不仅经由网络联系在一起,而且以数字技术为基础实现了统一。问题是,同样作为网络节点的电视,特别是高级别电视台,为何仍然能够在乡村社会保有一定数量的观众和影响力。这种现象不难解释:新媒体时代的乡村仍然存有一批习惯看电视的民众,看电视已经成为他们生活的一部分,成为一种仪式。可以预见的是,随着这一乡村

---

① 资料来自对浙江省 R 市 J 村的调查。
② 资料来自对贵州省 X 县 X 村的调查。
③ 资料来自对湖北省 G 县 D 村的调查。对该村其他村民的访谈证明了村民 X 的说法:村里知道县级融媒体中心的人不是很多。
④ [丹麦]克劳斯·布鲁恩·延森:《媒介融合:网络传播、大众传播和人际传播的三重维度》,刘君译,复旦大学出版社 2012 年版,第 73 页。

群体逐渐缩小,高级别电视台的乡村观众也会随之减少,到那时,高级别电视台必将面对同当下县级融媒体中心一样的困境,因为它们都是网络上的节点,都要遵循网络运行的逻辑。

三、县级融媒体中心的社会治理功能

破解县级融媒体中心面临的困境,还需将这一问题置于网络时代的背景下加以考量,并从其功能定位和功能发挥方面着手解决。

县级融媒体中心是国家传媒体系改革的产物,县域媒体的改革激发了整个国家传媒体系的活力。然而,国家推动县级融媒体中心建设的目的不仅仅在于救活气息微弱的县域媒体,从而增强其传播力、引导力、影响力和公信力。除按照媒介逻辑激活和发展县域媒体之外,国家推动县级融媒体中心建设的另一个重要目的是将其建成能够协同县级党组织和基层群众开展社会治理的平台。这与国家推动中央级和省级媒体融合存在一定程度的不同,或者说,这是国家超越媒体融合视野之外对县级融媒体中心更高的期许。

正确理解县级融媒体中心协同社会治理这一功能定位,需要梳理关于县级融媒体中心的相关论述。2018年8月,习近平总书记在全国宣传思想工作会议上强调,"要扎实抓好县级融媒体中心建设,更好引导群众、服务群众"①。2019年1月,中共中央宣传部、国家广电总局发布实施的《县级融媒体中心建设规范》提出:"县级融媒体中心应整合县级媒体资源,巩固壮大主流思想舆论,不断提高县级媒体传播力、引导力、影响力、公信力,总体要求如下:应按照移动优先的原则,利用移动传播技术,形成渠道丰富、覆盖广泛、传播有效、可管可控的移动传播矩阵;应按照'媒体+'

---

① 习近平:《习近平谈治国理政》(第三卷),外文出版社,2020年版,第313页。

的理念,从单纯的新闻宣传向公共服务领域拓展,增强互动性,从单向传播向多元互动传播延伸,将媒体与政务、服务等业务相结合,提供多样化综合服务,满足用户多样化的需求,开展'媒体+政务'、'媒体+服务'等业务;应开展综合服务业务,面向用户提供政务服务、生活服务、社交传播、教育培训等服务。"①《县级融媒体中心建设规范》的相关要求是对习近平总书记讲话精神的细化和落实。从中可见,国家关于县级融媒体中心的功能定位主要是两项:引导群众和服务群众。那么,县级融媒体中心社会治理的功能定位最初从何而来?通过文献梳理,可以发现,社会治理这一功能定位最早是由学术界提出来的。有学者提出,"'县域治理枢纽'是融媒体中心建设的可能指向之一"②。关于县级融媒体中心社会治理功能的这类论述打开了学术界的理论想象力。此后,县级融媒体中心的社会治理功能便成为学术界讨论的热门话题,涌现出一批相关成果。在这些成果中,不少将社会治理作为引导群众和服务群众之外的第三种功能。例如,2020年4月发布的《第45次中国互联网络发展状况统计报告》指出:"随着中心陆续建成,其作为县域社会治理监督中心、信息集散中心、生活服务中心的三类功能不断凸显,推动县域治理体系和治理能力向现代化转型,同时在防范和应对重大风险、引导和服务群众的过程中发挥重要作用。"③这一文献尽管只是统计报告,但也是对当时学术界研究进

---

① 《县级融媒体中心建设规范》,国家广播电视总局网站,www.nrta.gov.cn/art/2019/1/15 art_114_43242.html,最后浏览日期:2023年5月25日。

② 张诚、朱天、齐向楠:《作为县域治理枢纽的县级融媒体中心建设刍议——基于对A市的实地研究》,《新闻界》2018年第12期。

③ 中国互联网络信息中心:《第45次中国互联网络发展状况统计报告》,中国互联网络信息中心网站,http://www.cnnic.net.cn/hlwfzyj/hlwxzbg/hlwtjbg/202004/P020210205505603631479.pdf,最后浏览日期:2021年7月29日。

展的总结，具有一定的代表性。

社会治理确实属于县级融媒体中心正在或应该发挥的功能，但不是与引导群众和服务群众并列的功能，而是在这两种基本功能的基础上生发出来的，带有一定的附属性质。有学者很好地揭示了社会治理这一衍生功能与引导群众和服务群众这两种基本功能之间的关系："引导群众"不能局限于自上而下的舆论引导与新闻宣传，而是要在互联网去中心化的传播格局下，实现对基层舆论的协商式引导、对主流价值认知的共识式引导，并强调实践与行为层面的潜沉式引导；"服务群众"要处理好县级融媒体中心与国家、地方之间的关系，县级融媒体中心要基于本地需求发挥沟通政府与民众的"中介式"服务功能，成为地方公共事务多元治理主体之一，在保障"地方公共性"的前提下填补商业媒体和上级主流媒体难以有效触及的"本地服务盲区"[①]。这就是说，县级融媒体中心的引导群众和服务群众的功能中寄寓着社会治理功能，社会治理功能并不独立于引导群众和服务群众这两种基本功能。笔者认为，这不仅符合国家关于县级融媒体中心的功能定位，而且符合实际，具有现实意义。

之所以要强调县级融媒体中心社会治理功能的非独立性，并不是要降低社会治理功能的重要性，而是要明确社会治理功能的边界，避免关于县级融媒体中心功能的学术讨论超出其可以承担或应该承担的范围。实际上，学术界的有些论述已经超出这一范围，例如关于县级融媒体中心协助处理社会治安、民事纠纷、民众信访等事项的讨论。当然，不排除全国范围内某些具有典型性的县级融媒体中心在这些事项上进行过积极探索并取得了一定成

[①] 倪琳：《国家治理视角下县级融媒体中心传播功能再解读》，《东岳论丛》2021年第6期。

效,但这些探索并不具有普遍意义,因为它们超出了全国大多数县级融媒体中心的能力范围。无限放大县级融媒体中心的社会治理功能不仅不现实,而且有越俎代庖之嫌,县级融媒体中心没有能力也不应承担县级机构其他的职责。

在对县级融媒体中心的功能进行再认识之后,可以发现,贯穿引导群众和服务群众两种基本功能的一条重要线索是,连接、联系、沟通党组织和群众。这条线索就是县级融媒体中心的社会治理功能(协同县级党组织和群众开展社会治理的功能)得以发挥的基石。县级融媒体中心建设的当务之急是,在充分发挥其引导群众和服务群众功能的基础上,彰显其社会治理功能,将其建设成为协同县级党组织和群众治理乡村社会的枢纽,使之黏附足够数量的活跃用户,破解基层的现实困境。实现这一目标,以下路径可供选择。

第一,县级融媒体中心的基本属性是信息媒介,遵循媒介逻辑,县级融媒体中心要成为立足县域的以县域为背景的具有强大信息生产、汇聚、转化、分发能力的网络节点。县级融媒体中心本身是一个网络,这个网络必须融入更大的网络,成为其中的节点才有可能充分发挥作用。进一步讲,在网络中,县级融媒体中心应该成为一个"水利枢纽","让各种水流通并尽可能发挥自己的汇流、储存、归整、分流和转输的作用"①。县级融媒体中心要成为"水利枢纽",就必须提高"转化转换数据的能力和水平"②,而要提高这种能力和水平,就需要在做好内容生产的同时,高度重视从网络中的其他节点吸纳、改造和散播信息。面对网络中不断涌现的海量信息,县级融媒体中心应将网络中的国家涉农政策和本地信息作

---

① 黄旦、李暄:《从业态转向社会形态:媒介融合再理解》,《现代传播(中国传媒大学学报)》2016年第1期。

② 黄旦:《重造新闻学——网络化关系的视角》,《国际新闻界》2015年第1期。

为转化、转换的重点。

首先,乡村民众对国家"三农"政策信息有着比较强烈的需求,对国家"三农"政策可能给自己带来的利益始终保持着高度敏感性,因此,县级融媒体中心要为乡村民众全面把握、精心选择、深度解读国家涉农政策。只有全面把握国家"三农"政策,才能不遗漏重要信息,并对重要信息有深刻的理解和解读。"三农"政策体系庞大、面面俱到,对县级融媒体中心来说不可能做到完全传达。此外,"三农"中的农业具有很强的地域特点,因此,没有必要一览无遗地撒播这部分信息。县级融媒体中心应根据县域农业特点,精心挑选与之相关的农业政策加以解读。从不同立场、不同角度出发,会对同一政策产生不同的解读。县级融媒体中心应从党和政府的立场,从乡村民众切身利益的角度来深度解读"三农"政策,让乡村民众既能从中感受到党和政府对农民群众的关心,也知道如何创业才能获取更大收益。深度解读并不意味着长篇大论,因为在网络世界中,乡村用户的注意力同其他用户一样也是有限的。对县级融媒体中心来说,短小精悍、技术加持是必不可少的要求。

其次,广泛吐纳本地信息是县级融媒体中心的优势,也是吸纳、黏附用户的必要之举。正如有学者所说,"在文化意义上,同一地理空间、同一历史源流、同一集体记忆所造就的文化共感,使县域民众的文化地理体验尤其强烈",因此,"在'四级办融媒体'的主流媒体架构之下,以在地性为鲜明特征的、直接与基层民众发生文化关涉的县级融媒体,最为核心的竞争力当是它对于县域文化的关切、融入与引领"①。当下,用户生产内容已成为社交媒体时

---

① 陈守湖:《媒介·文化·政治——县级融媒体运行机制的三重逻辑》,《陕西师范大学学报(哲学社会科学版)》2021年第1期。

代的一个显著标识,来自乡村场景的内容在数量上颇为庞大。在这些内容中,有一部分有意凸显了地域文化特色,另有一部分则没有。但即使是那些没有积极明确显现地域文化的内容,在长久沉浸于这一地域文化的人眼中,也是能够被识别出来的。这些具有地域文化色彩且对县域范围内的用户有独特吸引力的内容,是其他内容所无法取代的。当然,县级融媒体中心仅仅停留于积极主动地搜罗本区域内用户生产的优质内容仍是不够的,因为其他具有智能推送功能的互联网平台也能够比较容易地做到这一点。县级融媒体中心要在吸纳用户生产的内容方面超越互联网平台,还要有计划地发展能够生产优质内容的用户,组建内容生产的业余队伍。在革命时期和社会主义建设时期,为践行"群众办报"的工作路线,党领导的主流媒体,乃至许多基层的黑板报、有线广播网都建有自己的农民通讯员队伍。那时,"乡村新闻实践是大众的、业余的、全民参与的新闻传播活动,如通讯员制度、读报组、大众黑板报、群众文艺活动等,普通民众广泛、热情、主动地参与新闻实践,将新闻传播融入日常生产生活,用新闻传播改造民间社会"①。县级融媒体中心建立内容生产业余队伍和工作机制既是对"群众办报"工作路线的恢复,也有助于自己在波涛澎湃的网络信息流中站稳脚跟。

总之,县级融媒体中心只有将国家涉农政策和本地信息作为转化、转换的重点,才能持续不断地生成并维系与网络中其他节点及乡村民众的互动关系,增强自己对于乡村民众的黏附力,充分发挥传播力、引导力和影响力。

---

① 沙垚:《新时代中国特色新闻学体系建构与乡村实践》,《厦门大学学报(哲学社会科学版)》2019年第2期。

第二,县级融媒体中心应成为县级党组织与群众沟通的平台。传播的本质是沟通,沟通意味着消除信息的阻滞,纠正对信息的误读。这意味着两个或多重主体的互动,而这种沟通互动正与治理相契合。正如有学者在讨论县级融媒体中心的平台化问题时所言:"所谓平台化,即将原来的'媒体'转化为'平台',彻底打破'传-受'关系,在平台上,党委政府和人民群众可以对话。社会问题的发生、老百姓对政策的误解,源自信息传播的不通畅,提倡融合便是要打通传播的两端,而打通意味着治理。"①在大众传媒时代,无论是报刊还是广播电影电视,都带有很强的信息单向传递色彩,"传-受"关系明确,难以易位;基于互联网的新媒体将沟通的两个或多重主体并置在同一平台上,使他们成为可以对话的主体。县级融媒体中心应成为县级党组织及其领导的政府机构与乡村民众对话的平台,而不应把协助相关部门搞好社会治安、化解民事纠纷、处理群众信访等作为自己的主要任务。当然,作为国家政权体系的延伸和国家机构体系的一部分,县级融媒体中心在掌握关于这些事项的线索之后,应该帮助群众联系相关部门争取事情得到合理解决或以新闻舆论监督的方式推动解决事情,这样才能在乡村民众中逐渐累积起公信力。县级融媒体中心协同县级党组织及其领导的政府机构与群众开展社会治理,应主要致力于组织关于县域公共事务的对话和讨论,以求在问题解决、方案完善等方面达成最大的共识。对话讨论的议题可以是群众普遍反映的问题,可以是县域差异化、特色发展问题,还可以是中央政策如何在本地落地的问题等。县级融媒体中心在作为县级党组织、政府机构与群

---

① 沙垚:《重建基层:县级融媒体中心实践的平台化和组织化》,《当代传播》2020年第1期。

众的"中介"方面既有自己的优势,应顺势而为,又有自己的职责使命,应主动作为。首先,县级融媒体中心属于国家建制,是县级党组织领导下的媒体机构,具有公共服务属性,容易得到县级党组织、政府机构和群众的信任。这是完全市场化的商业互联网平台所不具备的优势。其次,组织县域公共事务的对话讨论,不仅是县级融媒体中心的职责所在,而且能为其带来活跃用户,增强其对县域范围内用户的黏附力。这是完全市场化的商业互联网平台不愿意花较高成本为之的。在组织对话讨论的过程中,县级融媒体中心应善于设置充分体现导向性、重要性、紧迫性、可解决性的公共议题,应善于创造开诚布公、充满善意、建设性的对话讨论氛围,应善于在对话讨论中尊重民意、引导民意,最终使县级党组织及其领导的政府机构与基层群众通过对话讨论达成共识。

综合上述,正确认识县级融媒体中心的功能是建强用好它的前提。县级融媒体中心的基本功能是引导群众和服务群众,社会治理功能则是在基本功能的基础上衍生出来的。明确县级融媒体中心的功能,是为了避免将其社会治理功能无限放大,以至于其无法承担或者超越其职责界限。在县级融媒体中心建设的诸多问题中,技术、体制机制、经营上的造血能力固然重要,但与黏附活跃用户的能力相比,这些都不具有根本性,因为有经费就可以更新技术,有决心就可以改革体制机制,即使经营上造血能力不足也会有政府财政的扶持,而没有用户则会让其失去存在的理由和根据。在网络中,县级融媒体中心只是一个可以被绕过或者被忽视的节点,要使之具有一定的重要性,充分发挥其社会治理功能就成为必要之举。从当前的情况来看,以县域为背景的网络信息转换中心建设、党组织与群众沟通平台建设,是县级融媒体中心能够充分发挥社会治理功能的基础和前提。

第三节　社交媒体与农村基层党组织治理能力建设

前两节分别讨论了能够在乡村治理领域赋予中央和县级党组织力量的媒介——电视和县级融媒体中心。从媒介特性来看,当前能够在乡村治理领域赋予农村基层党组织较大力量的当属社交媒体和乡村广播系统。本节先考察社交媒体,下一节将专门讨论乡村广播系统。

一、乡村治理视野下的农村基层党组织及其他组织

当前中国的农村基层组织体系是对新中国成立之前的农村基层组织结构和新中国成立后30年的农村基层组织结构的创新与发展。黄宗智认为,19世纪国家治理乡村社会依靠的是中央、省、县三级正式机构,加上半正式的乡保制度;民国时期国家治理乡村社会依靠的是中央、省、县、区四级正式机构,加上半正式的村长制度①。新中国成立后30年,国家治理乡村社会的政权体系变得更加完备。在县级以上国家政权体系中,增加了专区(地区)这一层级。在县级以下,很快建立起政社合一的人民公社体制。农村人民公社既属于国家基层政权,又属于集体性质的经济社会组织。这里需要特别注意的是农村人民公社内部的治理结构。在所有制上,1962年国家确立了长期保持稳定的"三级所有、队为基础"农

---

① 黄宗智:《重新思考"第三领域":中国古今国家与社会的二元合一》,《开放时代》2019年第3期。

村人民公社制度。这一产权制度在确定农村生产资料集体所有性质的同时,保证了最基层"队"的基础性地位,某种程度上是对基于地缘或血缘关系的乡村传统小共同体的默认。从国家政权层面看,公社一级带有更多国家政权的性质,因为公社的许多干部属于脱产的"国家干部";生产大队和生产队虽然属于国家政权体系在农村基层的延伸,但在性质上带有更多经济社会组织的色彩,其干部一般半脱产或不脱产,仍然是村社集体成员,并不是当时所说的"国家干部"。可见,从国家政权建设的角度看,同19世纪的乡保制度和民国时期的村长制度一样,人民公社时期的生产大队和生产队这两个层级的组织仍然具有一定程度的半正式性质,但它们对乡村社会的控制动员能力远胜乡保制度和村长制度。这一方面是因为生产大队和生产队是建立在集体产权之上的组织,它们寄寓其中的公社不仅具有全能性质,而且被纳入整个国家的计划经济体系;另一方面是因为党在生产大队这一层级普遍建立了支部。

新中国成立后30年,通过农村集体化运动和在农村建立中国共产党的基层组织,国家对农村基层的融通能力极大增强。与之相应,中国乡村组织体系发生了重大变动:一方面,旧基层政权组织被逐步改造,反动的会道门被取缔,宗族组织的活动受到打击,民间宗教组织的活动受到导引;另一方面,农村基层党组织及其领导下的人民公社和生产队、共青团、妇联、群众文化组织等在乡村社会建立起来。这一时期,农村基层党组织领导的乡村组织体系在乡村治理领域取得显著成绩:农民群体被整合进民族国家共同体,国家意识和爱国主义精神得到充分发展;乡村民众普遍参与乡村政治生活和社会事务,主体作用得到较好的发挥;建立在集体生产生活基础上的社会交往频次高,农民群体联系紧密,社会共识程度高,集体主义规范和传统规范能较好地发挥作用,乡村社会的秩序生产能力较强;基于社会主义原则的新价值观念在乡村社会得到践行,农村教育、文化、卫生等公共服务供给体系初步建立,农民群体的精神面貌得到更新等。总之,占中国人口大多数的农民群体被纳入乡村组织体系,乡村社会的组织化水平达到历史高点,国家政权在农村基层有了坚实的社会基础。

20世纪70年代末开启的农村改革再一次给中国乡村组织体系带来较大变化。改革开始于农村土地的使用和管理权领域,"改革中农业返回到由一家一户为主体的'承包制'取代过去土地由集体所有和管理(小额的自留地除外)的体系,将土地使用和管理权划归一家一户,基本取消了农业中的计划经济"①。与土地使用和管理权的变化相伴随,农村基层组织方面也出现了变动。在中国农村延续20余年的人民公社制度成为历史,国家在农村基层取消公社,恢复乡镇建制,村及村民小组建制取代生产大队及生产队。乡镇机关作为基层政权组织而存在,不再具有集体经济社会组织的性质,村成为集体土地及其他集体财产的所有者。取消公社制度之后,国家开始在农村基层试行村民自治制度;待成熟之后,这一制度和其他基层群众自治制度一起被国家确定为一项基本政治制度。村民委员会是基层群众性自治组织,由农村基层党组织领导和支持行使职权,由乡镇政府指导、支持和开展工作。

在乡村治理实践中,村党组织及其领导的村民委员会、村务监督委员会处于最重要的位置。村党组织是党在农村基层的战斗堡垒,村民委员会、村务监督委员会属于村民自治性质的组织,是乡

---

① 黄宗智:《重新思考"第三领域":中国古今国家与社会的二元合一》,《开放时代》2019年第3期。

村民众实现自我管理、自我教育、自我服务、自我监督的平台。村党组织及其领导的村民自治组织既属于国家政权体系的一部分，又是乡村社会的一部分。它们在上级党组织和政府的领导或指导下执行国家政策，承担着处理乡村社会事务的职责，是连接国家与乡村社会的关键组织纽带。

二、地方化：社交媒体介入乡村治理的前提

在新中国成立后30年，城乡分隔体制使得城乡之间的人口流动十分有限，乡村民众个体在特定农村集体组织中都有确定的位置。那时的乡村社会比较封闭，农村基层的乡土性质比较强。农村基层党组织在这样一个缺乏流动性、封闭的熟人社会开展工作，对传播媒介的要求并不是很高。新中国成立后，在革命根据地时期广泛使用的标语、图画、黑板报、墙报、壁报、戏剧等媒介被普及到全国农村基层，此外，作为现代媒介的电影和广播也以地方化的形式较大规模地下沉到乡村社会。这些媒介极大地增强了农村基层组织治理乡村社会的力量。

20世纪70年代末开启的改革开放事业逐步打破了城乡之间的分隔，农业富余人口大量流向东部地区、城市、第二产业和第三产业，城市化和工业化加速推进，中国劳动力资源被充分开发，社会财富丰裕起来，包括农民群体在内的人民生活水平大幅度提高。随着农村人口持续流动到城市，农村出现了空心化、老龄化和留守化现象，引起了媒体和学术界长久而广泛的关注。这一现象是城市化和工业化的必然结果，是历史发展到某一特定阶段的产物。但是，国家绝不能任由乡村衰败。从战略上讲，农业农村具有三个方面的重大意义：第一，农业农村关系到国家粮食安全，事关能不能把饭碗牢牢端在中国人自己手里的重大问题；第二，农业农村是

中国现代化的稳定器和蓄水池,是进城务工经商民众的最低生活保障和最后的退路①;第三,农业农村是中华农耕文明的载体,是中华优秀传统文化的"保留地",承载着大量珍贵的亟待传承的文化遗产。正是由于农业农村具有重大战略意义,建强农村基层党组织、增强其对乡村治理的领导力量显得尤为重要。

面对空心化、老龄化和留守化的乡村,依靠原先以村庄为场景的标语、图画、演剧、黑板报、电影放映和广播系统已远远不够。对村党组织来说,本村村民大量流向城市,给乡村治理带来了极大挑战。乡村精英的流失使村党组织本身的干部队伍受到严重削弱。更重要的是,村党组织面对的再也不是固定在本村地域范围内的身份明确、职业确定、社会关系(主要是地缘关系和血缘关系)相对简单的村民,而是在更广大地域范围内流动的、具有多重身份和比较复杂社会关系的"村民"。之所以还可以称他们为"村民",是因为他们的户口、土地使用权、房屋、长辈或未成年后代(涉及部分村民)等仍留在村庄之内。村庄内的日常面对面交往逐步减少,在村庄公共事务基础上产生的利益纽带日益松动,村庄成员的原子化、离心化、陌生化程度日渐加深,村党组织身处的再也不是带有传统性质的封闭村庄,而是全球化的村庄。

作为移动互联网时代的新媒体,社交媒体为村党组织重新整合村庄提供了条件。现代媒介都有跨越时空将分居于遥远空间的人们连接起来的能力,及至当下,基于互联网的新媒体更是将现代媒介的这种性质发挥到新的高度,鲜明地表现出去疆域化、去地域化等特征。这曾在学术界造成一个结果:"互联网对全球范围内联

---

① 贺雪峰:《农村:中国现代化的稳定器与蓄水池》,《党政干部参考》2011年第6期。

系的倚重,使得学者们担忧互联网会减少日常社区沟通和面对面的人际关系。"①然而,"值得思考的是,我们既然可以发展出超越距离的传播媒介,借此进行跨越空间的传播活动,那么我们也应该能够创意性地把它们'再地方化'"②,就像改革开放之前中国较为成功地将广播地方化(建成农村有线广播网)一样,身处网络时代的人们也完全可以尝试将新媒体地方化。我们可以借助社交媒体使"本地社会成员在各个层面的社会行动上,无论是政治的、经济的还是文化和社会等方面,实现重新的社会组织和连接"③。

村党组织经由社交媒体重新组织和连接的群体包括三类:一是仍旧留在村庄内生产生活的民众;二是已在城市务工或经商,但在村庄保有户口、土地使用权和房屋,长辈或未成年后代仍在村庄生活的民众;三是已经成功在城市定居的群体,他们在村庄已没有户口、土地使用权、房屋,后代也已随迁到城市,留在村庄的可能只有故土难离的长辈。第三类群体在事业上较为成功,拥有较多的社会资本,可以被列入现在所谓的"新乡贤"。尽管第三类群体在利益联结上与村庄的关系最弱,但他们对乡土有较深厚的感情,因而既是乡村治理的重要主体,也是村党组织开展乡村治理活动可以依靠的力量。

三、社交媒体与农村基层党组织的治理实践

随着农村居民收入的增长和互联网基础设施向农村地区的延

---

①② 王斌:《从技术逻辑到实践逻辑:媒介演化的空间历程与媒介研究的空间转向》,《新闻与传播研究》2011年第3期。

③ 郑中玉:《沟通媒介与社会发展:时空分离的双向纬度——以互联网的再地方化效应为例》,《黑龙江社会科学》2008年第1期。

伸,新媒体正在乡村社会兴起。截至2020年12月,全国农村网民规模为3.09亿,占网民整体的31.3%,较2020年3月增长5 471万;城镇网民规模为6.80亿,占网民整体的68.7%,较2020年3月增长3 069万。截至2020年12月,全国城镇互联网普及率为79%,较2020年3月提升3.3个百分点;农村地区互联网普及率为55.9%,较2020年3月提升9.7个百分点①。在中国城市化加速推进、农村人口持续向城市转移的情况下,农村网民增长量和农村地区互联网普及率提升度都高于城镇,这说明新媒体在乡村的使用越来越广泛。

在新媒体中,社交媒体是最能将包括乡村民众在内的用户卷入其中的传播媒介,而在社交媒体中,微信尤其受到用户的青睐。微信流行开来后,有学者指出,它第一次大规模地将互联网交流方式牢牢嵌入手机所有者的日常熟人交往圈子之中,并且完全以其为根基②。另有学者的研究表明,"农民在网络信息获取方面呈现出主动诉求的趋势,而他们对社交媒体的使用主要是基于熟人社会的关系网络的全部复制或者移植"③。尽管越来越多乡村民众往返于城市与村庄之间,乡村人口的流动性越来越高,村庄社区成员的熟悉程度有所下降,但与建立在商品房基础上的城市陌生人社区相比,村庄社区仍具有较强的熟人性质。除上级派驻进村的干部外,村党组织及其领导的其他乡村组织的成员大都来自本村,他们既是党的干

---

① 中国互联网络信息中心:《第47次中国互联网络发展状况统计报告》,中国互联网络信息中心网站,http://www.cnnic.cn/hlwfzyj/hlwxzbg/hlwtjbg/202102/P020210203334633480104.pdf,最后浏览日期:2021年8月8日。
② 孙藜:《We Chat:电子书写式言谈与熟人圈的公共性重构——从"微信"出发的一种互联网文化分析》,《国际新闻界》2014年第5期。
③ 李红艳、牛畅、汪璐蒙:《网络时代农民的信息获取与信息实践——基于对北京市郊区农民培训的调研》,《新闻与传播研究》2019年第4期。

部或者群众选出来的干部,又是不脱产的农民,与普通村民具有较高的熟识度。微信与中国乡村"熟人社会"的性质相契合,这正是它在乡村治理中得到越来越广泛应用的重要原因。

李红艳等通过调查发现,由于乡村社会处在熟人关系中,并且村干部是村中较早的微信使用者,同时有组建微信群开展工作的需要,因此,他们便扮演起微信推广者和微信知识普及者的角色。有村干部回忆说:"最早我加微信的时候,大家都不知道怎么回事儿,就问这个要不要钱啊。我就一个一个解释,跟他们一个一个讲,不花钱。然后我就开始加加加,100多人、200多人、300多人……到现在有700多人。没有加过的村民就来找我了,因为别人都收到通知了,他还不知道。村里我们就是(使用)微信,整个加一群。"①

村干部在村民中组建微信群的一个重要动机是发通知。在冉华等对宁夏中部某个村庄的调查中,有村民小组组长说:"很多事情通过网络就办好了,队(组)里开会也少了,一个微信群发比喊人来开会快很多。我们这个(村民小组的)群有一百多人。每家至少有一个人在群里,我有什么事情通知,家家户户都有回应。"②笔者在浙江省 R 市 J 村调查时,村干部 J 说:"我们不仅建了 J 村大群,还按网格建了小群,平时有什么工作,比如说防疫的、'三农'的,都会在群里第一时间通知村民。"③方便省力、能够提高工作效率、容易区分出"先来后到",这些都是村干部愿意使用并推广微信这种新媒体的重要原因。不过,发通知只是村党组织及

---

① 李红艳、韩芸:《以"一"贯之:社会化媒体视野下乡村治理秩序的重构》,《现代传播(中国传媒大学学报)》2020年第3期。
② 冉华、耿书培:《农村社会变迁中村落共同体的线上建构——对宁夏中部 Z 村的考察》,《开放时代》2021年第3期。
③ 资料来自对浙江省 R 市 J 村的调查。

其领导的乡村组织日常治理活动中的上传下达工作,微信的作用绝不仅限于此。

微信等社交媒体为村级事务公开和群众监督提供了更加便利的条件。2019年6月中共中央办公厅、国务院办公厅印发的《关于加强和改进乡村治理的指导意见》要求:"推广村级事务'阳光公开'监管平台,支持建立'村民微信群'、'乡村公众号'等,推进村级事务即时公开,加强群众对村级权力有效监督。"①这是对基层相关实践经验的总结和提炼。实际上,在这项中央政策出台之前,有些地方就进行过探索。例如,2017年8月,河南省商城县纪委主持开发的"阳光村务"微信公众平台上线运行,在线公开并动态更新所有村务信息、村级"小微权力"清单、工作运行流程图。村民关注该微信公众号后,无论身处何地都能查询到自己想要了解的信息。这项"阳光村务"工程取得显著成绩,受到上级关注②。

传播意味着互动、沟通和交流,这些是构成人类社会的基本机制。这种意义上的传播,无论是在党的群众路线层面,还是在基层群众自治层面,都不可缺少。

第一,群众路线是党的生命线和根本工作路线,过去各级党组织"从群众中来,到群众中去",始终保持同人民群众的血肉联系,更多通过"三进""三同"来实现,其中,党的干部与农村群众面对面的互动占了他们交流的绝大部分比重。当下的信息技术变革不仅能够实现党组织与农村基层群众互动交流的媒介化,而且在基层群众

---

① 《中共中央办公厅 国务院办公厅印发〈关于加强和改进乡村治理的指导意见〉》,中华人民共和国中央人民政府网站,http://www.gov.cn/zhengce/2019-06/23/content_5402625.htm,最后浏览日期:2021年2月21日。

② 丁浩、游家明、曹良刚:《让"治理清风"吹进千家万户——河南省商城县打造"阳光村务"纪实》,《农村·农业·农民》2019年第6A期。

流动性与日俱增的情况下必须媒介化。当然,媒介化的农村群众工作不能完全代替与群众面对面交流,深入农村基层一线,而不是坐在办公室里操作电子设备仍然是走群众路线的基本要求。

第二,基层群众自治是国家基本政治制度,村民自治是社会主义民主在农村基层的实现形式,也是当下乡村治理体系中的重要维度。高水平的自治必然离不开村干部与村民之间、村民相互之间经常、充分、理性的讨论、意见交换和共识达成,而这在村民流动性与日俱增的情况下也离不开媒介化的交流。例如,湖北省G县D村村干部Y说:"公共事情当然会在群里讨论啊,大家讨论的主要是些政策性的内容,比如说村里的保险是不是落实到位,再就是一些征地补偿的问题。有争议的问题,我们都会在群里直接讨论的。但是我们这个群也是有要求的,需要实事求是地提意见。"①又如,湖北省武穴市余山镇龟山村,在美丽乡村建设的起步阶段,需要拆猪圈、平菜地、拆乱建,村民大都有抵触情绪。为此,村干部建起"龟山村社情民意"微信群,把每户"主事人"拉进群,在群里发布美丽乡村建设规划,请大家提意见。群里的许多中青年因在外务工有见识,纷纷发表看法,碰到自己家里长辈不肯拆,还分头去做他们的思想工作②。再如,浙江省余姚市邵家丘村建有党员、网格长、网格村民等微信交流群,入群的村民有1 300多人,覆盖全村每户家庭,并且每个微信群至少有一名村干部负责,方便村民与村干部的沟通③。还如,河南省许昌市襄城县小集村

---

① 资料来自对湖北省G县D村的调查。
② 毛丽萍、焦阳:《微信群里巧协商 我的乡村我做主》,《湖北政协》2019年第6期。
③ 叶枝利:《推行"三微工作法" 完善乡村治理体系》,《宁波通讯》2019年第12期。

党支部组建党员微信群、村民微信群,村干部可及时通过微信群开展村务公开、事项发布、政策咨询等工作,村民可随时在微信群咨询政策、反映民情,干群之间建立了"全天候、点对点、零距离"的联系渠道①。可见,农村基层党组织通过微信等社交媒体能够比较有效地实现与村民的沟通,加强了与村民的联系,增强了领导乡村治理的能力。从更高维度讲,微信等社交媒体增进了农村基层党组织与乡村社会的融合。

有研究者指出,"移动网络的实践也带来农村家庭共享空间的式微与'卧室文化'的形成"②。就微信等社交媒体的使用来看,其构建的空间带有很强的私密性。同时,微信等社交媒体也有其独特之处:它能打破私人空间与公共空间之间的界限,给身处私人空间的个体进入公共空间提供可能。具体说,它"连接了分散在不同空间的'原子化'村民"③,使他们以虚拟在场的方式进入村庄空间,参与社区公共事务。农村基层党组织及其领导的乡村组织通过微信等社交媒体将本来分散在村庄内外的村民集结到网络空间,使他们通过交谈协商达成共识,并确立起乡村治理主体的地位。不过,农村基层党组织及其领导的乡村组织经由社交媒体治理乡村社会也存在诸多问题,主要有两个方面需要注意。

第一,在社交媒体构建的网络空间中,农村基层党组织及其领导的乡村组织所扮演的"治理者"和"管理者"角色难以调适。从理论上看,居于主导和支配地位的治理主体,应该更多地通过与其

---

① 黄辉里等:《推进"三治融合" 提升基层治理效能》,《许昌日报》2021年1月18日第4版。
② 冯强、马志浩:《科技物品、符号文本与空间场景的三重勾连:对一个鲁中村庄移动网络实践的民族志研究》,《国际新闻界》2019年第11期。
③ 牛耀红:《建构乡村内生秩序的数字"社区公共领域"——一个西部乡村的移动互联网实践》,《新闻与传播研究》2018年第4期。

他治理主体互动、协商等方式实现意志、贯彻政策。而现实情况是,基层政权贯彻执行上级的政策是"刚性"的,在这种情况下,他们更多是"管理者"而不是"治理者",既没有余地也没有意愿与其他治理主体进行互动和协商。例如,浙江省 R 市 J 村村干部 J 说:"我们政策就发在群里……我们也不怎么管理这个群,就是不提倡村民聊天和打广告,因此,平时也没什么动静。"① 又如,有研究者在调查中发现,作为社交媒体,微信群与 QQ 群基本都承担着"行政信息"上传下达的使命,无论是村民群还是乡镇工作群的成员,对群里的信息,需要做的只是对信息表示收悉的回复,而不是对信息的内容表达意见。为了避免群里讨论相关行政事务,关于行政事务详细内容的信息并不会在群里发布,关于行政事务信息的结果才会以告知的形式进行发布②。之所以出现这种情况是因为无休止的争论必然会削减政策的权威,进而导致政策贯彻落实迟滞。这种情况是基层政权的无奈选择。农村基层组织应顺势而为,在乡村经济社会发展的过程中不断淡化在网络空间中的"管理者"角色,强化"治理者"角色。

第二,同前面已论及的县级融媒体中心一样,农村基层党组织及其领导的乡村组织主导的社交媒体只是不可计数的网络节点中的一部分。尽管乡村组织主导的社交媒体是以村民的社会关系、情感连接和现实利益为基础的,它们对乡村民众的黏附性自然要比县级融媒体中心高出许多,但在如繁星般众多和灿烂的网络节点的照耀下,它们也有可能会黯然失色。例如,在甘肃省康县城关镇冯村,2016 年村支书组建"龙游山建设微信群",村两委成员逐

---

① 资料来自对浙江省 R 市 J 村的调查。
② 李红艳、韩芸:《以"一"贯之:社会化媒体视野下乡村治理秩序的重构》,《现代传播(中国传媒大学学报)》2020 年第 3 期。

个邀请村民入群,并告诉他们"这才是村委的工作群"。村支书还从该村某精英人物主导的"冯家大院"群里拉进来很多村民。一个村民说:"那个群没什么意思,也就一开始发发红包,大家很少交流,最后很多村民又回到了'冯家大院'群。"①即使村民留在农村基层组织主导的社交媒体中,也可能只是"潜水者",而不是活跃的对话者。例如,浙江省 R 市 J 村村民 E 说:"加了我们村的微信群,但平时大家都不说话,这些都是领导说话的份,我们说那些干啥?"②农村基层党组织及其领导的乡村组织若要从微信等社交媒体中获得更大的力量,就不能只是满足于利用它们发布通知,而应该从与民众持久互动的角度来理解、把握、经营这类媒体。唯有如此,它们才能长期保持活跃、长久存在,并在农村基层组织的治理行动中持续发挥作用。

第四节　重启农村广播:赓续集体化时期的基层治理经验

在当下的中国乡村,与网络新媒体相比,挂在天空的广播喇叭显得多少有些过时和寂寥,但在农村集体化年代,广播喇叭深深植根乡土中国,成为那个年代的人们的难忘记忆。农村有线广播网的物象、声音、活动、制度等,不仅是历史当事人记忆中的一抹暖色,而且是那个年代留给当下的治理遗产。尽管基于互联网的社交媒体已经赋予农村基层党组织一定的治理力量,但作为变动不

---

① 牛耀红:《建构乡村内生秩序的数字"社区公共领域"——一个西部乡村的移动互联网实践》,《新闻与传播研究》2018 年第 4 期。

② 资料来自对浙江省 R 市 J 村的调查。

居的网络中的部分节点,农村基层党组织掌握的社交媒体在力量上具有不确定性,而在当下能够有效弥补这种缺失的传播媒介中,农村广播值得关注。

一、历史经验:农村有线广播网与集体化

革命时期,中国共产党主要在农村活动,党组织和革命政权与其治理的对象乡村社会在空间上是同一的。中国共产党成为执政党后,党组织及其领导的政权一方面努力向农村基层深入,另一方面努力组织农民走集体化道路,最终在1962年确立起"政社合一"的农村人民公社体制。同时,党组织及其领导的政权治理乡村社会所凭借的媒介也发生了变化,不同于既往。革命时期,党组织和革命政权对乡村社会的治理主要经由面对面交流、会议、文件、标语、口号、戏剧、墙报、黑板报、冬学等媒介完成。新中国成立后,革命时期乡村治理的媒介得以沿用,同时,随着国家政权下沉和农村集体化而下行到农村基层的传媒——报刊、收音机、电影和有线广播网等,也为国家政权治理乡村社会提供了新的媒介。在这些传媒中,农村有线广播网无疑最为各级党组织所倚重。

广播在农村发展的最初阶段是广播收音网,而后才是农村有线广播网。1950年4月中央人民政府新闻总署发布关于建立广播收音网的决定,要求全国机关、团体、工厂、学校等逐步设置收音员,"其任务为介绍和预告广播节目,组织机关团体人员、工厂职工、学校师生收听重要节目,记录并张贴特别重要的新闻等"[①]。稍后,收音网开始向农村地区深入。例如,1954年,浙江省奉化县

[①] 中国社会科学院新闻研究所编:《中国共产党新闻工作文件汇编》(中卷),新华出版社1980年版,第64页。

亭下、江口、方门、西坞、莼湖、溪口6区各置1台直流电收音机,由区文书负责收听、抄送和发布消息等事项①。广播收音网因为存在组织收听成本高、收听内容难以控制等问题,所以很快就被农村有线广播网代替。1952年4月,吉林省九台县广播站——新中国最早的农村有线广播站开播,成为新中国农村有线广播网的原型。经历各地农村有线广播网的初步发展之后,在农业合作化高潮中出台的《1956年到1967年全国农业发展纲要(草案)》提出:"从1956年开始,按照各地情况,分别在7年或者12年内基本上普及农村广播网,要求各乡和大型的农业、林业、渔业、牧业、盐业和手工业的生产合作社都装置收听有线广播或者无线广播的工具。"②这为农村有线广播网的加速发展提供了动力。从1952年九台县广播站开播到1973年全国有线广播网基本普及③,农村有线广播网与中国农村的集体化如影随形。

新中国农村有线广播网是在广播这种大众传媒的基础上发展起来的,因此,必然保有大众传媒跨越时空实现互动的功能。农村有线广播网将空间距离遥远的国家机构与乡村民众连接起来,实现中央与基层经由传媒中介的新型互动,传统国家权力运作的模式因而得以改变。更重要的是,农村有线广播网是广播的一种特殊形态,这种媒介形态特殊性的主要表现便是其地方化。

首先,地方化体现在农村有线广播网的媒介形式上。农村有线广播网在技术上具有开放性,使地方和农村基层党组织能够以

---

① 奉化市志编纂委员会编:《奉化市志》,中华书局1994年版,第734—735页。
② 《1956年到1967年全国农业发展纲要(草案)》,《人民日报》1956年1月26日。
③ 赵玉明主编:《中国广播电视通史》,中国广播影视出版社2014年版,第277—278页。

较低成本加入网络并成为其中的重要控制者。改革开放前的农村有线广播网建设大致可分为两个阶段。第一阶段,是以县广播站为重心的发展阶段。据不完全统计,1952年4月开播的吉林省九台县有线广播网共设有330个小喇叭,其中有250个喇叭分布在各区、村①。之后,在农业合作化运动中,以县广播站为中心的农村有线广播网在全国许多地区迅速建立起来。1956年,全国有三分之二的县(市)建成有线广播站,共计装设喇叭51万多只,其中80%装在农村②。第二阶段是以人民公社广播站为重心的发展阶段。公社广播站始建于人民公社化运动,之后,在调整、巩固的基础上获得长足发展。1966年,全国有公社广播站和放大站8 435座,广播喇叭1 100多万只;到1973年,全国有线广播网已基本普及,95%的生产大队和91.4%的生产队都已通广播,61.5%的农户有了广播喇叭③。可见,农村有线广播网的组建是一个由上到下的发展过程,从县广播站、公社广播站到后来许多生产大队设立广播站,从生产队装设喇叭到农户装设喇叭,有线广播网的重心不断下移,网络也编织得越来越细密。有线广播网的扩张就是广播媒介形式不断地方化的过程。农村有线广播网存在多个中心节点,即中央、省、市广播电台和县、公社、大队广播站,其中,县、公社、大队广播站层级较低,但其重要性并不亚于中央、省、市广播电台,因为它们是有线广播网最直接的控制者。这充分说明,农村有线广播网是重心落在地方的现代

---

① 中共吉林省委宣传部:《面向农民的九台县有线广播》,《人民日报》1952年6月8日。
② 中华人民共和国国家统计局:《关于1956年度国民经济计划执行结果的公报》,《人民日报》1957年8月2日。
③ 赵玉明主编:《中国广播电视通史》,中国广播影视出版社2014年版,第277—278页。

媒介。

其次,地方化体现在农村有线广播网的内容方面。作为有线广播网最直接的控制者,县、公社、大队有条件成为内容生产者,他们生产的内容自然带有浓厚的地方色彩。新中国农村有线广播网的原型吉林省九台县有线广播站就是以本地节目起步的。1952年4月九台县有线广播开播后,每天共分两次广播:午间一次是对城区的广播,以转播吉林、长春电台的节目为主;晚间一次是对农村的广播,以广播本县材料为主,比如各区村农业生产开展情况、各互助组的丰产竞赛挑战应战条件、农业生产经验、批评、表扬、通知和指示等,广播的材料都是区、村供给的,属于当地的真人实事,农民都很熟悉①。可见,初办时,九台县农村有线广播与城镇有线广播在内容上就存在明显的分际。当然,作为连接国家与乡村民众的媒介,农村有线广播也不能只播送本地内容。后来,九台县有线广播站对农村的广播也转播中央人民广播电台的新闻节目和吉林省人民广播电台的节目②。尽管如此,地方化仍是其底色。据1956年的材料,九台县有线广播站自己办的节目有:"'办社经验'、'农村通讯'、'思想漫谈'、农村生产情况和经验、各互助组的生产竞赛的挑战和应战条件、批评表扬、通知和指示、领导人员和劳动模范的报告和讲话等。"③广播媒介形式的地方化不仅为广播内容的地方化创造了条件,在一定程度上还使农村有线广播网难以抛开地方性内容。例如,江苏省邗江县的一些大队广播站,"为了播送通知或是广播讲话,便中断中央台的新闻或联播节

---

① 中共吉林省委宣传部:《面向农民的九台县有线广播》,《人民日报》1952年6月8日。

②③ 鹿野:《一个农村有线广播站的成长》,《人民日报》1956年1月4日。

目",以致引起不满①。当许多乡村民众已经对上级广播电台的节目产生依赖后,农村有线广播站仍要将其地方性顽强地表现出来,这说明它只有在内容上充分地方化才能成为自身。

形式和内容都充分地方化的农村有线广播网,极大地增强了地方和农村基层党组织的宣传力量,但其意义绝不仅限于此。更重要的是,它使广播这一现代媒介充分适应了农村的集体化,并且推动和巩固了集体化。这在两个方面表现得尤为突出。

第一,农村有线广播网塑造了与集体化相适应的听觉空间。如果说标语和图画对村庄的"空间占据"②是视觉上的,那么有线广播网对村庄的"空间占据"就是听觉上的。农村有线广播网塑造的听觉空间不仅充盈,而且具有边界。从广播站到众多喇叭筒的"中心-边缘"结构,使处于有线广播网覆盖下的特定农民群体在同一时间听到同一内容。这种集体性的听觉感受,消减了千百年来传统乡土社会基于地缘和血缘的联系,增进了乡村民众之间的集体性联系。对此,1956年报道吉林省九台县有线广播站的一位记者曾有明确的意识,他说:"农村有线广播站作为一个枢纽,把半径150华里以内的农民联系起来了。"③这说明,在农村有线广播网建成之初,对其有较深刻认识的人就已经注意到它的空间塑造能力。

第二,农村有线广播网塑造了与集体化相适应的村庄时间。新中国成立后三十年,确保农村坚持走社会主义集体化道路,一直是党和政府的重要任务,而不论"集体"和"集体化"的含义是什

---

① 黄道义:《高音喇叭闹得我们不能学习和休息》,《人民日报》1977年9月3日。
② 晏青:《近代中国标语的表征实践:历史逻辑、空间修辞与现代性焦虑》,《新闻与传播研究》2012年第4期。
③ 鹿野:《一个农村有线广播站的成长》,《人民日报》1956年1月4日。

么,组织起来总是其核心要义。当时需要组织起来的绝非只有生产资料、劳动力和市场,从更深层次上讲,还包括乡村社会的时间。在传统中国乡村社会,乡民日出而作、日落而息,太阳提示的是视觉上的时间,鸡鸣犬吠和自然界的某些声响提示的则是听觉上的时间,无论哪种时间,都具有不确定性,它们调节的是传统小农家庭的生产生活节奏。进入社会主义阶段后,乡村社会的生产生活方式发生了革命性的变化,集体化成为农村生产生活的常态,集体化的生产生活必须以统一的时间为基础,而有线广播正是塑造统一时间的强大装置。一位农村集体化时期亲历者的回忆就是有力证明:

> 我的家乡是位于安徽的一个小村庄。……20世纪70年代初,我们大队开通了有线广播,大队广播站的广播员是一个20多岁的小青年,他非常热爱广播站的工作,每天早、中、晚都准时开机广播,每次广播两个多小时,从没中断过。早晨五点半左右,随着村口的喇叭响起,我就起床了;出门,喇叭里正转播中央人民广播电台《新闻与报纸摘要》节目,我边走边听新闻,走出我们村庄,到下一个村庄,喇叭声正好能接上。中午放学回家的路上,省电台正在播《安徽新闻》,我一边听一边走,走到家时,新闻正好播完。……生产队社员早、中、晚出工、收工也与喇叭三次广播时间一致。每天早晨喇叭响起,社员们在生产队长的带领下出门干活,回家吃早饭时广播结束。中午和傍晚时分,喇叭响起,大家收工回家。①

上面的事例说明农村有线广播为农村集体化的生产生活提供

---

① 沈大龙:《新声(我与新中国·庆祝中华人民共和国成立70周年)》,《人民日报》2019年11月11日第20版。

了统一的时间基础。如果将太阳、鸡鸣犬吠和自然声所标记的时间视为自然时间①，那么农村有线广播提示的时间就是一种人为操控的时间，两者之间存在本质的不同。有一个例子颇能说明问题。一次，江苏省邗江县的一个生产大队组织干部外出参观，凌晨两点就用高音喇叭播放音乐，然后接连几次播送通知，以致影响其他社员休息②。这个较为极端的事例以否定的方式表明，农村有线广播提示的时间不是对传统乡村生产生活节奏和自然时间的顺应，而是被积极制造出来的。实际上，唯有被制造出来的时间才是真正"统一"的，才能成为集体化时期农村生产生活的基础。概言之，农村有线广播网绝不只是一种传递信息的渠道，它是嵌入在乡土社会的现代时间机器，统一规划着乡村民众的生产生活，制造出新的社会律动。农村有线广播网对乡村社会时间的控制是国家政权下沉和农村集体化的结果与表现，国家政权的下沉和农村的集体化客观上要求组织乡村社会的时间，而农村有线广播网的适时出场正好扮演了时间制造者角色。在一些乡村地区还没有有线广播网的时候，以及在没有有线广播网的某些乡村地区，固然也存在制造统一时间的机器或机制，但历史证明有线广播网是更出色的时间装置，它以强大的时间控制力配合了国家政权的下沉和农村的集体化。

这里有三点需要提出来予以讨论。第一，广播在农村的地方化——农村有线广播网的建立，是以国家政权向农村基层的下沉和农村的集体化为基础的，正是逐步下沉的国家政权为农村有线广播网的发展提供了组织保障，同时，农村的集体化又为其提供了

---

① 黄旦：《"千手观音"：数字革命与中国场景》，《探索与争鸣》2016年第11期。
② 黄道义：《高音喇叭闹得我们不能学习和休息》，《人民日报》1977年9月3日。

经济支撑。反过来,充分地方化的广播——农村有线广播网,则有力配合了下沉的国家政权和农村的集体化,它塑造的与集体化相适应的听觉空间和村庄时间便是证明。第二,由于新中国成立伊始党和政府就在全国乡村地区推行过广播收音网,因此,在既往的传播史叙事中,农村有线广播网通常只是被当作广播在农村发展的一个阶段,而实际上,农村有线广播网具有新媒体的性质。农村有线广播网以其新媒体性质对国家政权下沉和农村集体化的配合,具体表现在它赋予了县级和农村基层党组织较为直接的力量。从完整的农村有线广播网来看,它存在多个中心,包括生产大队广播站、公社广播站、县广播站和地区(市)广播电台、省广播电台、中央广播电台。这些中心存在级别和控制力的差异,从生产大队广播站、公社广播站到县广播站,级别升高,控制力则下降,至于地区(市)广播电台、省广播电台、中央广播电台要进入农村有线广播网则需要县广播站、公社广播站和大队广播站的"准入"。显然,相较于级别较高的广播电台,生产大队广播站、公社广播站、县广播站对农村有线广播网播什么、什么时间播的控制更为直接。这意味着农村有线广播网赋予了生产大队、公社和县级党组织更为直接的力量。第三,县级和农村基层党组织是统一的国家政权体系的组成部分,县、公社及其下属的生产大队党组织都须宣传、贯彻县级及以上党组织的政策和指令。因此,农村有线广播网赋予县级及以上党组织的力量也不可忽视,只不过这种力量具有更多的间接性。无论是直接力量还是间接力量,都较为强大,这至少在国家政权体系内部实现了各乡村治理主体力量的相对平衡。

二、农村广播网的破损和重新编织

新中国成立后三十年的乡村传播实践业已表明,农村有线广播曾赋予国家政权较强的治理力量,其中,赋予县级和农村基层党组织的力量尤为直接。进入新时期后,随着农村改革的深入推进,"公社-生产大队-生产队"模式的国家基层组织体系最终在1984年被"乡镇-村-村民小组"替代。基层组织体系的变动必定会对农村有线广播网产生影响。1982年一项针对广东省昌江县的调查,"发现不少生产大队有线广播室停播了","原因是一些社队干部对这项工作不重视,在农村实行生产责任制以后,没有解决好广播员的报酬问题,广播员都回家种地去了,无人管理广播室了"①。农村改革在释放农户活力和劳动力红利的同时,削弱了农村集体组织的组织能力和经济能力。在这种情况下,新中国成立后三十年建立起来的农村有线广播网自然难以避免破损的命运。例如,1978年湖北省襄阳县有线广播线路长4 500公里,广播喇叭超过14万只,有线广播入户率达64.7%。1979年以后,该县广播喇叭数量逐年下降,广播线路毁坏越来越严重。到1989年6月,该县广播线路仅长1 480公里,广播喇叭只剩7 365只②。随着电视在农村的普及,农村有线广播网的破损程度进一步加剧。1995年后,乡镇广播站开始撤并,大多数村广播室被撤销,共缆喇叭遭废弃,"各村社广播站专职岗位的陆续取消,更是对农村有线广播业的釜底抽薪之举"③。

1998年,党中央、国务院推出广播电视村村通工程。"伴随着这一进程的,是对边远地区甚至高山村庄广播电视覆盖的持续推进。但这一阶段的重点依旧是电视,广播尤其是有线广播

---

① 关松瑶:《大队有线广播不该停》,《人民日报》1982年5月18日。
② 吴世斌:《巩固发展农村有线广播》,《人民日报》1990年5月16日。
③ 艾红红:《"下乡""离场"与"返乡"——新中国农村有线广播发展"三部曲"》,《福建师范大学学报(哲学社会科学版)》2020年第4期。

被放在次要位置,基层广播站还在持续减少。"①之所以是电视而不是有线广播成为村村通工程的重点,主要原因有三。第一,与有线广播相比,电视更受欢迎,当时乡村民众更需要电视这种视听结合的高娱乐性媒介。第二,在发展农村电视事业的过程中,政府要做的只是电视信号或线路的覆盖,至于摆放在家庭中的电视,则是由积极性颇高的乡村民众自己购买,如此,政府的投入是有限的,也是可以承受的。第三,当时农村集体经济组织已无力提供发展有线广播网的经济支撑,农民群众没有筹集资金发展有线广播网的强烈意愿,国家的财力也还没有强大到在发展电视事业的同时能够重建农村有线广播网。此外,当时国家的政策方向是为农民群众减负,自然也不会支持再从他们中筹集资金来重建农村有线广播网。

2005年召开的中共十六届五中全会提出建设社会主义新农村的重大历史任务。按照中央的统一部署,"村村响"广播工程于2006年启动,"消失多年的有线广播喇叭声,不仅再次回响在乡村的公共场所,还重现于一些农村家庭中"②。"村村响"广播工程之所以能够较为顺利地推进,是因为国家现代化事业已经发展到一个新的阶段。在社会主义现代化建设过程中,为支持国家的工业化和城市化,农业农村农民作出过巨大贡献。按照历史演进的逻辑,当国家工业化和城市化达到一定程度后,就应该进入"以工补农""城市反哺乡村"的阶段。21世纪初,鉴于"三农"问题面临的严峻形势和社会主义现代化取得的巨大成就,国家审时度势适时废止了在中国延续两千多年的农业税制

---

①② 艾红红:《"下乡""离场"与"返乡"——新中国农村有线广播发展"三部曲"》,《福建师范大学学报(哲学社会科学版)》2020年第4期。

度。2006年之后，不仅农民种地不用再缴纳农业税，而且在社会主义新农村建设和现阶段的乡村振兴战略实施过程中，国家还向农业农村投入了大笔资金以推动乡村经济社会发展。"村村响"工程正是在这种背景下启动的，农村广播网自此得到持续不断的建设和更新。例如，2005年，浙江省绍兴市投入582万元，启动户外调频广播"村村响"工程建设，到2006年年初，全面完成户外调频"村村响"工作。2007年12月，浙江省启动新一轮农村有线广播"村村响"建设工程，绍兴市开始着手有线广播"村村响"的联网和整网工作，即对尚未实现联网的行政村进行联网，对已联网的有线广播网络进行改造和整理①。又如，湖北省荆州市属于农业大市，其人口相对集中，地理环境适合广播覆盖。从2012年起，荆州市委市政府针对现有农村广播设备档次低、传输不稳定、不具有联网功能和应急广播、信息化播出能力等情况，采用移动物联网技术改造传统广播网，使农村广播网变得更加智能。荆州市广电大楼的广播播控平台可直接监控下级播控平台或村级终端，对全市2万多个喇叭的工作状态、播出内容、操作记录等工作情况进行扫描、跟踪，并可实施点对点远程操作，如开关、音量、频率切换等，真正形成全市广播一张网。工作人员无须亲自到每个点检查喇叭状态，就能通过互联网掌握广播的运行状况。经过改造，荆州市的农村广播网可以为市、县、乡、村四级组织所操控和运用②。

综上，在新中国成立后三十年，农村有线广播网建设和运行依靠的是组织起来的乡村社会，即农村集体组织。可以说，农村集体

---

① 《浙江绍兴将全面实现有线广播"村村响"》，《中国有线电视》2009年第8期。
② 《新技术传播新文化 "村村响"助建新农村》，《湖北日报》2013年6月6日第7版。

化时期的有线广播网主要依靠的是农村基层自身的力量,同时,农村基层党组织对有线广播网的控制也更为直接。当前正在中国农村运行并处于不断更新中的广播网,主要来自政府自上而下的推动和投入,属于国家向农村基层提供的公共服务范畴。同时,由于技术进步,除农村基层党组织能够直接管理农村广播网之外,更高级别的党组织和政府也能够直接引领它,而这也符合国家推动农村广播网建设的一个重要初衷——应急。

三、农村广播网与农村基层组织的乡村治理

2020年年初,突如其来的新冠疫情推动农村基层组织全面启用既有的广播系统,农村广播再次进入大众和学术界的视野。这是特殊时期对农村广播网的特殊使用。正是这次严重的公共卫生事件使得当年实施"村村响"工程的重要初衷——应急,得到了较为充分的实现。然而,国家以较大成本在全国范围内建成的农村广播网绝不应只是应急备用,它是被历史证明具有较强传播力的传播媒介,即使在互联网和电视已在农村普及、传播渠道充分多元化的当下,农村广播网仍是具有独特性质和较强效力的传播媒介。

今天的农村广播网在至少两个方面展现了其独特性。

第一,农村广播网天然带有国家权力和意识形态色彩,这是当下农村广播网在乡村社会能较好发挥治理效能的有利条件。在新中国成立后三十年,高音喇叭传达着党和国家的声音,它的存在就是党和国家喉舌和化身。对在中国农村集体化时期生活过的人们和通过报刊、书籍、影视等媒介了解过农村有线广播网的人们来说,农村有线广播网的物象和声音是留在脑海中难以消逝的记忆。这种记忆带有深深的国家权力和意识形态印记,并在21世纪国家

实施"村村响"工程的过程中被激活。乡村民众对农村广播网的明确或模糊的认知——从广播喇叭里面出来的声音带有天然的权威色彩,正是农村基层组织经由农村广播网治理乡村社会的有利条件。

第二,农村广播网天然带有农村集体化时期的政治文化色彩,这是当下农村广播网在乡村社会能较好发挥治理效能的另一个有利条件。曾在新中国农村集体化时期生活的人们"都是在集体化劳动和政治教化中塑造出来,并怀有特定的政治浪漫主义情怀",当他们"听到当年具有政治隐喻的歌曲时,他们的记忆被一股超越了个体的政治文化的力量勾起"①。这部分乡村民众大多有集体化时期的生活经历,即使没有,这类社会群体中部分人具有的政治文化记忆也可能成为多数人的集体记忆,从而翻越历史进程中的众多山头而在当下发挥作用。可以说,这种关于政治文化的集体记忆正是当下农村广播网能够超越所谓的社会需要机制而存在于乡村社会的重要原因。

正如在农村集体化时期农村有线广播网展现了强大的时空组织能力一样,当下的农村广播网也能够在全球化时代塑造与乡村有效治理要求相一致的时空格局。其一,农村广播网可顺应当下乡村民众的生产生活节奏,制造村庄生产生活的统一时间,让社区成员感受到村庄共同体运作的节律,并使这种生产生活节律与特定的地方联系起来。改革开放后,集体化的农业劳动在乡村社会消失,集体化时期那种积极制造统一时间的做法没有必要再使用,但这并不等于说村庄不需要统一的时间。统

---

① 王华:《农村"高音喇叭"的权力隐喻》,《南京农业大学学报(社会科学版)》2013年第4期。

一的时间是现代社会的表征,反过来说,现代社会要求将时间统一起来。钟表和计时器等运行的"北京时间"固然能统一时间,但它们统一的是民族国家这一大共同体的时间节奏,而对村庄这一小共同体来说,村庄广播是比较适合的时间统一机制。其二,农村广播网能够塑造无形但可以想象的声音空间,从而让乡村民众感受到村庄共同体的真实存在,增强村庄的内聚力。身处网络社会,全球俨然已成为一个村庄,而真实的村庄也已全球化。在全球化时代,农村广播网发出的声响回荡在村落上空,既在历史维度上激活了村庄社区成员的集体记忆,又在现实维度上从全球角度将村庄社区成员定位于确定的声音空间,并使之深刻体验到村庄小共同体带给自己的确定感。此外,声音还能够建构地方文化、制造地方感,使乡村民众对乡土产生眷念,这在全球化时代尤其具有重要意义。

尽管移动物联网等技术已经使高层级的党组织和政府直接使用农村广播网成为现实(如前所述,在湖北荆州,市级党和政府能够统一调控全市农村广播网),但是市县两级对农村广播网的使用更多限于应急,农村广播网的日常使用者更多还是农村基层组织。之所以如此,主要是因为农村广播网在性质上更契合农村基层组织。首先,农村广播网的喇叭分布在广大农村地区具有一定特殊性的地方,这些地方的乡村民众有不同的需求,市县两级组织需面对较大区域,众口难调,而农村基层党组织能够做到因地制宜。其次,由于各个地方产业结构不同,生产生活的节奏也就不同,相较于市县两级组织,农村基层组织在广播时间安排上更容易做到因时制宜。农村广播网的声音只有在合适的时间和空间出现,并且承载合适的内容,才能够成为"乐音",否则有可能成为不受乡村民众欢迎的噪声,而农村基层组织最懂得什么在本地是最合适的。

在乡村治理过程中,农村基层组织应充分认识农村广播网的媒介特性,充分发挥其在乡村治理中的作用,增强自身领导乡村治理的力量。在部分农村地区,农村基层组织虽然重视广播的运用,但缺少制作广播内容的意愿和条件。例如,安徽省 D 县 Y 村村干部 H 说:"每个村子都有广播,定时放,早上大概 7 点多放,中午大概 11 点 40 分放,晚上大概 5 点多放……习近平总书记讲话、时事、疫情等都放。没有村干部自己播报的,有 M 市(播)报的。(广播)每个自然村都有。"①村民 W 说:"(村里的广播)就在边上(在村头,离被访者家 20 米左右),按时间讲话,一天三遍,(播放时间在)早上、11 点、晚上 6 点。有习近平总书记的讲话,村干部没讲过话。"②农村广播网具有充分地方化的潜能,农村基层组织可围绕自身工作重心,精心编排地方性内容。只有使农村广播网真正融入地方日常生活,而不只是被当作应急装置,它才能成为农村基层组织的力量之源。

除农村广播网、社交媒体等媒介外,农村基层组织治理乡村社会所凭借的媒介还有在当下中国村庄仍十分普遍的标语、图画等传统媒介。湖北省 G 县 D 村村干部 Y 说:"标语图画肯定是要用到的,村里面有什么任务,都会有专门的网格员去拉横幅、贴标语。……我们都会放在醒目的位置,有路口的电线杆,还有一些住户的外墙。"③安徽省 D 县 Y 村村干部 H 说:"村里到处都是,标语现在特多,标语涉及的事务各类都有,像扶贫、应征入伍、疫情。"④实际上,标语、图画在革命时期就是常用的流行媒介。许多

---

①② 资料来自对安徽省 D 县 Y 村的调查。
③ 资料来自对湖北省 G 县 D 村的调查。
④ 资料来自对安徽省 D 县 Y 村的调查。

历史文献对革命时期不同区域的乡村标语和图画都有记录,学术界对之多有引用和研究①。这里仅以解放战争时期的晋冀鲁豫解放区为例。例如,柯鲁克夫妇对晋冀鲁豫解放区河北武安县十里店村的记述:"将近1947年11月底,我们来到了十里店。……我们乘坐的骡车颠颠簸簸地穿过十分雅致的南门,……在雅致的拱门上方写了一行白色的大字——'毛泽东是中国人民大救星'……许多房子的墙壁上都贴有标语。……在正街上,人们把蒋介石作为中心人物,用一幅十分引人注目的壁画画在墙壁上面,汪精卫和中国历史上其他臭名昭著的汉奸卖国贼是画中的陪衬人物。"②又如,韩丁在观察晋冀鲁豫解放区山西潞城县张庄的土地改革和整党运动时写道:"刷在张庄一面墙上的白字标语比人还大:'生产斗争和前方打仗一样重要!'墙背后是一个院子,四个妇女正在一架织布机上缠轻纱。"③当该村的运动进入新阶段后,村庄墙上所有的标语都被刷成新的:"一切权力归农会""共产党是人民的长工""填平补齐,抽肥补瘦""批评和纠正干部的错误""选出好干部,撤掉坏干部""保护和发展工商业""建立民主、自由、和平、繁荣的新中国""反对贪污腐化,退回多占果实"④。

标语、图画的内容因时而变,呼应着不同时期党的工作主题,但作为视觉媒介,标语、图画触动乡村社会的机制却是一以贯之

---

① 例如,陈信凌:《江西苏区标语的传播学分析》,《新闻与传播研究》2005年第4期;许加彪、张宇然:《宣传·组织·指路:长征标语口号的产制、修辞和社会动员》,《现代传播(中国传媒大学学报)》2020年第12期等。

② [加]伊莎白·柯鲁克、[英]大卫·柯鲁克:《十里店(一)——中国一个村庄的革命》,龚厚军译,上海人民出版社2007年版,第2—3页。

③ [美]韩丁:《翻身——中国一个村庄的革命纪实》,韩倞等译,邱应觉校,北京出版社1980年版,第238页。

④ [美]韩丁:《翻身——中国一个村庄的革命纪实》,韩倞等译,邱应觉校,北京出版社1980年版,第359页。

的。第一,标语、图画区别于其他乡村媒介的重要特质是"空间占据"①,它们在占据空间的同时,赋予空间新的意义,这种赋予或是在空间原有意义上的叠加,或是在消解空间原有意义上的新加,可以说,标语、图画之于空间是标识,也是改造。第二,标语、图画区别于某些乡村媒介的重要属性是持存性,它们不经人为的破坏,不会在短时间内消失,有些即使遭到有意的损坏,仍能若隐若现地向熟悉他们的乡村民众昭示自己。标语、图画以无声的方式表明有特定的治理主体介入村庄空间,乡村民众无论是否明确意识到这一治理主体的存在,都会因此而有意无意地调整自己在村庄中的位置和社会关系。

第五节 媒介、国家政权与乡村有效治理

改革开放40多年来,中国社会始终处于变动中,需要强有力的国家政权才能保持稳定。经济组织是社会治理的重要主体,但商业逻辑并不会完全遵循"共建共治共享"的社会治理原则。此外,社会组织也是社会治理的重要主体,但如果缺乏国家的介入和主导,在社会急剧变动、共识较少的情况下,必然会出现社会组织参与"爆炸"的混乱状况,从而难以采取有效力且有效率的治理行动。国家政权则能够统合经济、社会组织,确定一致的目标,并达成这一目标,取得治理实效。

新中国成立后,国家与乡村社会的关系几经变化,择其大者来

---

① 晏青:《近代中国标语的表征实践:历史逻辑、空间修辞与现代性焦虑》,《新闻与传播研究》2012年第4期。

说,存在这样几个阶段。在农村集体化时期,借助"政社合一"的人民公社体制,国家政权全面介入乡村治理。改革开放后,伴随着人民公社制度的取消、家庭联产承包制和村民自治制度的确立,国家介入乡村治理的方式发生改变。尽管这一阶段国家在农村基层推行村民自治制度,但村党组织仍在村民自治中居于领导地位。21世纪初农业税的取消对国家介入乡村治理也产生了较大影响,取消农业税后,农村基层组织与乡村民众打交道的动力有所降低。中共十九大后,国家开始实施乡村振兴战略,健全党组织领导的乡村治理体系成为这一战略的重要任务,农村基层党组织建设被提上重要议事日程,强化农村基层党组织与乡村民众的联系成为党的农村工作的重要目标。

国家政权主导乡村治理经由媒介而实现。在这一过程中,媒介处于国家政权与其他乡村治理主体之间,在它们之间起着连接、协调和转化等作用。媒介并不只是一个供主体使用的工具,它有自己的性质,这种性质在一定程度上会对它所连接的国家政权与其他乡村治理主体的关系产生影响。正如有学者所言:"由媒体中介的传播,体现的是媒体在社会生活中的制约和能动作用;这些作用源自媒介的技术特征,技术所蕴含的结构性权力,以及它介入社会生活的特定方式。"①本章讨论的就是电视、县级融媒体中心、社交媒体、农村广播网等在国家政权与其他乡村治理主体之间所起的作用。这些媒介都有发展历史,并在当下处于共存状态。因此,我们可以从历史和现实两个角度来总结本章论述的主要问题。

第一,"在很大程度上,正是媒介技术介入一个个具体的社会

---

① 闫文捷、潘忠党、吴红雨:《媒介化治理——电视问政个案的比较分析》,《新闻与传播研究》2020年第11期。

交往情境,构成了媒介化的历史发展进程"①,各种不同性质的媒介在国家政权介入乡村治理的不同阶段产生的影响存在较大差异,国家政权对乡村社会的媒介化治理存在一个演变过程。在新中国成立后三十年,农村有线广播网相较于一般意义上的广播,具有新的媒介性质,在形式和内容上都已地方化,组织了与农村的集体化相适应的时间和空间。正是从这种意义上说,农村有线广播网是与国家政权下沉和农村集体化相配合的媒介形式,是适合农村基层组织使用的媒介。国家取消人民公社制度,拆解了农村有线广播网赖以生存的组织依托和经济支撑。在农村广播网暂时消隐的同时,电视开始在广大农村地区普及开来。电视的高度娱乐性使得高级别电视台,特别是中央电视台相较于县市电视台,在对农传播中占据绝对的优势地位,因此,电视充分突显了中央的乡村治理力量。伴随着国家经济社会发展和技术进步,移动互联网和手机在农村地区的普及率逐年提高,为社交媒体进入农村地区打开了闸门。尽管基于互联网技术的新媒体都有去地域化的性质,但微信等社交媒体也具有再地方化的潜能,并在中国乡村治理实践中释放出这种潜能。由于微信等社交媒体本身建立在熟人关系的基础上,因此,植根在乡村民众中的农村基层组织便成为其积极使用者。基于互联网技术的新媒体的出现深刻地改变了传播方式和传播形态,在这种情势下,国家适时开始实施媒体融合发展战略。随着这一战略的推进,与乡村治理相关的县级融媒体中心建设被提上日程。媒体融合的实质是运用新信息技术将新媒体和传统媒体整合到统一的数字平台上,县级融媒体中心建设也不例外。

---

① 闫文捷、潘忠党、吴红雨:《媒介化治理——电视问政个案的比较分析》,《新闻与传播研究》2020年第11期。

因此，从国家治理乡村社会的媒介运用史来看，县级融媒体中心建设是一次以新融旧、以新改旧的综合工程。在新中国乡村社会的媒介化治理中，农村有线广播网赋予农村基层组织治理乡村社会的强大力量；电视的出现和农村有线广播网的暂时消隐导致农村基层组织的力量削弱，中央的乡村治理力量突显出来；新信息技术及新媒介的出现正在改变国家在乡村治理领域的头重脚轻问题，县级融媒体中心建设为增强县级党组织的力量提供了可能，微信等社交媒体已成为农村基层组织领导乡村治理的重要媒介。

第二，当前，广播网、电视和新媒体在乡村社会处于共存状态，新媒介逐步取代旧媒介成为乡村社会的主导媒介，同时，旧媒介仍在乡村社会保留一席之地。广播网、电视和新媒体在乡村社会形成的是一种充满张力的媒介格局。在这种媒介格局中，电视虽然造成各治理主体的分化和力量失衡，但对于中央直接介入乡村治理十分有利。就当前的情况来看，能够有效弥补基层国家政权力量缺失的当属县级融媒体中心。电视和县级融媒体中心分别赋予中央国家政权和县级国家政权较强的力量。在乡村治理实践中，农村基层组织是至关重要的治理主体。重启或重建农村广播网是赋能农村基层组织的可行选择。此外，可以有效赋能农村基层组织的另一类重要媒介当属微信等社交媒体。总体来看，"电视-县级融媒体中心"这种组合有助于巩固国家机构在乡村治理结构中的主导和支配地位，"有线广播-社交媒体"这种组合可以赋能农村基层组织。两者共同的目标指向是，塑造国家治理乡村社会的合理主体结构，亦即使国家政权体系内部的各乡村治理主体在力量对比上达到相对平衡的状态。

综上，包括农村基层组织在内的各级国家政权对乡村治理的领导，是实现乡村有效治理的政治基础。在当代社会，各级国家政权对乡村治理的领导很大程度上是经由传媒中介而达到的,这就使各级国家政权对乡村治理的领导不得不遵从媒介逻辑,同时媒介也得以自己的特性作用于各级国家政权与乡村社会之间的互动。现代媒介是技术嵌入特定社会制度熔铸而成的事物,具有客观性。作为媒介的使用者,各级国家政权在乡村治理领域可以做的是,最大限度地发挥这些媒介的潜能以增强自身对乡村治理的领导力量,夯实乡村有效治理的政治基础。

第二章
媒介与乡村有效治理的社会基础

在国家政权之外,乡村民众是乡村治理的另一重要主体。离开乡村民众的参与,不仅乡村治理体系中的自治会失去它的主体,而且法治和德治也将失去赋予它们意义的重要主体。乡村民众参与乡村治理并不完全是个体行为,在很大程度上属于集体行动,是在相互间达成一定程度共识的基础上的集体行动,而达成共识必定离不开乡村民众积极有效的互动或交往。乡村民众中的个体只有通过较高频次和强度的交往,才能聚合起来成为一个整体,从而作为主动有力的主体在乡村治理中发挥作用。因此,乡村民众交往关系的强化,是实现乡村有效治理的社会基础。

在媒介视角下推动乡村治理的社会基础建设,即强化乡村民众交往关系,需要对重要媒介的相关性质进行讨论。虽然农村广播网能够实现乡村民众与农村基层组织乃至整个国家政权体系在纵向上的连接,但乡村民众与各级国家政权经由农村广播网的互动是失衡的,乡村民众在互动中处于明显的被动地位。不仅如此,农村广播网也未能实现乡村民众之间在横向上的有效交往和沟通。整体而言,农村广播网赋予乡村民众的力量十分有限。除农村广播网之外,电视时代乡村民众的际遇也值得注意。电视除带来外界的信息之外,并未使自治实践中的乡村民众在整体上更加有力量。"电视在20世纪70年代末80年代初期刚进入农村的时候,一个村庄也就是一两台,户主把电视机放在院子里,大家都跑去看,这时的电视类似于小电影,还有集体活动的形式,但其逻辑开始是私人化的。当电视在中国农村普及以后,看电视就完全成了一种私人化的活动,即从形式和逻辑两个方面都成了私人化活动。"①与这种私人化活动相应,电视摆放的空间也越来越私密化。据申端锋等2007年前后的调查,"电视机放在客厅的占34.7%,放在卧室的则达57.9%"②。本研究在浙江省R市J村调查的4户人家中,3家有两台电视,一台在客厅,另一台在卧室③。当大量乡村民众被引入电视空间时,村庄公共空间势必萎缩,在电视普及之后,北方村庄公共空间"饭市"的衰落就是很好的例证④。电视在使乡村民众与远方建立联系的同时,也让他们疏于参与村庄的公共交往,减少了他们就社区公共事务而进行的面对面交流。电视"天涯若比邻式传播,在使人的感官外化、延伸的同时,造成了接收者用眼不用口,比邻若天涯"⑤。电视不仅与农村广播网一样不能从横向上将乡村民众连接起来,而且阻碍了他们之间面对面的交流。

在增进乡村民众交往关系方面,红白喜事、群众文化活动、电影放映和社交媒体已经展现出它们的能力,并且将来仍有开掘的空间。电影和社交媒体的媒介性质自不待言,至于红白喜

---

①② 申端锋:《电视下乡:大众媒介与乡村社会相关性的实证研究》,《华中科技大学学报(社会科学版)》2008年第6期。

③ 资料来自对浙江省R市J村的调查。

④ 陈新民、王旭升:《电视的普及与村落"饭市"的衰落——对古坡大坪村的田野调查》,《国际新闻界》2009年第4期。

⑤ 黄旦:《试说"融媒体":历史的视角》,《新闻记者》2019年第3期。

事和群众文化活动,我们也可将它们视为媒介。现代传媒很大程度上固化了我们关于媒介的认知,实际上,媒介"必是从关系着眼"①,媒介即"交往关系"②,是"连接、触发与转变的不断运作"③。从这一界定来看,农村红白喜事和群众文化活动似乎比现代传媒更加贴合"媒介"的本义,它们在乡村民众之间不断运作,起着连接、触发和转变的作用,是乡村民众交往关系的一种体现。

第一节　农村红白喜事的社会关系网络与人际互动

农村红白喜事名目繁多,有涉及出生、嫁娶、寿诞、丧葬等的人生礼仪,也有涉及庆祝新居落成、考试成功等特殊事项的礼仪。农村红白喜事是乡村社会内生的、融于乡村社会结构的、具有深厚传统的民俗活动,从古代延续至今,具有持久的韧性。令人饶有兴味的是,一方面,农村红白喜事千百年来一直在乡村社会发挥着重要的治理功能,是乡村治理的重要资源,这一点已为一些学者所注目④;另一方面,改革开放以来它又长期被新闻媒

---

①③ 黄旦:《听音闻道识媒介——写在"媒介道说"译丛出版之际》,《新闻记者》2019年第9期。

② 黄旦:《报刊是一种交往关系——再谈报纸的"迷思"》,《安徽大学学报(哲学社会科学版)》2012年第6期。

④ 参见吴毅:《公共空间》,《浙江学刊》2002年第2期;曹海林:《村庄红白喜事中的人际交往准则》,《天府新论》2003年第4期;刘超、刘明:《中国乡村传统文化活动及其治理功能——基于陕西D村的个案研究》,《湖南农业大学学报(社会科学版)》2015年第4期。

体"笔伐",被社会舆论"口诛",成为必须被治理的对象,即使以正面的形象出现在新闻媒体上,也必定是以移风易俗成果的名义。两个方面看似对立,但究其根本,它们之间依然存在一致性的联系。本节先谈农村红白喜事的异化及其治理,接着分析农村红白喜事的社会关系网络,最后探讨农村红白喜事以社会关系网络为基础的人际互动,其间,也会涉及上述两个方面的一致性联系问题。

一、农村红白喜事的异化和本质

在新中国成立后三十年,农村红白喜事鲜有作为乱象出现在新闻媒体上的情况,这比较容易解释。农村集体化时期,国家政权主导着乡村民众的日常生活,其倡导的勤俭节约价值观在乡村社会有较强的影响力,加之那时物质生活比较匮乏,乡村民众缺乏大操大办红白喜事的主观意愿和客观条件。

改革开放后,农村红白喜事开始作为被批评的对象频繁出现在新闻媒体上,延续至今。例如,1987年,有刊物发文称:"近年来,旧的风俗有所抬头,红白事讲排场,比阔气,礼仪越来越繁,给群众精神上、经济上造成沉重负担。仅贾塬村(该村位于甘肃省庆阳县葛崾岘乡——引者注)每年就因青年结婚、老人丧葬、小孩满月等事要花去5万多元。"① 又如,1994年,某刊物载,川北某镇书记,"一天就收到两张新婚请柬。看着柬上那印着四个大口的'喜'字,这位在工作中难得皱眉头的一把手哭笑不得。自去年冬月以来,他就收到类似请帖四十多张,莫名其妙地付出2 000余元。……尽管这位'带拖斗'的副县级干部收入可观,也经受不起

---

① 王崇文:《受群众欢迎的"红白事简办理事会"》,《党的建设》1987年第6期。

那一张张纸片的吞噬"①。再如,2016年,某报发表文章说:"今日,笔者参加了一场婚礼,场面可谓声势浩大。十多辆车组成的车队,城里请的司仪,歌舞助阵,几十道菜的流水席,这阵势与城里青年人结婚相差无几,仔细算算,费用少说也要四五万元。"②还如,2020年,某报载:"眼下,各地农村大办'喜宴'的现象十分普遍,且涉及种类很多很广泛,有乔迁宴、结婚宴、寿辰宴、升学宴、老人过世宴……这些'喜宴'少的七八桌,多的三五十桌,有的甚至多达上百桌。而且,宴席的档次都很高,好酒好烟好菜样样都有,不但铺张,而且浪费也相当严重。"③

新中国成立后,移风易俗一直是政府、社会组织和有识之士大力倡导的工作。由于存在上述乱象,改革开放后如潮水般涌现的农村红白喜事自然成为移易的对象,即成为治理对象。在治理农村红白喜事乱象的可能主体中,政府自然是最先被想到的。然而,在治理农村红白喜事过程中,政府直接出面不是合理有效的办法。有论者指出,红白喜事的操办属于乡村民众的私事,如何办、办多大,只要不违反法律,他们都有权自行决定;也有地方政府为遏制大操大办红白喜事的风气,出台公文加以规范,却没有收到预想的效果,四川等地还出现过政府规定过严过细而招致村民抵抗情绪的情况④。

农村基层党组织在治理红白喜事乱象中自然责无旁贷,并且

---

① 古夫:《几家欢乐千家愁 何日休吹宴请风——川北某县城乡红白喜事宴请扫描》,《四川党的建设(城市版)》1994年第4期。
② 刘斌:《农村党支部要管住红白喜事》,《宝鸡日报》2016年5月10日第A2版。
③ 叶金福:《农村红白事"大管家"设得好》,《遵义日报》2020年12月21日第4版。
④ 汪莹:《规范红白喜事不妨放权于民》,《嘉兴日报》2018年5月3日第1版。

有其优势。农村基层党组织扎根乡村社会,其主要成员来自村庄内部,与村庄社区成员有着天然的联系,这有利于它开展工作。改革开放以来,农村基层党组织领导下的"红白理事会"逐渐成为治理农村红白喜事乱象的主体,并且在全国各地已经取得一定的成效①。相关资料记载:"1986年,《中共中央关于社会主义精神文明建设指导方针的决议》发布前后,有些地方出现了'红白事理事会'这一群众自治组织,把群众的婚丧事务管了起来,工作颇见成效。"②1987年,上文提到的贾塬村,为破旧俗、树新风,端正党风、民风、村风,成立由村党支部书记任会长,村主任和一名善理红白事、威信高的村民任副会长,4名村民小组长任委员的"红白事简办理事会",制定出包含8个条款的章程。理事会成立后,便开始理事。村民麻枢嫁女,原打算办酒席50桌,经理事会周密安排,只办了8桌,节约粮食500多斤、钱300多元;麻兆满的儿子结婚,原准备花1000元招待客人,经理事会筹划,只花了200多元③。从2017年年初开始,湖北省黄冈市麻城市为移风易俗,推进乡风文明建设,在全市范围内建立红白理事会,实现452个村(社区)全覆盖,逐渐形成思想统一、运作规范、良性循环、成效显著的工作局面④。暂且不论这些举措所取得的成效能否持久,也不论这些成效是否具有普遍性,农村基层探索红白喜事治理方式的方向是值

---

① 在乡村社会,原先就精通红白喜事礼仪和事务的人被称为"红白理事",他们帮乡邻做事一般不取报酬,如果他们集合起来帮乡村人家操持红白喜事,其集合起来的形态就被称为"红白理事会"。改革开放后,在乡村发展起来的"红白理事会"是群众性自治组织,其主要职能是规范红白喜事,而不是帮忙操持事务。
② 孙士杰:《依靠群众移风易俗的一个创造——"红白事理事会"工作的几点经验》,《学习与研究》1991年第1期。
③ 王崇文:《受群众欢迎的"红白事简办理事会"》,《党的建设》1987年第6期。
④ 卢世高:《红白喜事要浸润文明味道》,《黄冈日报》2017年12月7日第3版。

得肯定的。

　　作为治理对象的农村红白喜事以异化方式表现了其自身本质。在政府及许多村民眼中①,"为了那点面子"的大操大办②是非正常的,偏离了红白喜事的本质,是红白喜事异化的表现。"非正常""偏离""异化",这些看法意味着存在一种正常的、体现了其本质的红白喜事。问题是,这种纯粹的红白喜事存在吗?除去新中国成立后三十年的农村集体化时期,中国乡村史上存在这种纯粹的红白喜事吗?人们常说,摒弃大操大办红白喜事的旧习是"老大难"问题,其中,"老"在千年遗风。这说明,大操大办并不是改革开放之后才有,而是在中国乡村史上长期存在的历史现象。实际上,谁也说不清楚历史上哪个时期的红白喜事体现了其自身本质。可以说,在政府和许多村民心中正常的、体现其自身本质的红白喜事主要存在于逻辑当中,它以异化的形式将自己显现出来,即以非正常的形态表现自己的本质。笔者认为,红白喜事以"挣面子"的异化形式和非正常形态表现出来的本质是"礼仪",换言之,红白喜事的本质是"礼仪"。正是在这种意义上,有学者提出"红白喜事"也可被称为"红白礼事"③。礼仪必定包含交往关系。在讨论围绕农村红白喜事形成的交往关系之前,有必要先考察农村红白喜事得以生成的社会关系网络。

---

　　① 如报载,许多大操大办过红白喜事的人,"也从内心里希望政府部门和村支两委能出面管一管。尤其是那些经济条件不太好的家庭,更是希望这种铺张浪费的现象能得到彻底的遏制,从而把有限的资金用到更需要的地方"(参见叶金福:《农村红白事"大管家"设得好》,《遵义日报》2020年12月21日第4版)。
　　② 叶金福:《农村红白事"大管家"设得好》,《遵义日报》2020年12月21日第4版。
　　③ 张霭堂:《再谈病语"红白喜事"》,《临沂师专学报(社会科学版)》1990年第3期。

二、血缘、地缘和业缘：农村红白喜事的社会关系网络

现代城市社区的红白喜事无论是在频次上还是在规模上都远不能与农村社区相比。究其原因，主要在于城市社区缺少基于血缘和地缘的社会关系网络，而农村社区的乡土性社会土壤依然存在，即基于血缘和地缘的社会关系网络仍是农村社区的重要基础。

传统中国乡村社会建立在血缘和地缘关系基础上，是乡土性的[①]。农村红白喜事就是以血缘和地缘为基础生成的[②]，是乡土社会的产物，是与乡土社会同构的事物。改革开放后，中国农村人口大量持续流向城市，乡村出现了空巢、留守等现象。人口流动必然带来乡土性的消减，但城市化进程并没有完全消灭乡村社会的乡土性质。首先，中国乡村仍然有数以亿计的常住村民，农业是他们中许多人的生计或副业，农村是他们赖以栖居的社区，他们彼此之间较为熟悉，对他们来说，乡村仍具有熟人社会的性质。其次，大量流进城市的农村人口并没有在城市定居下来，对往返于城乡之间的他们来说，城市只是工作的地方和暂时的居所，村庄才是自己的家，那里有自己的房屋、承包的土地、留守的亲人，还有有血缘关系的亲戚和有地缘关系的乡邻。再次，随着城市化的加速推进，大量农村人口进入城市并在城市安家，即使他们已脱离农村的土地和房屋，也不可能在短时间内完全从往昔在农村社区基于血缘和地缘关系形成的社会关系网络中抽离，在某种程度上，他们依然是具有乡土性的乡村社会的一部分。由此可见，中国乡村社会的乡土性并没有完全消失，基于血缘和地缘的社会关系网络仍旧存在，

---

① 参见费孝通：《乡土中国》，人民出版社 2008 年版，第 1 页。
② 参见曹海林：《村庄红白喜事中的人际交往准则》，《天府新论》2003 年第 4 期。

农村红白喜事仍然具有较为深厚的土壤。

在基于血缘和地缘的社会关系网络之外,当下农村红白喜事得以生成的基础还包括基于业缘的社会关系网,即生计圈。改革开放后,随着农村人口流动而日益扩大的生计圈,也给农村红白喜事增添了新的客人。尽管生计圈依然受到血缘和地缘因素的影响,例如在出门打工的群体中存在同一家族或同一地域帮带和聚团的现象,但个体生计圈中完全没有血缘、地缘关系的朋友也广泛存在。这些纯粹因为业缘而结识的朋友,也成了农村红白喜事的常客,这是传统乡村社会比较少见的现象①。

三、农村红白喜事的两重人际互动:以事主为中心的交往和村庄公共交往

作为发起者和操办者,农村红白喜事的事主是红白喜事所形成的交往关系的第一中心。事主在红白喜事中形成的交往关系建立在血缘、地缘和业缘的基础上,具有四个方面的特征。其一,由于事主对以自己为中心的基于血缘、地缘和业缘的社会关系网了如指掌,因此,在红白喜事中以事主为中心的交往关系具有可预期性。事主能够在未对所有有意愿出席的宾客发出邀请的情况下,计算出比较准确的宴席数量。其二,建立在血缘、地缘和业缘基础上的交往关系,对事主来说具有较强的稳定性。如非亲友反目、居所变动、职业变化,这种交往关系一般不会断裂。其三,建立在血缘、地缘和业缘基础上的交往关系,对事主来说大多具有平等性。尽管参加农村红白喜事的客人中不乏身份、地位、声望和财富等高

---

① 论述依据的是本研究 2021 年 5 月对湖北省 X 市 C 村的调查。2021 年 5 月 X 市 C 村村民 H 为儿子举办了婚礼,村民 H 和他儿子的生计圈都超出了村庄的范围,婚礼宴席上出现了与村民 H 家没有血缘和地缘关系的朋友。

于或者低于事主者,但这部分人毕竟是少数,大多数人都与事主属于同一群体。其四,建立在血缘、地缘和业缘基础上的交往关系,对事主来说大多属于强关系。尽管参加红白喜事的客人与事主存在亲疏远近关系,但他们中的大多数都与事主熟识,在很多情况下,事主对因为地缘和业缘而结识的人的熟悉度还要高于某些亲戚。

事主经由红白喜事形成的交往关系,对自身具有重要意义。首先,这种交往关系可以使事主家庭在经济上遭遇困难的时候,收到来自社会关系网的支持。在这种意义上,通过红白喜事形成的人情,具有互助功能,体现的是乡村民众通过自组织方式解决物质困境的智慧。其次,这种交往关系可以使事主及其家庭在社会关系网络中获得安全、尊重、荣耀等精神财富。这种精神财富至关重要。为了它,事主及其家庭才能努力使自己的行为符合社会规范,从而体面地生活;有了它,事主及其家庭才能以昂扬的精神风貌投入新的奋斗。

事主经由红白喜事形成的交往关系,对乡村治理也具有重要意义。抛开异化形态的红白喜事不谈,作为礼仪的红白喜事有助于农村家庭在经济上保持稳定,有助于激发农村家庭积极进取的精神。家庭是社会的细胞,农村家庭实现了稳定,乡村社会才有可能实现稳定;农村家庭奋发有为,乡村社会才能活力充沛。

更重要的是,在农村家庭操办的红白喜事中,隐藏着村庄公共交往关系,这对当下的乡村治理来说十分宝贵。学者吴毅较早之前就注意到红白喜事在构建农村公共空间、促进乡村公共交往方面的作用。他指出:"公共空间是村落中人进行精神交流的共同场域,这种精神交流在大集体的政治性社区解体,村庄分解为原子化状态,稀缺的行政性集会又日益与村民的利益需求脱节的情况下,更是需要寻求一种表达的场所。红白喜事恰巧提供了这样一种机会,于是,红白喜事的社会功能便由单纯的庆贺和哀悼扩大为包括这两者在内的社区成员的非正式聚会,这种非正式聚会为村落成员的见面、沟通和交流提供了场合,它部分地填补了村落公共空间的空缺,满足了村落公共性精神互动的需要。"①湖北省 X 市 C 村的调查显示,婚礼确实存在比较广泛的人际互动,除客人与事主家庭的互动之外,互动还发生在有血缘关系的亲戚之间、有业缘关系的朋友之间和有地缘关系的乡邻之间②。其中,对本研究最有价值的当属基于地缘关系的乡邻之间的互动。这种类型的互动也就是学者吴毅所论述的发生在村落公共空间中的沟通和交流。

农村红白喜事主要属于私事,操办的地方主要是自家场院,但它在当下村庄公共交往机制缺失的情况下,却隐秘地发挥着推动村庄公共交流的作用。此外,一个有趣的现象是,为了给村民提供便利并有效监控红白喜事的操办情况,现在许多地方都要求在村庄公共的文化礼堂或者其他公共场所操办红白喜事③。这就使得农村红白喜事无论是在活动场景、交往功能上,还是在社会空间上,都更加接近农村集体化时期村庄社区的公共活动。

上文讲到农村红白喜事形成的交往关系具有可预期性、稳定性且属于强关系,这意味着红白喜事在村庄具有较为强大的人群聚合能力,这种能力正是其发挥公共交往功能的前提条件。正如

---

① 吴毅:《公共空间》,《浙江学刊》2002 年第 2 期。
② 资料来自湖北省 X 市 C 村的调查。
③ 本研究 2019 年调查的浙江省宁海县海头村文化礼堂的一部分就是用作举办红白喜事的。从里面的痕迹来看,该村文化礼堂的使用率比较高。

吴毅所言:"谁家有喜,谁家举丧,事主不需要发出邀请,凡知道消息的人家大都会自觉地派代表参加。村落社会的信息传递靠的是口传,但像这一类的信息却几乎不会漏传,结果,便形成了'一家有喜,全村送礼,一家死人,全村举丧'的场面。我在村里的日子,亲历过几次丧事,每逢此时,无论农事忙闲,全村各户人家皆会往而聚之。"①尽管吴毅讲的是 20 年前的情况,当下从村庄流出的人口与 20 年前相比显然更多,但社交媒体已使乡村民众之间互通声气变得更加便捷,知道消息后无论身在何处都会尽量派代表参加仍比较普遍,当前农村红白喜事的场景仍比较热闹就是证明。这主要是因为,只要家庭中仍有人与村庄社区存在比较紧密的关联,就免不了会发生人情往来。例如,本研究对湖北省 J 市 D 区 X 村的调查发现,有一家人全家都已搬到城市居住,但这家人仍是村庄红白喜事的常客。笔者询问原因,有人分析说,这家老人的意愿是去世后葬回村里,而到那时若没有乡邻的帮助和参与,就不会有一个体面的葬礼②。

农村红白喜事具有较强的人群聚合能力和公共交往功能,这正是当下乡村治理所需要的,并且是其他媒介较难替代的。红白喜事在中国农村具有深厚的传统,带有厚重的乡土性,是乡土社会内生的公共交流机制,在乡村社会运行中发挥着不可或缺的作用。尽管农村红白喜事乱象颇多且治理难度颇大,但很少有人说要取缔它。这不仅是因为做不到,还因为它的存在具有一定程度的合理性。若能利用红白喜事的人群聚合能力和公共交往功能,对乡村治理则大有裨益。

---

① 吴毅:《公共空间》,《浙江学刊》2002 年第 2 期。
② 资料来自对湖北省 J 市 D 区 X 村的调查。

第二节　农村群众文化活动的
文化网络与乡村交往

中国农村群众文化活动是"以农民为主体,激发乡村的内生动力,重新勾连历史与当代,超越职业化的文化实践"①。

农村群众文化活动的主体是乡村民众,农村群众文化活动蕴涵着乡村民众的交往。乡村民众的交往内含于群众文化活动,离开乡村民众的交往,群众文化活动不仅在实践中不会发生,而且在命题上不能成立。农村群众文化活动天然具有增进乡村交往关系的优势。

与红白喜事不同,在农村群众文化活动中,乡村民众围绕同一目标发生的不仅有交流,还有行动。乡村民众之间的交流是在行动过程中发生的,交流与行动互相交织。在农村群众文化活动中,有效的行动必然意味着统一的步调,而这离不开必要的组织机制。杜赞奇的"文化网络"就是对这种组织机制比较恰当的理论概括。本节以文化网络为着眼点,探讨当下如何构建农村群众文化活动的文化网络以增进乡村民众间的交往关系。

一、传统乡村文化活动的文化网络

演剧是中国重要的传统乡村文化活动,其文化网络很大程度上能够代表传统乡村文化活动的文化网络,因此,本节拟以演剧为

---

①　沙垚、王昊:《"主体-空间-时间-实践":新时代乡村文化振兴的原则与方向》,《浙江师范大学学报(社会科学版)》2019 年第 5 期。

例探讨传统乡村文化活动的文化网络。为使讨论更加明晰和集中,演剧活动的时间和空间将被限制在1946—1953年的浙东地区,由此可以清晰地看到政权更替下传统乡村文化活动的文化网络的发展。

杜赞奇的"文化网络"概念的全称是"权力的文化网络"。"权力"是指"个人、群体和组织通过各种手段以获取他人服从的能力",它是"各种无形的社会关系的合成";"权力的各种因素(亦可称为关系)存在于宗教、政治、经济、宗族甚至亲朋等社会生活的各个领域、关系之中"①。按照杜赞奇的观点,这种权力关系也可被称为"权力的文化网络"。"这一文化网络包括不断互相交错影响作用的等级组织(hierarchical organization)和非正式相互关联网(networks of informal relations)。诸如市场、宗族、宗教和水利控制的等级组织,以及诸如庇护人与被庇护者、亲戚朋友间的互相关联,构成了施展权力和权威的基础。"②非正式相互关联网和等级组织交错影响作用形成的关联网的主要区别在于,前者是非正式、无组织的权力关系,后者是依靠正式组织形成的权力关系。与杜赞奇对权力的文化网络或权力关系的划分相对应,传统乡村演剧场域的权力关系也可以分为两种类型。

第一种类型是乡邻关联网中的演剧权力关系。乡邻关系类似于杜赞奇所说的亲戚朋友间的关系,具有非正式性和非组织性。由于缺乏组织的催生,乡邻关联网中的权力因素相对微小。同时,从乡村精英追求权力的动机来看,乡邻关联网中的许多演剧权力关系具有一定的物质利益性。在这些权力关系中,乡村精英对物

---

① [美]杜赞奇:《文化、权力与国家:1900—1942年的华北农村》,王福明译,江苏人民出版社2010年版,第4—5页。
② 同上书,第5页。

质利益抱有较强的企图心。如报载:"鄞西各乡,自入夏迄今,家畜不宁,尤以牛猪等死亡过多,农民损失惨重,近有丰成乡经堂庵农民王某,及布政乡民人李某等,竟借牛瘟为名,连日雇班演戏,美其名为'牛王戏',一面则大兴蓬头,公然摆设赌台,从中渔利……"①"奉化松岙地方,有居民卓阿毛者,于本月二日,纠聚赌徒十余人,雇演的笃戏于本村卓家祠堂,另设赌台抽头,一时远近农民,趋之若鹜,卓家祠内人山人海……"②当然,乡邻关联网中的演剧权力关系并不都是物质利益性的,对某些乡村精英来说,"提高社会地位、威望、荣耀",即获取社会权力,是其组织发起乡村演剧活动的主要动因。例如,明代宁波巨族杨氏一门七人位列高官,该门每逢做寿,都请戏班演戏,长达一月之久,从栎社到西杨河十里河面,停满去杨府祝寿看戏的船只③。又如,民国年间,宁波鄞南东林寺吕起炯为其先人做坟,便有送演堂戏一事④。

第二种类型是宗教组织形成的关联网中的演剧权力关系。在传统乡村的宗教性演剧活动中,宗教组织不仅催生出丰富的权力因素,而且"扎根于这些组织中、为组织成员所认同的象征和规范"⑤,也使得其中的权力更具权威性。如此,传统乡村的宗教演剧就成为权力关系生成的重要场域。民国晚期浙东地区报纸对宗教演剧活动有许多记载,例如,"鄞西后塘乡朱将军庙,于四五两日

---

① 《鄞西畜瘟演牛王戏》,《时事公报》1947年8月20日第3版。
② 《奉松岙演的笃戏,看楼折栏肇惨剧》,《宁波日报》1948年5月6日第5版。
③ 《中国戏曲志(浙江卷)》,中国ISBN中心1997年版,第644页。
④ 《迎神演戏一律禁绝,绝无此厚薄之分,鄞南警所来函辩正》,《宁波日报》1948年4月24日第6版。
⑤ [美]杜赞奇:《文化、权力与国家:1900—1942年的华北农村》,王福明译,江苏人民出版社2010年版,第5页。

演社戏……"①"奉化南山庙,为庆贺神像诞辰在庙中戏台演唱串客,一时远近乡村妇孺,均趋之若鹜,挤得庙内水泄不通,万头攒动,人潮拥簇……"②"镇海梅山里岙第四保巘头庙,于前日雇班演戏,一时轰动全乡,均纷纷前往观剧……"③这些材料说明,即使到民国晚期,浙东乡村的宗教演剧活动仍十分频繁。这些材料所记述的宗教演剧活动都是在乡村精英的主持下进行的,但由于记载比较简略,其间很难看到他们的清晰身影。另有三则材料比较具体地呈现了当时乡村精英在宗教演剧领域的活动情况。第一则材料:在象山海墩村,"村内龙山庙和贺氏家庙,每年演戏二次,即正月戏和八月戏。正月戏在龙山庙演三天,贺氏家庙演二天。……至于订戏、演戏值班、供神等事项皆由当年轮到的柱首负责"④。这里的"柱首"就是在演剧活动中从事组织工作的乡村精英。第二则材料:"鄞西丰成乡丰惠庙,每年旧历二月间,向例有庙会之举,前昨二日,该乡及时演戏,不料来有黄古林警士三人,责备该庙灯会负责人杨某,以在动员戡乱期间,不宜演戏,杨某自知理亏,即以酒饭款待,讵该警士离去时,竟向杨某索诈一百万元,事后该处地方人士徐某等已向警察机构予以检举云。"⑤这则材料中的杨某也属于乡村精英。第三则材料讲的是,镇海县霞浦镇杨亭庙在该庙雇班演戏,警察知晓后前往制止,霞浦镇副镇长张厚德出面声称:"本人系该庙首事,如有一切情事,可由彼个人负责。"⑥在这则

---

① 《鄞西朱将军庙演社戏肇祸》,《宁波日报》1946年11月7日第3版。
② 《奉南山庙演戏坍台,一小孩被压受重伤》,《宁波日报》1947年11月30日第3版。
③ 《戏子演剧卖力,斛斗翻到台下》,《宁波日报》1948年10月26日第3版。
④ 《海墩村志》,海墩村志编纂领导小组1998年编印,第220页。
⑤ 《禁止演戏乘机索诈》,《宁波日报》1948年3月27日第5版。
⑥ 《警队长劝阻演戏,副乡长集众反抗》,《时事公报》1948年6月5日第3版。

材料中,张厚德的身份颇有意味,他既属于当时国家机构的成员,又是从文化网络中走出来的乡村精英。由此可见,民国晚期乡村精英在宗教演剧场域仍十分珍惜并顽强坚守着自己的角色。他们将这一领域视为"地方社会中领导权具有合法性的表现场所"①,并且相信唯有坚守才能再生产自己在乡村社会的身份、地位和领导权威。由于在这类演剧活动中乡村精英获取权力依靠的是宗教组织及攀附于其上的象征和规范,因此,他们获得的权力具有组织化的特点,并且获得的权力比较大。宗教演剧所形成的权力关系具有荣誉性质,在这类权力关系中,乡村精英对权力的追求主要"是出于提高社会地位、威望、荣耀并向大众负责的考虑,而并不是为了追求物质利益"②。

韩晓莉认为,"对乡村领袖和地方精英来说,他们通过组织演剧构建地方团结和秩序,彰显个人权威,实现对乡村事务的控制,甚至从中获取一定的经济利益"③。乡村精英对权力的追求无论是纯粹出于社会地位、威望、荣耀和责任的考虑,还是带有物质利益的考量,他们在传统乡村社会获取并展现其权力的意愿和行动,最终都推动了演剧活动的持续生成。实际上,乡村精英在文化网络中对权力的追求、获取和展现,就是演剧活动得以生成的重要机制。这种生成机制在传统乡村社会根深蒂固,因而演剧活动在传统乡村社会也就具有持久的韧性,延绵不绝。

作为传统乡村的重要公共活动,演剧意味着人群的聚集和互动、观念的交流和散播、人力和财物的消耗等。在政府眼中,

---

①② [美]杜赞奇:《文化、权力与国家:1900—1942年的华北农村》,王福明译,江苏人民出版社2010年版,第5页。
③ 韩晓莉:《社会变动下的乡村传统——〈退想斋日记〉所见清末民国年间太原地区的乡村演剧》,《史学月刊》2012年第4期。

人群聚集和互动可能带来治安上的风险,观念交流和散播可能带来意识形态上的风险,人力和财物的消耗可能带来基层社会抵御灾害能力降低的风险,加上传统乡村演剧延绵不绝,因此,它被历代政府视为具有一定危害性的活动,成为政府不得不应对的事物。

民国政府对传统乡村演剧的应对策略较为简单,主要是压制,理由包括劳民伤财、有伤风化、妨害治安等。例如,"象山县政府,以各地雇班演剧,非惟耗财旷时,且有碍地方治安,在此清乡时期,尤能使不肖之徒,混迹其间,昨特出示严厉禁止全县高台演戏云"①。又如,"鄞南区署,因鉴于境内好事之徒,时有雇班演戏之举,劳民伤财,非特妨害治安,抑且违背节约宗旨,特代电各乡公所及警察所,即日查禁,如仍有故违者,当将首事人员报县惩处"②。实际上,这种禁戏令不仅民国时期有,历史上也很常见。例如,清康熙初年浙江巡抚赵士麟便出有禁演戏示③,清光绪年间宁绍台道曾颁布《整顿风俗示》,内容主要是禁戏和禁赌④。从清朝到民国,传统乡村演剧屡禁不止,说明这些禁戏举措成效不彰。

民国政府在禁戏行动上有不同于前代的地方,主要体现在两个方面。其一,随着国家政权的下沉,民国政府在基层创设的警察机构使地方政府的禁戏力量得以增强。宁波《时事公报》1947年6月25日载,"鄞县警察局,昨日下午举行局务会议,出

---

① 《象山清乡禁止演戏》,《时事公报》1946年9月30日第5版。
② 《鄞南区署查禁演戏》,《宁波日报》1948年7月27日第3版。
③ 《清康熙初浙江巡抚赵士麟禁演戏示》,载《中国戏曲志(浙江卷)》,中国ISBN中心1997年版,第862页。
④ 《整顿风俗示》,转引自赵维国:《教化与惩戒:中国古代戏曲小说禁毁问题研究》,上海古籍出版社2014年版,第418页。

席各科处所队长,决议事项:一、各所队应加派队警昼夜加紧巡逻。二、地方不靖,各乡演戏,应绝对严禁,以防奸邪趁机活动……"①可见,禁戏是基层警察工作中的重要事项。其二,民国政府给演剧贴上"迷信"标签,试图破坏传统乡村演剧文化网络中的象征。例如,1931 年颁行的《浙江省审查民众娱乐暂行规程》规定,"提倡迷信"的戏剧应予纠正或禁止②。又如,《宁波晨报》1947 年 3 月 8 日载,鄞县"高嘉乡宋诏桥地方挡皇庙,定于农历二月二十五日定班演剧酬神,县警察局闻讯后,即分令鄞东鄞西二警察所以演剧酬神,迹近迷信……应予严厉禁止,以利防务云"③。

在压制传统乡村演剧活动的过程中,民国政府运用了基层警察机构和"迷信"话语这两种具有现代性色彩的新工具,但成效仍然有限。第一,尽管基层警察机构的创设使政府的禁戏力量得以增强,但这种力量并不足以有效抑制传统乡村演剧活动。《宁波日报》1948 年 2 月 25 日记载的一件事可以作为例证:"鄞东韩水乡下水地方,于本月二十一日有该地乡民在庙内雇班演戏,观剧人山人海,附近赌徒趁机大兴蓬头,时有东钱警察所见习巡官蒋友崐,率警长李宙、警士郭顺风等十名前往捉赌,致与乡民发生冲突,赌徒等仗人势众多拒捕,初则各用木棍板凳当作武器,当有警士章涛、蒋德云两名被殴受伤,蒋巡官见状,即鸣枪自卫,冲出重围,当时乡民纷纷至家中取得猎枪多支,向警开枪,双方互击多时,一时

---

① 《鄞县警区一部调整,地方不靖严禁演戏》,《时事公报》1947 年 6 月 25 日第 3 版。
② 《浙江省审查民众娱乐暂行规程》,载《中国戏曲志(浙江卷)》,中国 ISBN 中心 1997 年版,第 863 页。
③ 《高嘉乡宋诏桥演剧酬神,警局令饬禁止》,《宁波晨报》1947 年 3 月 8 日第 4 版。

枪弹四飞,有乡民一人中流弹受伤,该警等恐事态扩大,当退回东钱警所,本案现由方所长呈鄞警局核辨中。"①可以看出,基层警察机构试图凭借强制力达到触动传统乡村演剧文化网络从而抑制演剧活动的目的难免要落空,因为基层警察机构对乡村社会的控制力不仅有限,而且不够系统。第二,尽管"迷信"话语对传统乡村演剧文化网络中的象征有所触动,但未能动摇文化网络根本,因而同样难以有效抑制演剧活动。因此,乡村传统演剧活动直到新中国成立之初仍颇为活跃。

二、新中国成立后乡村文化活动文化网络的更新

新中国成立后,传统乡村演剧的文化网络依旧存在,传统演剧活动也仍在持续。例如,1950年春花收割后,"余姚的朝界、周朝、天潭等地的一般地痞先后接洽了走乡的绍兴戏班,进行做戏"②。又如,1950年,"自早稻收割,秋田益出以后,农村中的生产工作较闲。鄞县各地农村普遍发现做戏、放焰口等严重的浪费情形。八月中旬开始,横溪区丰南乡在杨山、乌岩、大岙三村共演戏十天,亭溪乡朱家、上山坑演四天,鹿山乡在宅前村、新头家、柯家放三天焰口做三天戏,永和乡景江岸做戏一次,鄞江区章远乡上半夜放焰口,下半夜做戏共搞了八天,姜山区华山乡郑家庄、任家横也放了焰口。类似情况各地不断在发生,浪费很大。鹿山乡各村放焰口做戏都是由一班当地流氓及落后村干所发起的。目的是图热闹、出风头,而且从中可以捞些油水花花"③。在新中国成立初的两三

---

① 《鄞东下水演戏肇祸,警察捉赌发生格斗》,《宁波日报》1948年2月25日第5版。
② 《生产节约顶要紧,农忙时节勿演戏》,《甬江日报》1950年6月14日第2版。
③ 《鄞县各地农村中放焰、做戏浪费极大》,《宁波时报》1950年9月1日第3版。

年间,尽管与传统演剧密切相关的宗教组织受到很大冲击,但传统演剧的文化网络并未彻底消亡,仍旧是乡村精英图热闹、出风头、竞逐权力的场域。在当时的乡村演剧中,流氓地痞一如既往充当着重要角色,还未受到良好政治教育和训练的"落后村干"也扮演着类似的角色。

面对传统演剧在乡村社会的延续,新政权最初的反应与旧政权存在某些相似之处。首先,新政权也出台了一些限制令。1950年7月,中央人民政府文化部戏曲改进委员会提出,对"宣扬麻醉与恐吓人民的封建奴隶道德与迷信""宣扬淫毒奸杀"的节目,对"丑化和侮辱劳动人民的语言和动作",应加以修改,其中,"少数最严重者得加以停演"①。中央人民政府的政策在地方得到了贯彻落实。宁波专署文教科、宁波市人民政府文教局联合发出通知,要求:"一、以后凡下乡的戏班子,均应执有市文教局和省立宁波人民文化馆的介绍信,与县、区、乡的行政机关接洽后才能演出。……三、每个下乡的戏班子,所演出的节目,应经过剧人自己的组织——戏剧研究会审核或修改后才能演出……"②奉化县公安局也制定了演戏规则,内容包括:"一、在本县境内出演之戏剧团,未经本局审查登记合格者,一律禁止出演。二、已登记审查合格之剧团,在本县境内出演时,事先需将出演内容,送由本县文化馆审查,本局备案。禁止淫秽戏剧之出演……"③其次,新政权也曾使用"迷信"话语试图破除乡村演剧文化网络中的传统象征。

---

① 中共中央宣传部办公厅、中央档案馆编研部编:《中国共产党宣传工作文献选编(1949—1956)》,学习出版社1996年版,第93页。
② 《戏班子下乡演出须有市文教局介绍信,所演节目应经戏剧研究会审核》,《宁波时报》1950年7月29日第2版。
③ 《奉化公安局订定演戏规则》,《宁波时报》1950年10月18日第2版。

例如，1950年宁波专署文教科、宁波市人民政府文教局联合发出通知："查宁波市有少数越剧旧戏班子，趁此农忙季节，私自组织戏班子，不呈报公安、文教机关，在县与县的交界处，迎合少数落后的靠吃迷信饭的人（抽头、聚赌、替菩萨做生日），借口调剂农民文娱生活，在庙内演起封建、神怪、色情的戏来。此种行动，殊有未妥。"①

尽管新中国成立初新政权采取的禁戏举措与旧政权存在相似之处，但两者的效果存在显著差异。中国共产党长期扎根农村，具有丰富的农民工作经验和强大的组织动员能力，因而其领导的新政权在乡村戏剧领域采取的行动强而有力。例如，1950年鄞县俞家埭群众在看《变磨豆腐》《八百铜钱买老婆》等剧目时，在场的农村工作队队员上台借此教育观众，"一面指出花了钱看坏戏对思想有害；一方面揭发迷信，号召大家节约，结果群众当场走散大半"②。又如，1950年9月上旬，慈溪县鸣鹤区有干部在出面制止乡村演剧活动时说："去年遭受水患，上半年在春荒、夏荒中，农民生活和生产资本是困难的。因此今后应生产节约，丰收不忘荒年苦。"许多农民由此认识到演剧的坏处，某戏班的管班人陈文高也"自发回家安心生产"③。

由此可见，新政权对传统乡村演剧活动采取的禁戏举措是富有成效的，同时，这些举措对传统乡村演剧的生成机制也产生了触动。不过，新政权并未绝对禁演乡村传统演剧活动。这一

---

① 《戏班子下乡演出须有市文教局介绍信，所演节目应经戏剧研究会审核》，《宁波时报》1950年7月29日第2版。
② 《鄞县各地农民中放焰、做戏浪费极大》，《宁波时报》1950年9月1日第3版。
③ 《鸣鹤等区农民懂了道理，停止做戏投入生产》，《宁波时报》1950年9月14日第3版。

方面是因为文化管理层认识到,"单纯的行政命令禁演……是不对的"①,"许多地方对禁戏漫无标准,多有过左偏向,或因禁戏过多,使艺人生活困难,或因强迫命令,引起群众不满"②;另一方面是因为新中国成立初,在新政权的引导下,作为新型演剧主体的农村业余剧团发展迅猛,在更深层次触动了传统乡村演剧的文化网络,并实现了更新。

新中国成立后,乡村民众对演剧的娱乐需求并没有消减。既然乡村民众的需求未变,新政权便不能仅仅局限于禁,还需创造出新型的演剧活动来满足乡村民众的需求,同时达到教育动员乡村民众的目的。为此,新政权要对这种文化网络进行改造,将旧演剧文化网络转换成新演剧文化网络,以使乡村演剧不仅能与新社会相适应,而且能持续生成。实现乡村演剧文化网络由旧到新转换,包括两个举措。

第一个举措是,发展新型乡村演剧组织——农村业余剧团,借以取代旧戏班和传统乡村演剧活动的组织者。就基层群众文化组织发展问题,1944年3月,毛泽东在谈到陕甘宁边区的秧歌普遍化时指出:"我看秧歌队可以多组织一些,这个新秧歌队一个乡可以搞他一个,搞新的内容,一个区搞一个、两个、三个、四个,不加限制,今年冬天就要这样搞。"③正是在中国共产党的群众文化政策下,土地改革后,浙东地区农村业余剧团发展极为迅速。截至

---

① 中共中央宣传部办公厅、中央档案馆编研部编:《中国共产党宣传工作文献选编(1949—1956)》,学习出版社1996年版,第93页。
② 同上书,第147页。
③ 毛泽东:《毛泽东文集》(第三卷),人民出版社1996年版,第117—118页。

1952年10月,上虞县有116个农村业余剧团①;截至同年12月,余姚县有264个农村业余剧团②。农村业余剧团的兴起过程实际上就是旧戏班在乡村的生存空间被逐渐压缩的过程。农村业余剧团不仅取代了旧戏班,还在一定程度上扮演了乡村演剧组织者的角色。以前,戏班社只是表演者,不得不依赖乡村精英才能开展活动,其演出需要乡村精英出面邀请、主持并筹措经费,而农村业余剧团不仅是表演者,通常还以演剧组织者的身份出现。例如,宁海白石村剧团成立后,为配合土地改革、镇压反革命、抗美援朝等重大政治运动,排练《揭竿起义》《借红灯》《血海深仇》《刘胡兰》等剧目,在本村月台下广场、花楼庙戏台、桃源村陈氏宗祠戏台等地方演出,共计40余场,颇有影响③。

农村业余剧团取代旧戏班和传统乡村演剧组织者的一个重要结果是,在乡村社会编织起新的演剧文化网络。

首先,农村业余剧团是业余的群众文化组织,其成员主要来自乡村社会内部,这就将剧团与剧团之外的乡村民众紧密地联结在一起。根据1950年12月宁波地委宣传部的报告,该地区农村业余剧团的成员,"大都以当地小学教师为主",此外,还有"农会会员、乡村干部、学生、民间艺人、知识青年、妇女会会员"④。这种人员结构无疑有助于农村业余剧团在乡村社会内部建立广泛的联系。

---

① 《上虞县农村业余剧团情况调查汇报》,1952年,宁波市档案馆藏,(地)全宗号4,目录号4,案卷号6。
② 中共余姚县委宣传部:《余姚县农村剧团情况调查》,1952年,宁波市档案馆藏,(地)全宗号4,目录号4,案卷号6。
③ 《白石村志》编纂委员会:《白石村志》,团结出版社1993年版,第145页。
④ 《中共浙江宁波地委宣传部一九五〇年下半年宣教工作综合报告(一九五〇年十二月)》,1950年,宁波市档案馆藏,(地)全宗号4,目录号2,案卷号1。

其次，农村业余剧团通过设置准入门槛和身份区隔在乡村社会编织了一张具有动力机制的关联网。据1952年有关方面对上虞县8个农村业余剧团的粗略统计，在其成员中，有共产党员2人、共青团员31人、劳动模范8人、工人58人、雇农33人、贫农161人、"成分不好的"2人①。另据1952年有关方面对余姚县264个农村业余剧团的调查，剧团成员共有6 168人，其中，"共产党员占0.1%，青年团员占5%，贫雇农民占52%，手工业者占10%，成分不好的占4%"②。农村业余剧团中所谓"成分不好的"人不断被排除到剧团之外。例如，在上虞县，梁湖乡一村剧团"内部不纯"，以致在演出上造成恶劣影响，上级发现之后，将"不纯分子"予以清除，解散原有组织，并重新组建剧团③。可见，农村业余剧团的成员主要来自具有较高政治地位的群体，这就使农村业余剧团占据较高的势位，有助于它赢得乡村民众的尊重，也有助于它将更多乡村民众吸引在自己周围，并持续不断地从中挑选新成员。准入门槛和身份区隔赋予农村业余剧团团员身份以重要意义，使团员身份成为一种需要竞争才能获得的资源，这给农村业余剧团形成的关联网添设了必要的动力机制。

再次，作为乡村群众组织，农村业余剧团实现了与国家基层政权的紧密连接，从而将乡村演剧文化网络与国家政权体系融合在一起。例如，在1952年的余姚县，农村业余剧团的主要负责人大多由农会主任或村长担任，民兵、宣传员、行政小组长、文教干事多

---

①③ 《上虞县农村业余剧团情况调查汇报》，1952年，宁波市档案馆藏，(地)全宗号4，目录号4，案卷号6。

② 中共余姚县委宣传部：《余姚县农村剧团情况调查》，1952年，宁波市档案馆藏，(地)全宗号4，目录号4，案卷号6。

是剧团成员①。又如,在1952年的上虞县,农村业余剧团的团长一般由乡长兼任,少部分剧团直接隶属于区委,下管剧团由区委宣传干事领导,樟镇剧团由区委直接掌管②。

第二个举措是,在农村业余剧团形成的关联网中不断添加规范和政治元素。农村业余剧团的任务主要是协助新政权开展宣传教育工作并向本地民众提供娱乐。中央人民政府明确要求,"群众业余艺术活动,必须密切结合生产,不违背业余的、自愿的、季节性的原则"③。农村业余剧团的任务和工作原则,实际上就是新政权对农村业余剧团的要求或规范。这种要求或规范曾在实践中比较好地发挥作用,纠正过农村业余剧团出现的职业化、好演古装大戏等问题。

新政权还在乡村演剧文化网络中不断添加政治元素。

首先,通过专业文化组织的指导,使政治意识形态渗入农村业余剧团。在延安文艺座谈会上,毛泽东曾就"专门家和普及工作者的关系问题"指出,"我们的戏剧专门家应该注意军队和农村中的小剧团","一切这些同志都应该和在群众中做文艺普及工作的同志们发生密切的联系","帮助他们,指导他们"④。这一文艺工作路线在新中国成立后仍得到遵循。1951年,中央政府强调"专业文艺团体必须对群众业余艺术活动负起指导的责任"⑤。1953年,嵊县文化馆培训全县4个区40个乡的农村业余剧团骨干时,

---

① 中共余姚县委宣传部:《余姚县农村剧团情况调查》,1952年,宁波市档案馆藏,(地)全宗号4,目录号4,案卷号6。
② 《上虞县农村业余剧团情况调查汇报》,1952年,宁波市档案馆藏,(地)全宗号4,目录号4,案卷号6。
③⑤ 中共中央宣传部办公厅、中央档案馆编研部编:《中国共产党宣传工作文献选编(1949—1956)》,学习出版社1996年版,第204页。
④ 毛泽东:《毛泽东选集》(第三卷),人民出版社1991年版,第863—864页。

向他们传达了省文化局关于农民业余剧团发展方向和任务的报告,介绍了浦口乡堪头村农民葛毛头创作的密切配合当前中心工作的说唱,还印发了配合总路线宣传的独幕越剧《卖粮》和说唱《不要上当》《积少成多》各350本①。

其次,通过指派宣传任务,使政治性成为农村业余剧团的鲜明标识。例如,1953年12月19日,鄞县全县农村业余剧团代表会议召开,历时三天,到会代表89人。会上,代表们听取农村业余剧团应如何为宣传总路线总任务服务的报告,明确了演出短小精悍的现代剧为政治服务、为生产服务的方向,确定了到第二年正月底前每个剧团须演出五场到十场的宣传任务②。

再次,通过党和政府主办的会演,塑造农村业余剧团的政治角色和形象。例如,1951年春节期间,除定海、象山两县外,宁波专区共有433个农村业余剧团参加会演。会演的程序是从乡会演到区会演再到县会演,层层选拔,最后是全专区的会演。鄞县五天会演的观众达一万两千人,该县望春区四天会演的观众竟达一万四千人③。在层级逐步提高、空间范围逐步扩大的戏剧展演中,不仅农村业余剧团成员对自己的政治角色有了更明确的意识,而且农村业余剧团在乡村民众中的角色形象也变得更加清晰。

经过以上两方面的工作,一个新性质的乡村演剧文化网络得以形成。同传统乡村演剧文化网络一样,新乡村演剧文化网络也是乡村民众获取社会地位、威望和荣耀的场域。例如,1952年,上

---

① 嵊县文化馆:《我们是这样组织群众宣传队伍投入国家总路线宣传的》,《宁波大众》1953年12月31日第3版。
② 宁波中心文化馆:《鄞县农村剧团代表会议总结》,1954年,宁波市档案馆藏,(地)全宗号4,目录号6,案卷号2。
③ 《蓬勃发展的农村剧团》,《宁波时报》1951年2月25日第2版。

虞县樟镇剧团不仅被派往各乡开展宣传演出，还直接参与当地的中心工作，"查田定产"时该剧团的大部分团员被区委安排到14个乡参加相关工作，工作结束后，他们因工作有成绩受到区委书记的表扬①。又如，1953年春，为鼓动农民春耕生产的热情，新昌县梅岙乡西山剧团团长袁明钱组织排练广场剧《生产座谈会》，并安排该剧在乡农代会开会前演出，受到广泛好评和赞誉②。再如，1953年夏，鄞县首建乡久旱不雨，部分农民急得去求菩萨、迎"龙圣"，没有心思抗旱。首建乡剧团负责人认识到旱情紧急，要求剧团担当鼓动群众抗旱的任务。剧团中张元棠等八位身强力壮的骨干组成了"车水大队"，用实际行动加上口头宣传，推动群众克服迷信思想、投身抗旱。他们帮年老的贫农施渭仁车水浇地，河对岸和附近的群众看到后，便四处宣传剧团团员的抗旱举动③。乡村民众在演剧领域对社会地位、威望和荣耀的获取正是演剧活动持续生成的重要机制。

三、构建农村群众文化活动的文化网络

我们在谈论构建农村群众文化活动的文化网络时已自含两个前提，澄清这两个前提，对讨论问题也许是有益的。其一，我们在谈论农村群众文化活动文化网络的构建问题时，是立足于乡村社会之外的，确切地说，是站在党和政府及从外部进入乡村社会的经济社会组织的立场上来谈的。农村群众文化活动的主

---

① 《上虞县农村业余剧团情况调查汇报》，1952年，宁波市档案馆藏，(地)全宗号4，目录号4，案卷号6。

② 王涛：《西山剧团搞小型活动，配合生产宣传效果好》，《宁波大众》1953年4月17日第3版。

③ 张中强、王永根：《口头宣传加上具体行动，首建乡剧团扭转农民迷信思想》，《宁波大众》1953年8月6日第3版。

体是乡村民众,这种主体性本来就蕴含在"群众文化活动"概念中。无论是党和政府,还是经济社会组织,都应该充分尊重乡村民众在群众文化活动中的主体性。同时,以党和政府为主的外部力量介入乡村文化发展仍十分必要,主要是推动、引导和支持乡村文化发展。其二,客观上,农村群众文化活动已经存在,只不过因为它或者过于弱小、难以为继,或者"漫自生长"、偏离主流,所以需要外部力量推动、引导、支持它持续健康地发展。明确这两点,有助于我们把握农村群众文化活动文化网络的构建路径。

我们可以从两个方面着手构建农村群众文化活动的文化网络,以增进乡村交往。

第一,党和政府及经济社会组织要善于在农村"重新发现群众文化活动"[①]。新中国成立后,正是因为党和政府发现传统戏剧在广大农村地区有着深厚的群众基础,所以才接续革命时期的乡村文化政策,支持和引导农村业余剧团的发展,才有农村业余剧团在包括浙东农村在内的全国农村地区广泛兴起的盛况。进入新时期之后,农村群众文化活动经历过一段沉寂期,近年来又呈现出复苏的态势。在这种情况下,尤其需要党和政府及经济社会组织具有在农村"重新发现群众文化活动"的眼光,在这方面不乏成功的事例。例如,有一个关于农村广场舞的故事。在秦岭深处有一个刚建起不久的移民小区,其居民主要是来自附近不同山沟里的村民。两三千人聚居在一起,大家彼此不熟悉,社区如何治理成为难题。在挨家挨户的走访中,社区干部发现跳广场舞是村民"最大的公约

---

① 沙垚:《乡村文化传播的内生性视角:"文化下乡"的困境与出路》,《现代传播(中国传媒大学学报)》2016年第6期。

数"。为让村民间尽快熟悉并增强社区的凝聚力,社区干部发起广场舞活动,当广场上音乐响起时,妇女们最先跳起来。愿意来跳舞的人很多,在跳舞的过程中大家很快就熟悉了,以往那些磕磕碰碰的争吵也少了①。又如,江苏省兴化市昌荣镇的群众性锣鼓书活动。锣鼓书是当地传统曲艺,以说唱为主要表现形式,内容为民间传说和历史故事,表演时演员自击锣鼓、唱表说书,具有浓厚的乡土特色。这种民间曲艺形式因与时代脱节而逐渐淡出。昌荣镇安仁村在锣鼓书传承上具有一定的群众基础,村里的一些文艺爱好者就村庄的新变化、新风貌会编些顺口溜,敲着锣鼓说唱。说唱时,村庄的老榆树下就会聚集好多人。鉴于此,昌荣镇副镇长葛彦发动安仁村书记姚德银,联合镇中心小学音乐教师周洪峰等组建起一支6人的锣鼓书文艺队。这支文艺队按照"唱出农村新风尚,唱亮农民好心情"的原则,把安仁村近年来开展红色教育、倡导节俭办婚丧、开办百姓食堂等移风易俗的好做法编成贴近群众生活的唱词。他们的节目《移风易俗看安仁》在北京成功演出后,在昌荣镇引起巨大反响,很多村民都觉得人家能排锣鼓书自己村也能排。于是,其他村也组织文艺爱好者悄悄发力,把身边的文明乡风事迹编词作曲,邀请专家指导表演,还有乡民自发在村里唱响锣鼓书。昌荣镇锣鼓书活动具有很强的群众性。为参加一次公开表演,昌荣镇富民村锣鼓书文艺队队员每天晚上7点到10点对着镜子练习,尽管他们年纪偏大、都没有上过舞台、动作僵硬、表演水平有限,"但他们的努力和认真感动了现场不少人"②。昌荣镇的锣鼓书活动与传统乡村演剧活动不同,后者是职业化的,前者属于群众业余文化活动。在这一点

---

① 魏永刚:《健身成了农民"公约数"》,《经济日报》2020年8月9日第7版。
② 周涵维:《干部带头唱 唱出新风尚》,《农民日报》2021年8月10日第5版。

上，昌荣镇的锣鼓书活动承续了社会主义建设时期的农村文艺传统。

第二，对党和政府及经济社会组织来说，从乡村社会内部"重新发现群众文化活动"只是一个方面，更重要的是，要引导乡村民众围绕文化活动形成密实的关联网，并不断向其中添加规范和象征，使农村群众文化活动成为乡村民众互动交往的公共空间，成为他们获取社会资本和荣耀的场域。只有如此，农村群众文化活动才能拥有绵延不绝的动力，并与党和政府指引的方向保持一致。这一点在上述江苏省兴化市昌荣镇的群众性锣鼓书文艺实践中得到证明。首先，昌荣镇各村的锣鼓书文艺队由农村基层干部、村里的文艺爱好者和老教师等组建而成，也接受文化馆专业人士的指导，围绕锣鼓书形成了一个由多个乡村社会群体组成的关联网。昌荣镇的锣鼓书主要是由农村基层干部带动起来的，农村基层干部具有双重身份，既是国家政权在农村基层的代表，又来自乡村民众群体，归属于这一群体。在昌荣镇锣鼓书活动中，因为有党员干部带头，"群众参与热情不断高涨"①。其次，昌荣镇各村的锣鼓书文艺队将群众性文艺表演与推动村庄工作结合起来，在围绕锣鼓书形成的关联网中添加主流价值元素。安仁村书记姚德银针对村内红白喜事大操大办、群众负担较重的情况，带领村民编成一曲婚庆新风锣鼓书，鼓励群众节俭操办。一向好面子的村民老高第一个把喜事办进百姓大食堂，带动了村庄的勤俭节约之风。宝宏村改厕工作推进难，女支书夏春霞编成一曲改厕锣鼓书："旱厕连着小厨房，苍蝇蚊子两头忙；环境整治我带头，猪圈拆除建滨河；我为环境出点劲，明日换来好风景……"锣鼓书让许多"钉子户"领会

---

① 周涵维：《干部带头唱　唱出新风尚》，《农民日报》2021年8月10日第5版。

到政府的良苦用心,改厕工作顺利推进①。再次,昌荣镇各村的锣鼓书文艺队组织的展演活动,使锣鼓书成为乡村民众获取荣耀和创生社会资本的场域。2021年4月,昌荣镇举办"齐唱锣鼓书、共谋新发展"礼赞建党100周年文艺庆典,全镇19支村表演队登上盐北村百姓大舞台,"用饱含深情的乡音讲述身边故事、传唱村史镇史、宣扬美德善行";2021年上半年,昌荣镇在举办各类活动中将锣鼓书作为压轴节目,先后演出35场②。

作为一种媒介,农村群众文化活动是以身体在场为前提的,正因为如此,它才与乡村民众间的交往具有天然的联系。首先,农村群众文化活动是群众性文艺实践,意味着包括农村基层干部在内的乡村民众之间的交往,并且这种交往具有一定的组织性。农村群众文化活动不是外部力量送进来的,而是乡村社会内部力量造就的,同时,乡村社会内部力量在推动群众文化活动形成的过程中也在一定程度上组织化了。其次,农村群众文化活动是一种展演,意味着多少都有观众,不仅如此,它还是群众演给群众看的,拉近了观众与展演之间的距离。作为展演,农村群众文化活动实现的人群聚集同观影一样,属于强关系的面对面交往。

第三节 农村电影放映的集体性塑造与乡村交往

与具有内生性的乡村文化资源(如农村红白喜事和群众文化

---

①② 周涵维:《干部带头唱 唱出新风尚》,《农民日报》2021年8月10日第5版。

活动等）不同，"文化下乡"是文化资源的外部输入。尽管"由于长期以来的发展主义和'他者'视角，导致有着良好初衷的'文化下乡'惠农政策在农村遭到冷遇"①，但"文化下乡"仍是需要继续推进的农村公共文化服务工程。

新中国成立后，在国家推动的"文化下乡"工作中，农村电影放映占有重要位置。从新中国成立到20世纪80年代中期，农村电影放映经历过辉煌，之后便进入短暂的沉寂期。进入21世纪，国家实施的"农村电影放映工程"使农村电影放映重新获得了一些生机，乡村民众因而有了更多的文化获得感。同时，农村电影放映还存在一些缺失，有两个问题一直被忽视了。第一，当前的农村电影放映大多绕过农村基层组织，缺乏其支撑和依托，这就使农村电影放映失去了人民公社时期的集体性。第二，我们对农村电影放映作用的认识大多停留在向乡村民众提供文化公共服务和精神食粮这一层面，而实际上，农村电影放映属于重要的治理资源，能够以其集体性增进乡村交往，这在人民公社时期就已显现出来。回望历史，向历史寻求答案，不失为一种弥补当前农村电影放映缺失的选择。

一、人民公社体制下的农村电影放映与乡村交往

新中国成立前，电影主要属于城市，部分乡村民众对电影的接触只是偶然的和零星的。新中国成立之初，情况仍是如此，当时的电影放映工作"还只限于大城市"②。1953年12月中央人民政府

---

① 沙垚：《乡村文化传播的内生性视角："文化下乡"的困境与出路》，《现代传播（中国传媒大学学报）》2016年第6期。

② 杨瑞轩：《杨瑞轩同志来信建议建立农村电影放映站》，《人民日报》1950年6月19日第4版。

政务院通过的《关于建立电影放映网与电影工业的决定》提出："为使电影适应我国经济和文化建设的需要,更大地发挥其对广大人民的教育作用,满足群众日益增长的文化要求,必须有计划、有步骤地发展电影放映事业,以逐渐达到在全国范围内建立电影放映网。"决定还指出："电影放映事业发展的方针是首先面向工矿地区,然后面向农村;在小城市和广大农村,则以发展流动放映队为主。"①这一决定指明农村地区电影放映事业的发展方针:以发展流动放映队为主。

新中国成立初,国家先是在新解放区农村推行土地改革,接着开始在全国范围内推动农业合作化运动。合作化运动期间,农村电影放映事业发展迅速。截至1955年12月,全国农村有2 300多个电影放映队,平均每个县有一个,少数县有两个以上,当年农村电影放映的观众约为3.8亿多人次②。以浙江省宁波地区为例,1954年,在宁波专区活动的电影放映小队共有12支,1955年年底增加到27支,1956年年底已达41支③。仅1954年,活跃在宁波农村地区的十几个电影小队就放映电影1 550场,观众达178.506 6万人次④。

随着农村电影放映事业的发展,放映队的建制逐渐从省级下移到县级。新中国成立伊始,浙江省组建电影放映队,由省文化行

---

① 中央人民政府政务院:《关于建立电影放映网与电影工业的决定》,《人民日报》1954年1月12日第1版。

② 新华社:《二千三百个农村电影放映队》,《人民日报》1955年12月4日第1版。

③ 《省电影队放映有关总路线影片受到农民欢迎》,《宁波大众》1954年2月18日第3版;《本区又增加了十个电影放映小队》,《宁波大众》1955年12月21日第1版;袁纪根:《本区又增加十五个电影放映队》,《宁波大众》1956年12月4日第1版。

④ 徐建发主编:《宁波电影纪事》,宁波出版社2005年版,第24页。

政机关负责举办和管理。1953年7月,为贯彻中央电影工作"放映腿短"的精神,浙江省文化局开始着手将省电影放映队的活动范围固定到各专区①;同年10月,宁波专区电影中队部成立,负责领导和管理固定在专区内巡回放映的省电影小队②。1956年5月,浙江省文化局发出《关于全省电影放映队、电影院实行统一领导和分级管理的通知》,电影放映队被进一步下放到县,固定在各县从事放映活动③。

合作化运动期间,尽管农村电影放映事业取得了较大成绩,其管理体制也逐渐完善起来,但是自上而下的农村电影放映工作并未与基层组织实现有机衔接,这主要表现在两个方面。第一,国家举办的电影放映队是"独立经营的企业单位","必须完成经济任务,做到有盈余上缴国家"④,因此,农村电影放映在经历短暂的免费服务之后很快就开始向乡村民众收取费用。从市场机制来看,在农村电影放映中,交易的一方是国家举办的电影放映队,另一方则是乡村民众,农村基层组织并不是市场的一方主体,导致其在整个交易中处于消极状态。第二,尽管电影放映队担负的政治宣传任务同样是农村基层组织的重要任务,但这项任务只是农村基层组织许多任务中的一项,并不是其重要工作,更不是其中心工作,这同样造成农村基层组织经常对电影放映持消极态度。

农村基层组织的消极状态和态度给电影放映带来了一系列问

---

① 徐建发主编:《宁波电影纪事》,宁波出版社2005年版,第21页。
② 同上书,第22页。
③ 同上书,第27—28页。
④ 《浙江省文化局关于农村电影队几个问题的报告》,1956年,宁波市档案馆藏,(地)全宗号4,目录号8,案卷号10。

题。第一，虽然乡村民众有看电影的意愿，但部分乡村干部"强调中心工作忙不能放，认为放电影与中心工作有矛盾"①，从而不愿意协助电影放映工作。例如，浙江宁波慈溪县放映队到泗门区放电影，去了四次，只有一次是按计划放映的，第二次、第三次只允许到一两个点放映，第四次则完全拒绝放映②。第二，因为缺乏农村基层组织的积极参与，所以出现观众不多、漏票严重、收费少、场地秩序混乱、公共财物损坏等诸多问题，同时，电影队无法获得当地宣传资料。第三，电影放映员下乡的生活无人关照。他们"夜里映完电影后不是睡在小学的课桌上就是住在破庙里'和菩萨睡在一起'，不管雨雪，天天要打铺盖"③，甚至"常被打骂、侮辱"④。

鉴于上述问题，浙江宁波奉化县委宣传部特别以文件形式要求区委和农村党支部"加强对电影小队工作的监督和指导，供给宣传资料，做好放映场地的选择与观众的组织工作，并协助他们解决在工作中的困难"，还要求区委和农村党支部"教育群众，做好收费工作，堵塞漏票现象，以保证国家的财政收入"⑤。但这些要求所产生的效果是有限的，因为上述问题是由农村基层组织未成为电影放映的一方主体而导致的，靠几纸文件难以从根本上解决问题。

农村合作化运动期间的电影放映可以概括为一种模式，即"电影放映单位-乡村民众"。在这种模式中，农村基层组织总体上处

---

①② 《关于当前电影放映工作情况与今后意见》，1955年，宁波市档案馆藏，(地)全宗号4，目录号7，案卷号11。

③ 《浙江省文化局关于农村电影队几个问题的报告》，1956年，宁波市档案馆藏，(地)全宗号4，目录号8，案卷号10。

④ 徐建发主编：《宁波电影纪事》，宁波出版社2005年版，第30页。

⑤ 《中共奉化县委宣传部批转浙江省电影队奉化二零九小队关于电影放映网工作检查报告》，1955年，宁波市档案馆藏，(地)全宗号4，目录号7，案卷号10。

于消极状态并持消极态度,电影放映单位很大程度上不得不直接面对为数众多的乡村民众。

农村合作化运动的结果是全国大部分农村进入高级社阶段。高级社的历史是短暂的,1958年兴起的人民公社化运动使全国大部分农村又在很短时间内进入人民公社阶段。人民公社是"政社合一"的组织,既是国家在基层的一级政权,又是集体性质的经济组织,它在政治上负有通过电影放映宣传教育乡村民众的职责,在经济上具有筹措资金发展电影放映事业、购买电影放映服务的能力。作为农村基层组织,人民公社积极介入电影放映事业,成为其中的一方主体,从而推动了农村电影事业的繁荣。

在人民公社体制下,涌现出大量社办电影队,农村电影放映单位因而得到进一步发展。1970年5月,浙江省革委会发出《关于转批全省电影电视专业会议纪要的通知》,要求各地迅速发展8.75毫米小电影,力争1972年每个公社有一个放映队。当年9月,宁波奉化县在葛竹公社率先办起宁波地区第一个8.75毫米电影队。之后,宁波宁海越溪、双峰,鄞县赤堇等偏远山区公社相继试办第一批8.75毫米社办电影队①。1971年,八部"革命样板戏"电影开始普及放映,宁波各地在上年试办的基础上又发展了一批8.75毫米社办电影队②。8.75毫米机种普及之后,社办电影队开始转向采用16毫米机种。1977年10月,宁波市郊区乍山、妙山两个公社电影队将8.75毫米机种更换为16毫米机种,开市郊电影队小机换大机的先河③。

在人民公社体制下,农村电影放映广泛采用包场制,使农村电

---

① 徐建发主编:《宁波电影纪事》,宁波出版社2005年版,第49页。
② 同上书,第50页。
③ 同上书,第58页。

影放映中的诸多问题得到解决①。第一,包场制使农村露天电影放映的收费难题得到解决。实行包场制之前,露天电影放映收费需要动用许多人力,并且国家电影发行放映的收入也无法保障;实行包场制后,放映队只需找公社或其下属的生产大队、生产队收费,极大地降低了人力成本,并且国家收入变得可以预期。第二,包场制使"规划放映"成为可能,从而加速了农村电影放映的普及。规划放映是根据每个区域"公社、大队、生产队的具体情况和人口、经济条件、群众要求以及放映力量的可能,统一规划,落实放映点,并与公社、生产队签订放映合同"②。1964年,鄞县大嵩区实行定点、定放映时间、定影片、定收费标准的"四定"规划放映之后,成效很快显现出来,电影放映普及到该区的村村岙岙③。第三,包场制和规划放映使社队干部工作上做到有准备,社员心中有数,便于农村基层组织合理安排生产和中心工作。第四,在包场制中,农村基层组织成了电影放映的一方主体,因此,场地的选择、观

---

① 实际上,在农村合作化运动期间,奉化县部分乡就尝试过包场制,其做法是电影放映费平均摊派,部分村民放映前尚未缴纳的费用先由干部垫付。"结果拿出钱的没有来看电影,没有拿出钱的人看得很多",在收缴和追缴电影费时还出现了"强迫命令"的现象[《奉化县电影放映网工作检查报告》,1955年,宁波市档案馆藏,(地)全宗号4,目录号7,案卷号10]。奉化县这些乡的包场制尝试之所以失败,主要是因为农村党组织和村级行政组织不具备经济能力,而当时强大的集体经济组织又尚未建成。农业合作化运动结束时,大部分农村进入高级社,这就为包场制的实施创造了条件。高级社是以生产资料集体所有为基础的经济组织,具有较强的经济实力和组织能力,能够直接向电影放映单位购买服务。1958年1月,镇海县电影队改变收费办法,与高级社签订包场放映合同,取得成功(程明苹:《镇海电影队改变售票收费方法,与农业社签订包场放映合同》,《宁波大众》1958年5月11日第3版)。这说明包场制的实施须以强大的集体经济组织作为前提条件。尽管包场制在高级社阶段就取得了成功,但高级社的存在时间是短暂的,它真正流行开来还是在人民公社时期。

② 浙江省电影志编纂委员会编:《浙江省电影志》,中国书籍出版社1996年版,第52页。

③ 谢振岳主编:《鄞县文化广播志》,宁波市图书馆藏未刊稿,第101页。

众的组织、现场秩序的维护、当地宣传资料的供给、放映员下乡后的生活安排等问题都比较容易得到解决，放映员也有更多时间和精力来做好放映工作和宣传工作。第五，实行包场制后，乡村民众经济负担减轻，可以看到更多电影。

人民公社时期的电影放映也可以概括为一种模式，即"电影放映单位-农村基层组织-乡村民众"。与农村合作化运动时期的电影放映模式不同，人民公社时期的电影放映单位不再直接面对乡村民众，它们打交道的主要对象是农村基层组织。作为农村基层组织，公社及其下属的生产大队和生产队绝不只是电影放映工作的协助者，它们具有较强的组织能力和经济能力，是电影放映强有力的组织者和电影放映服务的购买者，是电影放映的一方积极主体。

更重要的是，作为农村基层组织的公社，在性质上属于农村集体经济社会组织，它在农村电影放映中扮演的主导角色，使农村电影放映带有强烈的集体性，围绕农村电影放映形成了社会主义集体性的公共活动。

第一，农村电影放映活动的举办者主要是农村集体经济社会组织和乡村干部。合作化运动之后，放映活动大多是集体组织通过包场制举办的；公社化运动之后，作为农村集体经济社会组织的人民公社所举办的放映队，直接成为放映服务的提供者。这与传统乡村的演剧活动存在显著差异。在传统乡村社会，演剧活动多由宗族、宗教组织和乡村精英举办。

第二，放映员主要来自本地，他们用于宣传的资料要么是农村集体组织供给的，要么是放映员自己从本地收集的。农村电影放映事业的发展是放映人员和宣传内容不断地方化的过程。1953年12月中央人民政府政务院通过的《关于建立电影放映网与电影工业的决定》指出："应轮训现有放映人员,使他们成为技术熟练、忠于职守的优秀放映员,又是具有一定政治水平的宣传员。"①除放映电影之外,国家还要求放映员承担其他宣传任务。如果要落实这个要求,就必须按照特定要求挑选放映员。1954年,为适应农村电影放映事业发展形势,浙江省宁波地区欲招录、培训一批放映员,宁波地委组织部和宣传部联合发出的通知说："为便于讲话宣传,便于掌握气候、交通运输、群众经济文化生活的情况,招生要根据'哪一县建队就在哪一县招生'的原则。"②1956年,宁波地委组织部和宣传部发出的招考通知,重申从本地招录放映员的原则③。人民公社建立后,公社电影队的放映员大多来自公社内部。农村电影放映队和放映员的任务是,"通过放映和一系列的宣传(口头报告、放幻灯片等)对广大人民进行社会主义和爱国主义的思想教育"④。农村集体化时期的放映员很好地完成了放映之外的宣传任务,他们的宣传资料主要来自地方。报载,在农村社会主义教育运动中,"农村电影放映员们在和群众接触中或通过会议了解到情况后,经常应用这些资料编写成宣传材料或绘制成幻灯片,配合影片进行宣传。如平湖县第一放映队访问了翻身农民褚正荣以后,就自画了一套幻灯片将褚正荣的新旧生活做了一番对比,并且配上通俗的顺口溜解说,使得农民通过褚正荣的情况明确地认

---

① 中央人民政府政务院:《关于建立电影放映网与电影工业的决定》,《人民日报》1954年1月12日第1版。
② 中共宁波地委组织部、宣传部:《关于招考放映人员的通知》(一九五四年八月二十七日),1954年,宁波市档案馆藏,(地)全宗号4,目录号6,案卷号1。
③ 《中共宁波地委组织部、宣传部关于发展电影放映队招收队员的联合通知》(一九五六年二月廿五日),1956年,宁波市档案馆藏,(地)全宗号4,目录号8,案卷号1。
④ 中共宁波地委组织部、宣传部:《关于招考放映人员的通知》(一九五四年七月廿七日),1954年,宁波市档案馆藏,(地)全宗号4,目录号6,案卷号2。

识到合作化的好处。又如江苏省句容县的放映队了解到当地有些农民认为粮食吃得太少、生活太苦等思想情况后,就利用幻灯片帮农民算了三笔账,又放映了'口粮标准是否低'的幻灯片,指明不要浪费粮食,应该有计划地用粮。因为这些材料都是就地取材,和当地实际情况结合得很紧,很能打动人心,对农民的启发帮助很大"①。可见,在放映人员实现地方化的同时,附着在电影放映上的宣传内容也已地方化。这与在乡村流动演出的戏班社成员大多来自外乡不同,也与这些戏班社的传播内容与本地完全无关有异。

第三,电影观众主要是以农村集体经济社会组织为单位集结起来的,这与传统乡村演剧观众群体的形成存在差异。传统乡村演剧的观众群体大多是基于信仰、地缘、亲缘等因素形成的。以亲缘关系为例,演剧期间,"还不只是出嫁外地的新娘会利用走访亲戚的机会回来观看演出,而且,许许多多外村的男女老少都会利用与本地村民的各种关系前来拜访。在中国,每个家庭都有一大群亲缘程度不等的亲戚,而且,戏剧演出也着实为人们看望朋友提供了极好的时机"②。农村电影观众群体的形成不能完全排除地缘、亲缘等因素的影响,只不过,在众多因素中,集体组织的因素所占分量更大一些。

人民公社时期,农村电影放映正是以其集体性增进了乡村交往。有放映员回忆人民公社时期的农村电影放映情景:"每当雪白的银幕在村子里挂起时,妇女们抓紧时间做饭,小孩儿们提着小板

---

① 许崇义:《电影放映队帮助农民辨明是非》,《人民日报》1957年12月21日第7版。

② [美]明恩溥:《中国的乡村生活》,陈午晴、唐军译,电子工业出版社2012年版,第40页。

凳早早地来到放映场占座位。最活跃的还是青年人,他们乘此机会和朋友聚首,与恋人相会。晚饭后,大人们不顾做了一天农活的劳累,纷纷走出家门,坐在了银幕前。随着电影的放映,观众的思想全部被电影故事吸引,他们的思想感情也随着剧情的发展或悲或喜,或怒或乐。有不少电影迷,这村看了又跟到下一个村子看。放映结束了,通往各村的道路上,涌动着回家的人流。"①从这位放映员的回忆中可以看出,农村集体化时期电影放映的意义,不仅在于引起乡村民众思想感情的起伏跌宕,更重要的是为他们创造了聚首交谈的契机,而这正是促成和巩固集体化所需要的。

二、重塑农村电影放映的集体性

20世纪80年代后期至90年代,中国农村电影放映逐渐从繁荣走向凋敝。此番景象的出现,与电视的兴起、社会信息交流渠道和娱乐方式的多元化等因素有关,也与农村基层组织的变迁不无关系。随着农村家庭联产承包责任制的推行和人民公社的解体,农村基层组织的经济能力被削弱,从而无力再为农村电影放映事业的发展提供经济支撑。此外,改革开放之后,党和政府对乡村社会的治理日益常态化,对农民的宣传教育不再是党和政府的迫切需要,农村基层组织承担电影放映工作的意愿因而大大降低。

为扭转农村电影放映的凋敝局面,国家从20世纪90年代末开始实施"农村电影放映工程"。2007年5月,国务院办公厅转发《关于做好农村电影工作的意见》,要求:"推进农村电影放映工程,普及数字电影放映技术,提高放映质量,完善放映基础设施建

---

① 中国人民政治协商会议宣化县委员会编:《宣化县文史资料第八辑》,2005年版,第273页。

设,培育农村电影放映的新主体,建立公益放映补贴的新机制……不断扩大农村电影覆盖面,到 2010 年基本实现全国行政村一村一月放映一场电影的公益服务目标。"①2019 年 2 月,国家发改委等多部门联合发布的一项行动方案进一步提出,要加强对农村电影放映工程的统筹管理②。

国家实施"农村电影放映工程"之后,农村电影放映开始有较大起色。以山西省垣曲县为例,该县共有 9 支放映队,承担全县 188 个行政村、1 277 个自然村、33 个农村寄宿制学校的放映任务,2019 年放映电影 2 652 场③。再以浙江省宁波市为例,宁波 2003 年下半年启动农村电影放映工程,2006 年被列入全国电影改革发展及数字化放映试点地区。经过努力,2007 年,宁波市 2 056 个中心村共放映公益电影 24 976 场,提前 3 年在全国率先实现"一村一月放映一场电影"的目标。2017 年全市共放映农村公益电影 30 780 场,观众达 493.8 万人次④。本研究的入村调查也能以个案说明近年来农村电影放映的情况。湖北省 G 县 D 村村干部 Y 说:"每年农村都会有电影放映,以前有些地方没有拆,就在广场上放,现在就是在村里小区里放,每个月都会放一两次,主要都是战争片、宣传片这样一些主旋律的电影,譬如说国家的一些会议政策这

---

① 《国务院办公厅转发广电总局等部门关于做好农村电影工作意见的通知》,《中华人民共和国国务院公报》2007 年 7 月 10 日。

② 《加大力度推动社会领域公共服务补短板强弱项提质量 促进形成强大国内市场的行动方案》,2019 年 2 月,http://www.gov.cn/xinwen/2019-02/19/5366822/files/2f2e0fff4c884b30a86ea5c5482d4c21.pdf,最后浏览日期:2021 年 2 月 22 日。

③ 成相翼:《关于山西省垣曲县农村电影放映情况的调研报告》,《现代电影技术》2020 年第 4 期。

④ 《宁波市文化广电新闻出版局 2017 年工作总结》(2018 年 4 月 9 日),宁波市文化广电旅游局网站,http://wglyj.ningbo.gov.cn/art/2018/4/9/art_1229057634_58334.html,最后浏览日期:2021 年 2 月 22 日。

方面的内容，再就是带点广告性质的。"①

浙江省宁波市农村电影放映工程是按照"企业经营、市场运作、政府购买、群众受惠"的要求实施的。具体做法是：电影行政部门、财政局等单位共同制定全市农村电影放映计划，确定全市年度放映场次指导指标；各县（市）区电影行政部门、财政局等单位按指导指标制订年度放映计划，并将放映指标合理分解至各行政村；有放映指标的乡（镇）街道、行政村可与经市政府采购程序中标的放映单位签订放映协议，自主选择放映单位和放映片目；待阶段性放映工作完成后，政府将补助资金直接拨付给放映单位。全国其他地方的农村电影放映模式与浙江省宁波市存在相似之处。例如，贵州省X县X村村民M反映："一般每个月都会放一场露天电影，文化局拨钱。"②安徽省D县Y村村干部H说："放电影需要天好，有时候一个月放几回，我们那边有一个文化广场，有时候到文化广场放电影。……专门有电影放映的，是属于文化部门的，（文化部门）规定他们哪个地方哪个村放一放，一个月轮流放，他们跑。他们跟村里联系，你们村里哪个地方几点钟能放电影，到点就去放，像这样子，不是自己放，上面有文化局，他们有放电影的。"③

农村电影放映的这种做法可以概括为另一种模式，即"政府—放映单位—乡村民众"。在这种模式中，政府向放映单位购买服务，然后免费将服务提供给乡村民众。政府不再通过电影放映从农村获取资金，而是免费向乡村民众提供电影放映服务。近十几

---

① 资料来自对湖北省G县D村的调查。
② 资料来自对贵州省X县X村的调查。
③ 资料来自对安徽省D县Y村的调查。

年来,全国农村电影放映之所以能够起死回生,主要就是因为它是公益性的。

在这种模式中,农村基层组织由于没有得到重视,因而处于消极状态并对电影放映工作持消极态度。

首先,政府的补助资金是直接拨付给放映单位的,农村基层组织未得到,也不能支配政府的补助资金,这就很难使农村基层组织成为农村电影放映的积极主体。有宁波农村电影研究者注意到,"由于改革开放后农村经济结构的变化,打破了以往集体承包看电影的格局,导致一些村级干部对农村电影认识上存在偏差,再加上怕麻烦,他们往往以各种理由将电影'挡'在村外"[1]。研究者还观察到,"宁波农村电影流动放映业务都是一线放映员直接与各村联系的,由于农村村级干部对农村电影放映工程不够重视,甚至有抵触情绪,所以,很多时候村干部都是怕麻烦、怕引起安全问题从而能推就推"[2]。本研究在调查时也发现村干部对电影放映存在敷衍了事的态度。有村民说:"没多少露天电影在放,其他乡镇都在放。另外,有时候过来放电影的人可能是和村委关系好,来混一下、意思一下就走喽。"这种情况与农村合作化运动时期的电影放映极其相似。

其次,尽管政府赋予了行政村自主选择放映单位和放映片目的权利,但部分农村基层组织并未很好地行使这种权利,以致某些地方仍由放映员主导片目的选择。有基层电影放映工作者记述说:"有些放映员选影片喜欢挑些生僻的电影订购观看,我有时候

---

[1] 郭学勤、邹大鸣:《宁波市农村电影市场调查报告》,《当代电影》2008年第5期。

[2] 唐士军、郭学勤:《宁波:农村电影院线可持续发展的思考》,《当代电影》2010年第12期。

对放映员开玩笑说,你这是放给自己看吗,你一年两百场电影放映任务,电影天天放给自己看,自己倒是不会寂寞了。但是作为观众,一个月才有这么一次机会到村里看到露天电影,而影片又不是非常吸引人。"①宁波市电影行政部门显然意识到农村基层组织的消极状态和态度所造成的问题,因而在《2013年"农村电影放映工程"暨"万场电影"进农村活动实施方案》中特别指出,各县(市)区要对镇(乡)文化站、村委会干部提出明确要求,使他们认识到实施农村电影放映工程的重要意义,进一步树立服务意识和大局观念,积极协助放映人员做好农村电影放映工作②。但农村合作化时期的电影放映实践已证明,仅靠行政指令难以从根本上改变农村基层组织对电影放映的消极状态和态度。

当前,农村电影放映最大的问题是农村基层组织缺位导致农村电影放映缺少集体性,最直接的表现就是观众聚集能力较弱。改进农村电影放映的可行路径是:借鉴公社时期的农村电影放映经验,以增进乡村交往关系为目标,重树农村基层组织在电影放映中的主体地位,再造农村电影放映的集体性。具体说来,可以从两个方面着手。

第一,将部分政府补助资金拨付给农村基层组织,使其成为政府之外的另一方电影放映服务的购买者。农村基层组织如果握有这笔专项资金,在某种程度上就被赋予了主体责任,就会被激活,从而成为电影放映中的积极行动者。当农村基层组织行动起来

---

① 吕益君:《"农村电影放映工程"的现状与思考——记鄞州区"农村电影放映工程"》,《中国电影市场》2016年第4期。

② 《2013年"农村电影放映工程"暨"万场电影"进农村活动实施方案》,宁波市文化广电新闻出版局网站,http://www.nbwh.gov.cn/art/2013/4/25/art_8756_178.html,最后浏览日期:2021年2月22日。

后,电影放映中的许多问题就有可能迎刃而解。

第二,使农村基层组织成为村民电影需求的表达者,从而真正成为放映单位和放映片目的选择主体。如果村民只是被动地接受政府供给的免费电影放映服务,那么他们可能会对这种并非必需的服务持无所谓的态度,甚至还会"发牢骚说免费的东西不会是好电影"①。如果村集体掌握一笔钱,就会出现应该用这笔钱向哪个放映单位购买服务、购买什么片目的问题,而这正是建立村民需求表达机制的良好契机。村干部和村民代表是乡村民众中的成员,是村民需求的最好表达者,因此,可以由村民代表会议讨论决定选择哪家放映单位,由村党支部或村委会讨论决定选择什么片目。当村民的需求被充分地表达出来时,可以产生几个方面的正面效应:由于选择权得到尊重,村民会有更高的观影热情;农村基层组织必须对村民负责、满足其需求,因而会认真对待电影放映工作;电影放映单位面对优胜劣汰的竞争压力,自然会提供更好的电影放映服务。概言之,国家实施农村电影放映工程不应避开农村基层组织,而应使其成为农民需求的表达者、资源使用的组织者和相关利益的分配者②。

为增强农村电影放映的观众聚集能力、最大限度增进乡村交往,作为电影放映重要主体的农村基层组织需要注意两个事项。第一,农村基层组织应将电影放映与推动本村工作结合起来,在放映前传达方针政策,动员、组织群众参与村庄建设,推动群众酝酿讨论村内事务,增强电影放映对乡村民众的黏性,推动乡村交往。

---

① 吕益君:《"农村电影放映工程"的现状与思考——记鄞州区"农村电影放映工程"》,《中国电影市场》2016 年第 4 期。

② 参见贺雪峰:《组织起来:取消农业税后农村基层组织建设研究》,山东人民出版社 2012 年版,第 137—141 页。

第二，若村民的居住点较为分散，应避免一个行政村只有一个放映点。此外，合村之后，一些行政村的规模越来越大，如果将放映点固定在该村的一个地方，势必让许多乡村民众难以看到电影。在这种情况下，应将村的下级组织（如村民小组）作为经常性的放映点，在扩大放映覆盖面的同时，增进乡村民众间的集体性交往。

第四节　社交媒体的乡村虚拟社区构建

在第一章中，我们论述过社交媒体与农村基层党组织的治理能力建设，主要将社交媒体当作联结农村基层党组织与乡村民众的媒介来看待。本章将继续讨论社交媒体，不过，焦点转移到社交媒体的乡村虚拟社区构建上，即探讨社交媒体与乡村民众间的交往关系。

前述讨论的农村红白喜事、群众文化活动和电影放映所关联的乡村交往关系具有局部性，而与社交媒体相关联的乡村交往关系具有全局性。因此，社交媒体与乡村交往关系问题，可以在整体上被看作乡村社区构建问题。

一、中国乡村社区的变迁

村落是最基本的中国传统乡村社区，也是人际交往的基本单元。村落属于地理空间，也属于社会空间。在这一空间中，或者存在比较密集的基于血缘的交往关系，这种交往关系在很多地方是以宗族组织为基础的；或者存在比较密集的基于地方信仰的交往关系，这种交往关系在很多地方是以宗教组织为基础的；或者存在主要基于地缘的乡邻交往关系;等等。中国幅员广阔,各区域的农村社会结构差异较大,村落社区中的主导性交往关系的类型也因地而异。

　　村庄只是最基本的社区,从更大的范围来看,乡村社区则要复杂得多。例如,美国学者施坚雅在《中国农村的市场和社会结构》这部影响巨大的著作中阐发了一个重要范畴——"基层市场社区"。在他看来,中国传统乡村的市场结构不仅属于经济体系,而且属于社会体系,"农民的实际社会区域的边界不是由他所住村庄的狭窄的范围决定,而是由他的基层市场区域的边界决定"①。传统乡村的婚姻圈、社交圈及"各种各样的自发组成的团体和其他正式组织——复合宗族、秘密会社分会、庙会的董事会、宗教祈祷会社——都把基层市场社区作为组织单位"②。按照施坚雅的"基层市场社区"理论,"乡村社会关系和社会活动都在基层市场体系内完成"③。尽管施坚雅没有明确认定"基层市场体系与社会体系究竟谁主谁次",但是"从他的行文及论述可以发现他的结论:基层市场体系决定社会体系,前者为主,后者为辅。农民的社会活动半径追随经济活动范围,也就是说随着农民经济活动及行为的扩展,农民的社会体系也随之扩展"④。另外,在施坚雅眼中,基层市场体系决定社会体系,自然也决定作为社会交往一部分的娱乐生活。他指出:"基层市场社区与农民的娱乐活动息息相关。基层市场和较高层次市场是专业说书人、戏班子、卖唱盲人、摆赌摊儿的、卖艺

---

　　① [美]施坚雅:《中国农村的市场和社会结构》,史建云、徐秀丽译,虞和平校订,中国社会科学出版社1998年版,第40页。
　　② 同上书,第40—49页。
　　③④ 邓大才:《超越村庄的四种范式:方法论视角——以施坚雅、弗里德曼、黄宗智、杜赞奇为例》,《社会科学研究》2010年第2期。

的、练杂技的、卖膏药丸药的以及魔术师等人物的舞台。不但村庄里明显缺少这类人,而且一般情况下小市上也见不到他们。"① 施坚雅认为,基层市场和较高层次市场是传统乡村交往的组织力量,在它们之外则不存在这种力量。尽管施坚雅对村庄社区作为乡村民众交往基本单位的认识可能存在偏颇,但他所揭示的作为社会体系的市场体系,无疑是中国传统乡村社会结构的重要一维。

新中国成立后,随着国家政权向基层的延伸、农村基层市场的变化及统购统销制度的建立、农村集体化运动的推进及人民公社制度的确立、城乡分隔体制的形成等,乡村社会结构发生了历史性变革。仅从乡村社区交往关系的角度看,作为社会体系的市场体系的作用受到削弱;基于地方信仰的交往关系受到管制;基于血缘的交往关系仍在延续,但有组织的宗族活动受到抑制。与此同时,国家政权主导的农村集体组织在乡村社区生活中扮演着不可或缺的角色。需要指出的是,尽管农村集体组织的组织体系"公社-生产大队-生产队",并非完全建立在乡村地缘关系之上,但有学者发现,最基层的农村集体组织"生产队"与自然村仍有着较高的重合度②。这说明,地缘关系仍是中国乡村社区的重要构成元素。

改革开放后,农村基层的组织形式发生了改变,中国工业化和城镇化进程加速,数亿农民从有限的土地上解放出来。随着农村人口大量进入城市,乡村社区交往纽带日渐废弛,出现了原子化趋向,中国乡村的乡土色彩趋向淡薄。

---

① [美]施坚雅:《中国农村的市场和社会结构》,史建云、徐秀丽译,虞和平校订,中国社会科学出版社1998年版,第49—50页。
② 参见张乐天:《告别理想:人民公社制度研究》,上海人民出版社2005年版。

进入21世纪后,国家先后推出的社会主义新农村建设、乡村振兴战略,着力从整体上解决包括乡村社区问题在内的"三农"问题,业已取得历史性成就。在这一历史进程中,传播技术变革也给乡村社区建设提供了助力。基于移动互联网的新兴社交媒体打破了地理空间的阻隔,将散落在各地的乡村社区成员联系起来,构建线上虚拟社区,增进了乡村社区的交往关系,乡村社区振兴出现了新的可能性。

二、以社交媒体为平台的乡村虚拟社区

以社交媒体为平台的乡村虚拟社区,在中国乡村社区变迁史上具有革命性。

首先,乡村虚拟社区在性质上完全不同于之前的乡村社区。尽管乡村虚拟社区仍以实体社区为基础,没有完全脱离实体社区,但其超越实体社区时空限制的性质是明显的,这种超越意味着乡村交往方式的根本性变革。新中国成立以来,乡村社区的变化多因社会政治变迁而起,乡村虚拟社区的出现主要是技术变革引起的,这在中国乡村史上前所未有。广播、电影和电视在塑造超大规模政治共同体领域所起的作用难以估量,同时也对乡村社区产生过一定程度的影响,然而,这种影响只涉及乡村社区交往关系的紧密度、频次和情感结构,并不包括交往方式。基于移动互联网的社交媒体对乡村社区的改变,已经深入交往方式的层次。简言之,社交媒体使身体虚拟在场的群体性交流互动成为可能。学者冉华和耿书培通过对宁夏中部一个村庄的考察发现,"微信群协助村民实现了跨时空的'共同在场'、情感的'共振共鸣'以及村务的'共同参与和行动'"[1]。

---

[1] 冉华、耿书培:《农村社会变迁中村落共同体的线上建构——对宁夏中部Z村的考察》,《开放时代》2021年第3期。

其次,乡村虚拟社区比实体社区具有更高程度的同质性。在乡村实体社区,血缘关系,围绕地方信仰形成的关系,经由政治、经济、社会和文化活动形成的关系等,错综交织。此外,地域的差异进一步扩大了中国乡村实体社区的异质性。与乡村实体社区相比,乡村虚拟社区可以从错综交织的现实交往关系中区隔出来,按照血缘、业缘、趣缘等关系单列。贵州省 X 县 X 村村民 C 说,在村组干部主导的群之外,"另外有一些家人和朋友在里面的群,有些在外边打工的还有返乡交流群这样的群组"[①]。湖北省 G 县 D 村村民 C 说:"我加了跳广场舞的群,群里一共有五六十人,都是我们村的。这个群还要收费呢,每个月交 10 块钱,因为带头的人会带音箱设备什么的,你不会跳她们也会教你。这个群一般不会聊村里的其他事,都是和跳广场舞有关的。"[②]这些虚拟社区在内部保持着较高程度的同质性,具有明确的关系边界,与乡村实体社区相比,它们受到其他性质交往关系扰动的程度更小。为保证虚拟社区的团结,社区领袖会有意识地压制社区内部其他性质的交往关系,大部分社区成员在这一点上存有默契,通常都能自觉维护社区内部交往关系的同质性。当同质性成为乡村虚拟社区区别于实体社区的显著特征时,全国范围内的乡村虚拟社区也就具有了更高程度的一致性。从根本上说,乡村虚拟社区的同质性或一致性来源于现代技术对事物的统摄力量,是现代性的一种表征。总之,新媒体技术构建的乡村虚拟社区在保存部分乡土性质的交往关系的同时,也将从实体社区迁移到虚拟社区中的交往关系类型化了。这种类型化的交往关系与现代人的多种身份角色相应,有利于人

[①] 资料来自对贵州省 X 县 X 村的调查。
[②] 资料来自对湖北省 G 县 D 村的调查。

们在复杂的现代生活中更好地扮演多种角色并自由切换。在这种意义上,社交媒体推动了乡村社区交往关系现代性的生成。

因为乡村虚拟社区大多在实体社区的基础上发展出来,所以乡村实体社区建设与乡村虚拟社区的持存和发展存在紧密关联。无论技术发展到何种程度,面对面交流都不可能被替代,它是构建和巩固线上虚拟社区的基础。

城市化、现代化和全球化带来人员大规模流动,使得乡村实体社区成员之间晤面的机会越来越少,这严重削弱了乡村实体社区的基础,危及乡村虚拟社区。当下,越来越多有条件的农村家庭将孩子送往城市就读,也有部分家庭将孩子带往父母打工地就读。这意味着乡村实体社区的年青一代在青少年时期就脱离了乡土社会,他们长时间在外学习和工作,乡村实体社区对他们来说不再是熟人社会,他们之于乡村实体社区也可能只是陌生人或者半陌生人。年青一代在现实社会关系中与乡村实体社区的疏离,必然动摇乡村虚拟社区的根基。社区成员之间的熟悉、信任、情感和关于乡村社区的共同记忆可能会逐渐淡漠,当前人们在社交媒体平台上建立的相对紧密的交往关系也可能日渐松弛。

第五节　媒介、社会交往与乡村有效治理

20世纪80年代后,国家开始在农村基层推行自治,农村基层自治的主体就是乡村社会自身,更确切地说是乡村民众。在自治、法治和德治相融合的乡村治理体系中,自治是基础,而自治必须建立在乡村民众普遍交往的基础上。乡村民众间的交往关系之于乡

村治理具有三重意义。第一,乡村民众在交往过程中对乡村公共事务的讨论、协商及在此基础上所达成的共识,是乡村民众参与决策的重要体现。第二,乡村民众在交往过程中对乡村公共事务所开展的组织活动和具体行动,是乡村民众参与社区建设的表现。第三,乡村民众在交往过程中产生的舆论是法律规范和道德规范的现实化,是社会规范运转起来的起手式,对维系或重建乡村社会秩序起着至关重要的作用。

然而,在中国城市化和现代化进程中,乡村社会交往正受到乡村民众日益增大的流动性的侵蚀。在正视乡村交往急剧变化的基础上,需要做的工作是重建乡村社会交往的纽带,将留在村庄和散落在村庄之外广袤空间的乡村民众连接起来,壮大乡村治理的主体,并为乡村发展集聚人力资源。

从传播学的角度看,重建乡村社会交往的纽带,就是要发展连接乡村民众的媒介。

农村红白喜事是最具乡土性质的媒介。从社会主流话语来看,尽管移风易俗的社会共识多将农村红白喜事置于被批评的境地,但社会并未要求禁绝它,说明农村红白喜事是乡村社会运行机制中不可或缺的组成部分。在乡村人口流动性日益增大、乡土社会成员日益陌生化的当下,作为集聚乡土社会的血缘和地缘关系、维系乡村社会交往的媒介,农村红白喜事尤其具有重要价值。

与农村红白喜事相比,农村群众文化活动和电影放映在乡土色彩上则要淡薄得多。农村群众文化活动和电影放映是社会主义集体化时期的产物,与体现国家意志的行政区划存在比较紧密的关联。在社会主义集体化时期,农村群众文化活动得到了国家的引导和支持,农村电影放映则完全是在国家主导下繁荣起来的,两者都同国家存在紧密联系。从发展的角度看,国家主导下的农村电影放映应更多地与农村基层组织相结合,以获得更多来自乡村社会的支持,更有效地发挥增进乡村社会交往的作用。对于具有较高自发性和自主性的农村群众文化活动,国家应进一步加强引导和支持。

社交媒体是根本不同于农村红白喜事、群众文化活动和电影等媒介的乡村社会交往纽带。社交媒体构建的乡村虚拟社区具有统合分散在不同空间乡村民众的功能,这适应了当下广泛流动的乡村民众的现实需要。同时,由于乡村虚拟社区建立在实体社区的基础上,从长远来看,实体社区建设仍是乡村治理的方向。这也说明以面对面交流为基础的农村红白喜事、群众文化活动和电影放映活动等乡村社会交往纽带的重要性。

第三章
媒介与乡村有效治理的文化基础

我们可以把在乡村治理主体之间发挥作用并影响治理成效的乡村意义体系称为乡村治理的文化基础。当下,乡村治理的文化基础有两部分来源:一是乡村优秀传统文化遗产,二是农村集体化时期的社会主义文化遗产。乡村优秀传统文化和农村集体化时期的社会主义文化的传承必定要经由特定的媒介才能实现,家谱、村史、礼堂和新媒体等都是能够有效传承乡村文化的媒介。

第一节 家谱编修:乡村血缘伦理文化的延续

在中国乡村的变迁史中,血缘是最具韧性的人群聚合纽带。基于血缘关系形成的社会组织是宗族,与宗族组织相配合的社会机制有许多,诸如族长、家谱(亦称族谱或谱牒等)、祠堂、族田和祖茔等不一而足。经过漫长的历史演变,宗族组织在中国许多区域都有深厚的根基,直到新中国成立后,宗族组织才在全国范围内受到抑制。改革开放后,宗族活动在一些地方活跃起来,却迎来了最具瓦解力的力量——社会流动。在城市化、现代化和全球化成为潮流的当下,宗族组织日渐式微。

宗族组织逐步走入历史并不意味着与宗族相关的所有事物都会消亡。在与宗族相关的众多事物中,家谱是较有生命力的。第一,在古代中国,家谱与国史、方志并列,是被主流社会认可的记述历史的文献;近代之后,国史和方志在因应时代精神发生变革之后获得新生,人们相信家谱经过主动调适后也能在现代社会生存下来。第二,进入现代社会,家谱不仅成为学术界研究中国历史的重要史料,而且为地方政府编撰地方志提供了大量资料,家谱因与方志的密切关联而获得了某种程度的认可。第三,人生在世,不得不直面的基本问题是"我是谁",即要对自己有一个"时空定位"①。家谱正是能够给个体提供"时空定位"的事物。第四,一姓一族中总有一些才干和威望较为出众的人物,这些人物不一定声名显赫,其能力却足以胜任主持编修家谱这一任务,同时,一姓一族中总有一些人认为自己光耀了祖庭,这些家族中的精英人物对声望和荣耀的追求便成为编修家谱的最直接动力。正是在这几种力量的推动下,改革开放后全国许多地方出现了编修家谱的热潮,其中,江西、湖南、浙江和广东等省份编修的家谱较多②。

我们通常将家谱看作与宗族相关的文本形式,或者将其视为可以利用的历史研究资料,而从传播学的角度看,家谱又是一种颇具乡土特色的媒介。

一、家谱:使不同世代相遇的媒介

作为一种媒介,家谱重在传承,而不是传播。在古代,"族谱严

---

① 吴明堂:《中华文化传承中的家谱与地方志》,《档案记忆》2020 年第 11 期。
② 张升:《对新修族谱的一点思考》,《华夏文化》2004 年第 2 期。

禁公开,内部发行,印数按家族房数决定,多余一二部存放祠堂。各房领族谱则按谱号领取,并有记录,到时检查"①。"清代以前,家谱只允许在家族内部收藏,严禁随便外传。如果擅自借给外人、私自涂改、私自抄录或私自出卖的,都会被视为大逆不道,要受到很严厉的惩罚。"②这种绝对封闭的状况在晚近有所改变。"民国以后,一些有识之士认识到公家收藏更有利于家谱的长久保存,便将一些家谱分送有关图书馆和研究机构,但这在当时只是少数。而在当代,将家谱赠给公家收藏则成为一种风气和时尚。如《金邑七峰徐氏宗谱》赠送至浙江省图书馆、浙江省档案馆、金华市档案馆、源东乡政府分别保管;《余姚天华符氏寺续谱》'谱成以后,送余姚、宁波、杭州、上海等市图书馆、档案馆留存'。"③家谱在民国后逐步走向公开,说明家谱的许多私密性内容已经减少,也说明人们编修家谱增加了新的目的——为家族增添荣耀。然而,家谱的形式和内容决定了只有本族人士才会对它有兴趣,它的流传主要局限在本族范围内,历史研究者对它的青睐只是例外,并且范围极其有限。可见,家谱的作用是在时间的长河中传之久远,而不是在空间上传之广远。

结构完备的家谱颇为复杂,包括的要素有:谱名,谱序(序跋),凡例,谱论,像赞(遗像及赞语),恩荣录,姓氏源流,世系、世传,传记,仕宦录,族规、家训、家法,字辈、排行、行第,祠堂,族产,契约,坟墓,艺文,典制,领谱字号等。其中,世系乃家谱的核心。有论者给家谱的定义是,"一种以表谱形式记载一个家族的世系繁

---

① 刘文海:《修优质族谱 走创新之路——新修族谱应该重点把握的几个问题》,《黑龙江史志》2016 年第 10 期。
②③ 郑琳:《当代家谱文化的时代特征》,《浙江档案》2012 年第 7 期。

衍及重要人物事迹的书"①。由此可见,世系在家谱结构中至关重要。世系表从血脉传承的角度揭示了个体在时空中的位置,使其知道自己从哪里来、已经走到何处、哪里是归处。世系表及家谱中的其他资料使不同世代的族人在时间之流中相遇、交谈、互相改变,从而形成独特的血缘关系史。

不同世代的相遇之所以能够不断实现,是因为人们隔一段时间就要重修一次家谱。如果长久不做重修工作,这一家族的历史难免中断,家族的子孙便与其先人失去了精神上的联系。新中国成立后,由于宗族活动受到抑制,家谱编修面临相应的压力,但即使在这种情势下,人们仍然按捺不住重修家谱的渴望。新中国成立初完成新一轮重修的《(获嘉)岳氏族谱(1955)》序曰:"(族谱)自民国辛巳年(1941)增修后迄于今又十余年矣。其间经过饥馑变乱,各处所存谱册或经残缺,或被焚毁,现存者几无完璧。若不急(及)时修续,一经中断,岂非吾族一大憾事哉!况我族家户日繁,人丁日盛,青年未续入者亦甚繁伙。吾全体族众有鉴于此,所以今春有续修家乘之议,一唱百和,无不赞同。"②1963年4月15日《河南省委关于当前农村社会主义教育运动情况的报告》称:"这次运动中揭发出来的大量事实,确凿地说明当前我省农村中的阶级斗争是十分激烈的。光是九十个县三级干部会议上所揭发的材料……续家谱一万多宗……特别严重的是,不少党员、干部参与了这些活动,有些甚至是他们带头干的。"③重修于1963年的《(辉县穆家营)敦本堂王氏族谱》的谱序,给这种状况的出现提供了一

---

① 吴明堂:《中华文化传承中的家谱与地方志》,《档案记忆》2020年第11期。
②③ 转引自王仁磊:《当代中原家谱的新修及其时代特征》,《河南科技学院学报》2018年第5期。

种原因:"尝闻创之于前者树其基也,续之于后者继其美也。我王氏族谱创修于民国四年,续修于民国二十六年,迄今二十余年矣。其中生齿日繁,变更日伙,娶而复娶,生而又生,取继与继,各有其人,若不及时续修,恐人丁日繁,门户益多,愈久而愈难修矣。言念及此,续修之念勃然而动。"①血脉传承不允许有中断,若出现中断,便有可能带来世系的混乱,这是族人所不能允许的,也正因此,才会有面对压力依然要续谱的动力。

家谱编修不仅带来不同世代的相遇,还带来现世族人的聚首。"家谱经常被反复修撰,每次修谱也就成了同姓同族人之间的大事。"②这件大事在传统乡村社会也许并不会让人感到特别欣喜,因为那时人们安土重迁、人口集中,基于血缘关系而发生的大事并不少见。进入当代,重修家谱变成了一件颇为新鲜的事。有论者指出:"现在农村社会是松散的家庭混合体,很难组织集体活动,家族正可以'适时'地取代集体(村、乡)所承担的角色。而在家族中,除了修谱,没有别的什么行为能把全族人(包括海内外)都召集在一起。而且,修谱本身也许并非最重要的,围绕修谱而进行的各项活动仪式,却能给予全族人最大的乐趣。"③如此来看,家谱成为增进家族成员交往关系的媒介,或者也可以说,家谱本身就意味着一种交往关系的实在。

二、家谱的血缘伦理文化传承

从媒介的角度看,家谱能够实现人与人的相遇,既包括现世同

---

① 转引自王仁磊:《当代中原家谱的新修及其时代特征》,《河南科技学院学报》2018年第5期。
② 吴明堂:《中华文化传承中的家谱与地方志》,《档案记忆》2020年第11期。
③ 张升:《对新修族谱的一点思考》,《华夏文化》2004年第2期。

宗同源族人的互动交往，又包括活着的族人与逝去的族人的交流。这种相遇意味着互相改变、相互融合，进而巩固旧的族群关系或生成新的族群关系。家谱对血缘伦理文化的传承就是建立在这种媒介机制之上的。

对个体来说，血缘不可选择，当个体面对自己置身其中而不能更易的世系时，除消极的不可逃脱的宿命感之外，也会产生对先人创生族群的敬畏和对血脉传承的使命感。这是血缘伦理文化经由家谱传承的心理机制。

具体来说，血缘伦理文化是通过家谱的各种要素得以传承的。以"世系"为例，它最主要的作用在于明确人伦秩序，即所谓的"序昭穆"。

又如家谱中的"传记"。传记，"又称行状、行述等，记载家族中重要人物，如忠臣、孝子、义夫、节妇的主要事迹"[1]。在家谱中，传记可能是世系之外最重要的要素，因为它给不同时代族人的精神生活和行为指引了方向，其间，它所采用的讲故事方式尤其值得称道。德布雷说："一个神话能够比一个概念更快更强地打动人。如果你们想让他人受感动，不要向他们推荐一个定理，给他们讲一个故事。"[2]

再如"像赞"。它指家谱刊载的"祖先及族中重要人物遗像及赞语"[3]。按照德布雷的说法，"精神富有生气，但是缺少文字跟只有文字一样都有害"[4]。从表现形式上看，家谱的主体无疑是文字。在识字率较低的传统乡村社会，文字将家族的历史变迁以抽

---

[1][3] 刘文海：《修优质族谱 走创新之路——新修族谱应该重点把握的几个问题》，《黑龙江史志》2016年第10期。

[2][4] ［法］雷吉斯·德布雷：《媒介学引论》，刘文玲译，中国传媒大学出版社2014年版，第148页。

象的方式呈现出来,无疑增加了家族历史的神秘感,并且使其笼罩了一层"灵韵"。但文字无法供给直观的形象,画像或照片弥补了这方面的缺憾,使停留在家谱文字、祠堂牌位和坟茔中的先人能够在后人的心灵中不断复活。整体来看,像赞和文字一起使家族中值得尊敬的先人实现了不朽,而当这种不朽意识占据家族中活着的人的头脑时,积极、严肃、刚健有为的人生便成为他们的追求。

还有"族规、家训、家法"。它指"各家族自己制定的约束、教化族人的宗族法规,内容具体,包括忠君、孝亲、祭祖、禁赌、财产继承、约束妇女等"①。虽然一些内容已与当下生活的时代格格不入,但是各个家族在繁衍生息中形成的齐家智慧仍值得思考并用于为人处世中,应当受到尊重。当下在重修家谱时,不仅要特别重视家训这一要素,而且要使新家训不至于完全脱离旧的家规祖训。

总而言之,家谱是一条联系血亲的纽带,是一种能使不同世代在不同时空中不断相遇的媒介,家谱所极力守护的血缘伦理文化值得重视。有论者指出,编修家谱,"上可以追本溯源,缅怀先人,下可以辨明关系,联络宗亲,启孝悌之心,唤德善之本,激励后人,奋发有为"②。就此而言,家谱是可以引入乡村治理的有价值的传统资源。

第二节 村志编纂与村庄政治文化的承续

新中国成立后30年,宗族组织及其活动整体上受到抑制。在

---

①② 刘文海:《修优质族谱 走创新之路——新修族谱应该重点把握的几个问题》,《黑龙江史志》2016年第10期。

这一时期,另一种表述乡村社会历史的媒介——村史被创制出来。

一、村史:重组知识分子与农民群众关系的媒介

"村史的出现是20世纪的事,是历史学精神渗透、投射到乡村的结果。"①作为村庄历史叙事的载体,村史在全国范围内为公众广泛知晓是在新中国成立后30年,特别是20世纪60年代。

从政治教育的角度看,村史是知识分子和农民群众进行自我教育的工具,而在媒介学的视野下,村史则是重组他们之间关系的媒介。例如,东台县头灶小学的不少教师生长于城市集镇,该校"为了更好地教育学生,教育者必先受教育",因此,利用忙假,"组织全校教师十四人,到本公社卢家大队第二生产队,进行了村史、家史的调查,使全体教师受到一次深刻的阶级教育"②。又如,河北大学党委为使"全校师生员工受到一次具体的阶级教育","派出六名教师和一名校刊记者到东诗经村进行了阶级斗争史的调查"。"在村党支部大力协助下,邀请了该村的干部、老贫农、老民兵队长,以及其他在旧社会里有过悲惨经历的老人们,坐在一起,详细地回忆了过去劳苦人家的血泪史,控诉了地主、军阀、国民党党棍等剥削阶级对劳苦人民残酷剥削与迫害;回忆了在抗日战争时期那些艰苦斗争的岁月里,该村人民对敌斗争时机智勇敢,坚贞不屈的英雄事迹;也总结了解放以来在互助组、合作化、公社化大道上的步步高升和伟大成绩,把内容丰富的村史记录了下来……"③村史的材料来自对农民群众的调查访谈,来自农民群众

---

① 钱茂伟:《浅谈公众社区史的编写》,《中国地方志》2015年第9期。
② 东台县头灶小学:《利用忙假调查村史家史》,《江苏教育》1963年第Z1期。
③ 河北大学马列主义教研室下乡调查组:《河间县东诗经村村史调查报告》,《河北大学学报(哲学社会科学版)》1964年第1期。

的历史记忆,在这种意义上,村史是知识分子和农民群众合作的产物。新中国成立初的村史是一种特殊的媒介,它将知识分子与农民群众连接起来,重新组织了原先作为社会精英的知识分子与基层民众之间的关系。村史自有其媒介特征。

首先,历史著述是不断重构现在与过去关系的文化实践,这一点在新中国成立后30年的村史编撰中体现得尤为明显。时人在谈论如何编撰村史时提出:"写历史总得有时限,从什么时候起,到什么时候止。既然要写的是为了进行阶级教育的村史,就要着重写农村发生重大变化的历史,也就是革命的历史。我国农村长期在封建压迫之下停滞不前。直到解放前后,才发生翻天覆地的、史无前例的变化。以此写村史的时限,上限最好不早于解放前二十年,下限直到最近。……要强调今昔对比,而不要说得太远,离题万里。"①这段话概括出20世纪60年代村史编撰的旨趣,即以当下为基点,重新组织农民群众的历史记忆,凸显什么、忽略什么,重点突出哪一时间段,都讲清楚了。

其次,村史有特定的内容框架。知识分子在下乡收集村史资料之前,不仅已经有特定的目的、主题和访谈框架,而且在一定程度上预制了访谈的内容;被邀请来接受访谈的农民也深悉知识分子的采访目的和诉求,他们讲述的大多是在许多场合讲过许多遍的故事。

再次,讲故事是村史的主要编撰方式,因此,"以事为纲"和"以人为纲"是其主要写法。"以事为纲,选择关键性的事件,突出叙述,以点带面,以事叙人,以主带次,是一种写法。以人为纲,选择重点的主要的人物,刻画其斗争经过,以人叙事,阐明党的领导

---

① 吴南星:《再谈编写村史》,《前线》1964年第2期。

作用,也是一种写法。"①这是 20 世纪 60 年代学者对村史体例的概括。当下有学者的看法与之相似:"村史是一个现代历史学概念。……既然名为史,自然会突出特定时空中村民'故事'的分析与叙述。"②需要指出的是,改革开放前国家有一段时间走过曲折的道路,农村也不例外,特别是大跃进、人民公社化、"社会主义教育"运动中,都出现过极端化和阶级斗争扩大化的现象。因此,同样作为存史、信史这一媒介的村史,更需要在事实真相的基础上,予以一定的分析和说明③。

二、村志:整合地缘关系的媒介

改革开放后,村志在许多地区持续涌现,成为乡村文化建设的一道亮色。1991 年 6 月,浙江省江山市《白沙村志》出版发行,此后,浙江省将村志编修出版纳入浙江乡村社会研究系列丛刊,遂有一批村志问世④。截至 2013 年 1 月,山西省 2.8 万多个行政村中,有 500 多个村编纂了村志⑤。截至 2019 年 6 月,山东省寿光市正式出版 30 部村志、1 部村庄志略⑥。新时期以来大量涌现的村志属于最基层的地方志,这是历史上从未有过的。如果说家谱是凝聚血缘关系的媒介,20 世纪 60 年代的村史是重组知识分子与农民群众关系的媒介,那么村志就是整合地缘关系的媒介。

---

① 吴南星:《谈写村史》,《前线》1963 年第 22 期。
② 钱茂伟:《浅谈公众社区史的编写》,《中国地方志》2015 年第 9 期。
③ 参见《中国共产党简史》(当代中国出版社 2019 年版)"第六章　探索中国自己的建设社会主义的道路"。
④⑤ 王建设:《村志编修热悄然兴起,村落文化变迁尽收眼底》,《中国文化报》2013 年 1 月 9 日第 7 版。
⑥ 葛怀圣、曹维伟:《如何编好新时期的镇村志》,《中国档案报》2019 年 6 月 10 日第 3 版。

与以讲故事为主要编撰方式的村史不同,"村志是村历史与现状的地情分类简介"①。例如,河北省沧州市《南王曼村志》内容包括:建置沿革(村庄位置、村名来历、历史沿革)、自然环境(气候、自然资源、自然灾害)、居民族里(人口、计划生育、家庭姓氏、居民生活、民情风俗)、村庄建设(道路、住宅、公共设施、环境卫生)、村政要务(村政沿革、村党政组织、群团组织、治安、民兵、重大事件)、村庄经济(农业、工副业、林果业、养殖业、水利、收入分配)、村治改革(土地所有制变革、分配制度改革、商贸流通体制改革、粮棉油统购统销、家庭联产承包责任制、户籍管理、新型农村合作医疗、养老保障)、公共事业(教育、医疗卫生)、村庄文化(文化设施、文化活动、民间艺术、儿童游戏、方言、歇后语、歌谣、广播电视、民间谚语、民间养生及健身法)、人物(历史名人、现代知名人士录、革命烈士)、永恒的记忆(南王曼数个第一、"燕王扫北"的传说、半个碗的故事、县官断案的传说、尼姑庙的故事、抹不掉的记忆、生产队年代、难忘改造黄西大洼的岁月)②。又如,浙江省宁波市宁海县《白石村志》内容包括:区域(自然环境、辖区、建置、地名)、人口(人口状况、人口结构、计划生育)、农业(生产关系变革、粮食生产、畜牧家禽、山林特产)、工商业运输业(工业、商业服务业、运输业)、建设(公共建设、公用设施、住宅建设)、基层党群组织(政党、自治组织、群众团体)、文教卫生(文物、文化体育、教育、医疗卫生)、民生习俗(村民生活、宗教信仰、婚丧礼仪、生活习惯)、人物(人物传、历代县志中入志村籍人物录、当代村籍人士在外业绩选录)、名胜古迹(名山、园林、古遗址、古建筑)、文萃(历代村籍作者诗文选、历代村域风景名胜诗文选录)、

---

① 钱茂伟:《浅谈公众社区史的编写》,《中国地方志》2015 年第 9 期。
② 《南王曼村志》编委会编著:《南王曼村志》,华文出版社 2019 年版,第 1—4 页。

杂记(语言、传说、轶事、考证)①。从两部村志的内容来看,除重大事件、人物、永恒的记忆(《南王曼村志》)和人物传、传说、轶事(《白石村志》)等部分具有较强的故事性之外,其他部分都属于简介。这些简介都与特定的村庄空间紧密相连,凸显、强化的是村庄社区成员间基于地缘的社会关系。

  村志编撰兴起于改革开放后,同时,由于社会政治环境的变迁,这一时期家族活动有了更大的空间,家谱也为某些地方人士所重。在这种情势下,一些地方的村志编撰出现了"引谱入志"的现象。"引谱入志",即"在村志中加入'家谱''世系表''家族史'"②。一般而言,村志编修是在行政力量的主导或指导下开展的,而地缘关系是行政组织最先考虑的因素,因此,村志的整体架构体现的是地缘关系,但这并不意味着血缘关系被完全摒弃,"引谱入志"就是地缘关系和血缘关系交相融合的反映。此外,家谱在融入村志的过程中不得不适应村志的整体地缘关系架构,这表现在"村志中的'家谱'是'百姓联谱',即村中所有姓氏家谱的汇编,有别于传统一姓家谱,可简称'村谱'"③。家谱编修和"引谱入志"与改革开放带来的宽松社会政治环境有关,然而,改革开放推动的经济社会现代化也成了削弱血缘关系纽带的力量。从长期的趋势看,村志中的地缘关系会进一步强化,血缘关系则将逐步式微。顺应这种趋势,村志中出现了"村民录",它"类似于村民户口账,把每户人员基本情况以表格形式收录于村志村史之中","兼顾了村内村外、本土与移民"④。

---

  ① 《白石村志》编纂委员会编:《白石村志》,团结出版社1993年版,第1—3页。
  ②③④ 钱茂伟、董秀娟:《由精英而大众:村民人人入村志村史之路》,《浙江社会科学》2021年第12期。

就乡村社会发展而言,"从血缘结合转变到地缘结合是社会性质的转变,也是社会史上的一个大转变"①。从凝聚血缘关系的家谱到整合地缘关系的村志,正是这个大转变的一种表现。

三、村志的政治文化生产和传承

改革开放后,地方政府对于家谱编修大多持保留态度。2002年有论者提及:"80年代以来,由于政治环境的日渐宽松,纂修家谱过去被禁止的'封建宗族活动'又'沉渣泛起'、'死灰复燃'。……新修家谱,孰是孰非,社会各界是仁者见仁,智者见智,政府采取的是一种不提倡、不制止的宽容态度。"②与家谱编修不同,政府通常对村志编撰持支持态度,有些村志就是在政府明确的支持下编撰出来的。例如,"2007年,青岛市崂山区史志办公室提出《关于开展'村村修志'工程的建议》,并多次向领导汇报,该建议得到了区委书记的批准,于是该项工作全面启动。2010年,上海金山区地方志办公室经研究,向区委提出在金山区全面启动村志编纂工作请示,被区委、区政府采纳,村志编纂工作被列为金山区档案方志事业十二五期间的重点工作之一,随后全面展开。2011年,江苏省丹阳市由史志办经调研后提出报告,市委书记批示后由市委、市政府、史志办三方发文,随后工作得以开展"③。地方政府之所以在对待村志和家谱的问题上有不同态度,主要是因为村志所整合的地缘关系正是地方政府领导乡村社会治理的重要资源。不仅如此,基于地缘关系的村志生产的农村基层政治文化——社会主义集体性也是地方政府领

---

① 费孝通:《乡土中国》,人民出版社2008年版,第94页。
② 邹华享:《湖南家谱简论(续)》,《图书馆》2002年第1期。
③ 钱茂伟、王笑航:《大规模推广村村修志的必要性与成功路径》,《中国地方志》2021年第4期。

导乡村社会治理所需要的。

首先,村志编撰过程本身就是社会主义集体性的生产过程。在乡村民众参与编修的程度上,村史村志远高于其他地方史志。例如,2010年,面对民众中迸发出的编修村史村志的热情,陕西省西安市临潼区委、区政府积极引导、大力扶持,专门成立由区委书记任组长的乡村史志工程领导小组,制定出台临潼区乡村史志工程编审工作制度,规范工作流程;指导协助各乡镇街村组及时发现、培养史志编撰人才,选配合适的人员开展编撰工作;在已基本成形的四个村召开村民座谈会,组织村民和史志专家一起说村史、编村史、议村史,完善编撰内容①。村志是最贴近乡村民众的地方史志,乡村民众理应成为村史村志的书写对象②,同时,由于乡村民众对曾经和正在村庄生活的人及过去发生在村庄的事最为熟悉,因此,他们理应成为村庄历史的叙说主体。村民说村史、编村史、议村史的过程不仅是一个记忆挖掘、抢救的过程,更是一个集体生产记忆的过程。一些重要的记忆隐藏在村民个体头脑中的某个角落,如果没有其他村民及村志编撰人员的激发,这些重要的记忆便无法清晰地浮现出来。围绕编村史,村民们一起回忆,众多不同的记忆主体在相互激发、印证中还原了事实的原貌,在一些关于重要事实的问题上达成一致。当众多存在歧误的记忆被纠正,统一的记忆被编入村志时,集体生产记忆的过程才得以完成。村民们能够聚首说村史、编村史、议村史,不仅是因为他们当下生活在一个村庄共同体中,更是由于他们有过共同的生活经历,特别是社会主义集体化时期的生活经历。共同参与编村史给他们提供了一

---

① 吴琛:《村民说村史议村史编村史》,《三秦都市报》2010年11月4日第A18版。
② 钱茂伟:《浅谈公众社区史的编写》,《中国地方志》2015年第9期。

个细说既往的机会。他们不仅在自己的回忆中与其他村民连为一体,还在说、编、议的过程中与其他村民成为一体,而这正是社会主义集体性得以生成的机制。

其次,村志通过其编纂的内容印证社会主义集体性。改革开放后涌现的村志大多重点记述新中国成立以来的村庄历史,有些村志直接道出了这一编纂原则。例如,陕西省凤翔县《大原村志》提出:"按照'详今略古、立足当代'的原则……着重记载中华人民共和国成立以来的史实,特别详细记载1978年以后社会主义物质文明和精神文明建设的巨大成就。"①又如,天津市东丽区《胡张庄村志》说:"本志追本求源,坚持详近略远,详独略同的原则,反映时代特点,突出地方特色,为建设社会主义物质文明和精神文明服务。"②在这种编撰原则的指导下,社会主义集体化时期自然成为许多村志记述的重点。以河北省沧州市黄骅市《南王曼村志》为例,不仅社会主义集体化时期的历史在其中占了较大篇幅,而且仅从目录就可以感受到集体化时期的气息,如"土地所有制变革""分配制度改革""商贸流通体制改革""粮棉油统购统销""生产队年代"等,尤其是"难忘改造黄西大洼的岁月"。

改革开放后,乡村社区的集体性日渐式微。在这种情势下,地方政府和有识之士大力推动的村志编纂便成为重新建构乡村社区集体性的一种方式。

综上,之所以改革开放后会出现编纂村志的热潮,除新中国成立后国家政权全面下沉到基层社会、政府推动、盛世修志等因

---

① 《大原村志》编纂委员会主编,张宏钊编:《大原村志》,三秦出版社2017年版,凡例第1页。
② 东丽区《胡张庄村志》编修委员会编著:《胡张庄村志》,天津古籍出版社2001年版,凡例第1页。

素之外,建立在社会主义集体性基础上的村庄共同体业已形成并得到乡村民众的认同,也是重要原因。在这种意义上,村志超越了传统家谱,是延续村庄共同体历史记忆和优秀传统文化颇具生命力的媒介。而村庄的共同历史记忆和优秀传统文化正是乡村社会实现有效治理不可或缺的资源。

第三节 农村文化礼堂的集体记忆建构

当前,中国乡村变革的主线是以农业产业化、农村城镇化、农民流动化和市民化为趋向的经济社会转型,在转型过程中,村庄传统的物质和精神文化遗产急剧流失。同时,村庄及生活于其中的民众又被大众传媒和互联网带入全球化语境中,这些都给村庄共同体的维系和乡村治理带来了不同程度的困难。在当下乡村振兴过程中,如何重塑具有公共性的乡村社区,实现乡村社会的善治,是需要回答的重要问题。

近年来,农村文化礼堂在浙江蓬勃兴起,成为一道独特的乡村景观,不仅吸引了新闻媒体的持续报道,而且引起了学术界的广泛关注和深入讨论,涉及农村文化礼堂与乡村共同体重塑、乡村精神家园筑造、乡村文化习俗传承、乡村治理的关系问题①。农村文化礼堂之所以能介入乡村建设领域,不仅因为它是可供乡村民众使

---

① 参见张秀梅:《仪式的实践与乡村共同体重塑——关于浙江农村文化礼堂建设的思考》,《浙江学刊》2018年第3期;朱毅峰:《教育习俗传承的空间变革——基于农村文化礼堂建设的个案分析》,《教育发展研究》2019年第8期;张祝平:《论乡村礼堂的变迁与乡村社会的再组织化》,《广西民族大学学报(哲学社会科学版)》2016年第6期。

用的公共空间,更重要的是它建构了村庄的集体记忆,而这种集体记忆正是黏合乡村社会的重要力量。基于此,本研究以浙江省宁海县梅山村、海头村为例①,探讨农村文化礼堂如何构建关于家族、生活和空间的集体记忆。

一、礼堂中的祠堂:家族记忆的维系

新中国成立前,地处东南的浙江正是宗族隆盛的地方,祠堂乃是浙江村庄带有地标色彩的建筑。新中国成立后,由于岁月的侵蚀或人为的毁坏,部分祠堂已经消失,但仍有许多留存下来。自2013年浙江省大力推动农村文化礼堂建设以来,部分旧祠堂被改造成礼堂,被赋予新的形式和意义而得以重新焕发光彩。

由旧祠堂改建而成的宁海县梅山村文化礼堂,在浙江具有一定的代表性。礼堂正门镶嵌在木结构的两层楼宇之中,楼宇上覆黑瓦,端庄肃穆。楼宇的屋脊上从右至左排列着"繁荣'福'昌盛"五个大字,背景均为蓝底,但字本身的颜色不同,"繁荣昌盛"四个字为金色,居中的"福"字乃为红色,因而格外引人注目。楼宇上层挂着一排红灯笼,灯笼的正中间是"梅山村文化礼堂"的牌匾,牌匾的左端是浙江农村文化礼堂的统一标识。楼宇下层另有一个牌匾,上书"蒋氏宗祠"四个大字。正门门柱上有用繁体字书写的对联:"春露秋霜昭百代,子兰孙桂冠三台。"走进礼堂,站在院落天井的中央,正对面是旧时举行祭祖仪式的大殿,大殿墙面的中央挂着一块匾额,上书"祖功宗德"四个大字,支撑大殿的四根柱子上镌刻着两副对联:"德业并山河俎豆馨香同四海,勋名昭日月蒸

---

① 本研究在浙江省宁海县梅山村、海头村开展调查。浙江省宁海县梅山村因当地盛产杨梅而得名,共有160户、557人,以蒋姓为主,是姓氏比较单一的村庄;浙江省宁海县海头村共有461户、1 437人,是一个多姓氏杂居的村庄。

尝禴祀及千秋","春祀秋尝遵万古圣贤礼乐,左昭右穆序一宗世代源流"。站在天井的中央,回过身看到的是一座传统戏台,戏台上方悬挂着远近两块匾额,近的一块写着"百姓大舞台",远的一块书有"同赏共鉴"。整个戏台雕梁画栋,图案精致,美轮美奂。天井两侧为上下两层的廊房,廊房外面挂着社会主义核心价值观"富强、民主、文明、和谐、自由、平等、公正、法治、爱国、敬业、诚信、友善"24个大字。廊房里面设有家规祖训馆、居家养老服务站、红白理事会、老年协会、妇女之家、民主法治展览馆等。该礼堂奠基于旧祠堂,从建筑样式、形制到风格都基本脱胎于旧祠堂①。

  礼堂和祠堂是不同时代的象征,代表不同的文化价值,因此,梅山村文化礼堂展现的两种文化价值也存在显著区别。但两种文化价值并行不悖。例如,正门楼宇屋脊上的"福"字体现的是血缘共同体对福运的祈望,"繁荣昌盛"表达的则是乡民对国家兴旺发达、欣欣向荣的祝愿,家与国水乳交融;天井两侧展示的社会主义核心价值观与陈列馆中镌刻在木板上的家规祖训虽然出自不同的历史时期,但在家国情怀上息息相通;在礼堂正门上,从左至右书写的"梅山村文化礼堂"精致典雅,从右至左书写的"蒋氏宗祠"则显得古朴浑厚,两者相得益彰;原先用来祭祖的大殿如今成了大会主席台,先前"做戏"祭祖酬神的戏台则成为"百姓大舞台";祠堂本只对同姓的家族人士开放,对外姓人来说,它的大门永远是关闭的,但梅山村以蒋姓为主,是姓氏比较单一的村庄,因此,梅山村既是一个乡村社区又是一个家族共同体,梅山村文化礼堂既属于村庄公共空间又属于家族空间。

  如果将梅山村文化礼堂看作礼堂和祠堂深度融合而成的整

---

① 资料来自对浙江省宁海县梅山村的调查。

体,那么既可以认为礼堂在祠堂之中,又可以说祠堂寄寓在礼堂当中。礼堂在赋予祠堂以新的形式和意义的同时,又保存了祠堂的某些社会功能,其中,维系村民关于家族的集体记忆就是一个重要方面。在传统乡村社会,激发、维系、强化家族成员集体记忆的形式有家族组织、家谱、仪式和祠堂等,其中,祠堂是最外显的物质化形式。哈布瓦赫认为:"集体记忆具有双重性质——既是一种物质客体、物质现实,比如一尊塑像、一座纪念碑、空间中的一个地点,又是一种象征符号,或某种具有精神涵义的东西、某种附着于并被强加在这种物质现实之上的为群体共享的东西。"① 就此而言,集体记忆离不开物质客体、物质现实。正是由于祠堂具有这种物质性,与家族组织、家谱、仪式相比,它在经历不同时期的风风雨雨后才显得更具持久性和韧性。奠基于旧祠堂的梅山村文化礼堂,是维系家族成员集体记忆的媒介,它连接家族的过去、现在和未来,而这种集体记忆使家族成员无论生活在哪里,都感受到自己与村庄中逝去的先辈及活着的其他成员同属于一个群体。

二、实物陈列与生活记忆的生成和承续

浙江省宁海县海头村是一个多姓氏杂居的村庄,没有梅山村那样的旧祠堂,其文化礼堂与祠堂没有关系。海头村文化礼堂分为两部分,建在两个不同的位置:一处较为简单,看起来像一个厂房,里面有表演用的舞台和摆酒席用的桌椅,是举办红白喜事和文艺表演的地方;另一处是文化礼堂的主体部分,它以一个较大的旧

---

① [法]莫里斯·哈布瓦赫:《论集体记忆》,毕然、郭金华译,上海人民出版社2002年版,第335页。

民居院落为中心,周围保留了部分旧民居和旧巷道,总体来看就是一个传统民居建筑群,在这个建筑群的外围还有几道用废弃的旧建筑材料垒起来的"记忆墙"。海头村文化礼堂最具特色的部分当属由旧民居院落改建而成的"记忆馆"。从该馆的陈列来看,海头村民俗文化是其主要内容,具体包括农耕文化、渔业文化、女红文化等,主要以实物方式展示①。

随着海头村生产方式的变迁,村民的生活形态正在发生急剧改变,同时,关于村庄往昔生活的集体记忆在迅速消失。关于村庄过往生活的集体记忆是重要的精神遗产,它是先民"追寻生命意义的行动体系的自我再现和经验认知"②,也是当下村民创造新生活、体认生命意义的精神出发点。因此,集体生活记忆的持续生成和承续对海头村这类处于急剧变迁中的村庄来说具有特别重要的意义。海头村文化礼堂"记忆馆"实物展示的作用正体现在这方面。

首先,海头村文化礼堂"记忆馆"的实物展示是集体生活记忆持续生成的中介。"在一个社会中有多少群体和机构,就有多少集体记忆。社会阶级、家庭、协会、公司、军队和工会都有不同的记忆,这些不同的记忆都是由其各自的成员通常经历很长的时间才建构起来的。"③一个村落共同体的集体生活记忆自然是由其成员个体建构起来的,而个体建构集体生活记忆离不开中介。媒介学家德布雷所论的"痕迹"就属于此类中介。他说:"由于保留了痕

---

① 资料来自对浙江省宁海县海头村的调查。
② 赵丽娜:《生活记忆及其方法价值》,《哈尔滨工业大学学报(社会科学版)》2017年第4期。
③ [美]刘易斯·科瑟:《导论:莫里斯·哈布瓦赫》,载[法]莫里斯·哈布瓦赫:《论集体记忆》,毕然、郭金华译,上海人民出版社2002年版,第39—40页。

迹,才使个体的记忆客观化,具体表现出它的社会性,并在不同的个体中体现出来。"①德布雷的论述揭示出实物展示在海头村集体生活记忆形成过程中的中介作用:实物展示使个体生活记忆客观化,这种客观化又使个体生活记忆成为群体共同的生活记忆,如此,个体生活记忆才表现出社会性,也正是在这种意义上,实物展示成了个体生活记忆与集体生活记忆之间的中介。

其次,海头村文化礼堂"记忆馆"的实物展示是集体生活记忆代际传承的中介。有学者指出:"生命的展开与实现不能脱离物的支持,生活记忆中必然有物的痕迹。"②当海头村的旧物被保存下来并长久展示在人们眼前的时候,现存的旧物必然激活记忆中残存的"物"并使记忆愈加鲜活。更重要的是,不同代际围绕旧物的交谈和协商能够促进集体生活记忆的代际传承。关于这一点,德布雷讲得更清楚:"记忆不是非物质的空洞的思想,它是物质化的组织体系……它可以在其最原始的传播中介人(口头传教人)死亡之后继续生存下来,借用所有的资源……进行宣传,总之,同时代步步相随。"③海头村文化礼堂"记忆馆"的日用器具实物陈列正是可以用来开展宣传并使村庄集体生活记忆承续下去的物质化组织体系和关键资源。总而言之,海头村文化礼堂"记忆馆"展示的核心内容是村庄的过往生活,该馆的陈列旨在复苏村民关于村庄往昔生活的集体记忆并使之代代相传。

---

① [法]雷吉斯·德布雷:《媒介学引论》,刘文玲译,中国传媒大学出版社2014年版,第21页。
② 赵丽娜:《生活记忆及其方法价值》,《哈尔滨工业大学学报(社会科学版)》2017年第4期。
③ [法]雷吉斯·德布雷:《媒介学引论》,刘文玲译,中国传媒大学出版社2014年版,第10页。

三、作为地标的礼堂与空间记忆的激活

改革开放后,梅山村和海头村的空间急剧改变。楼房成为村民表征财富、地位甚至权力的符号,传统乡村建筑逐渐被毁弃,村里的道路普遍被拓宽、硬化,水井或被闲置或被填埋,古木衰朽,新树生烟……随着村落景观的更新和村中老者的逝去,关于村庄往昔空间的集体记忆也在急速流失。同时,作为集体记忆载体的村落历史空间、乡土景观、文化遗迹引起有识之士的重视,梅山村和海头村的文化礼堂就是在他们的保护下留存的果实。

如前所述,梅山村和海头村的文化礼堂自有其独特之处:梅山村文化礼堂是在旧祠堂基础上建立起来的,海头村文化礼堂则是用旧民居改建而成的。两村的文化礼堂处在众多现代乡村建筑的环伺之中,无论是从色彩还是从建筑风格来看,它们都别具一格、与众不同,在视觉上制造了突出之处。段义孚认为,"无论对于我们自己还是对于其他人而言,人们深深眷念的地方都不一定是可见的","可以通过诸多方式让一个地方成为可见的地方,这些方式包括……在视觉上制造出突出之处,以及利用艺术、建筑、典礼和仪式所产生的力量"①。从人文地理学的角度看,梅山村和海头村的文化礼堂正是凭借段义孚所说的建筑力量,使村落成为可见的地方,并在当下全球化语境中创造出地方感。两村的文化礼堂创造出的可见的地方和地方感具有特别重要的价值。现代化和全球化带来的人口流动,使村庄共同体成

---

① [美]段义孚:《空间与地方:经验的视角》,王志标译,中国人民大学出版社2017年版,第147页。

员散落在全国乃至世界各地。尽管身在异乡,但故乡仍是他们中的许多人魂牵梦萦的地方,文化礼堂这类建筑所创造的地方和地方感,正是留住其乡愁、维系其对故乡深深眷念所需要的。以可见的地方和地方感为基础,梅山村和海头村的文化礼堂成为各自村庄的地标。

村庄的风貌和格局随历史的变迁已更新,但地标性的旧祠堂和旧民居依然以文化礼堂的名义矗立在那里。在段义孚看来,"尽管一件单独的没有生命的物体本身没有什么用,但却可以成为世界的焦点",放在山顶上的一个坛子便可以"让凌乱的荒野围向山峰","坛子统治了那里"①。在一组看起来无甚章法的现代乡村建筑群中,体现传统祠堂或民居风格的农村文化礼堂"体现了个性"②,"创造了自己的空间"③,并且成为"它自身世界的中心"④。两村的文化礼堂以自己为中心组织了村落空间,并使这一空间深深烙上自己的印记。正在或曾在村庄生活的人看到文化礼堂,便能回忆起与文化礼堂勾连在一起的村庄建筑群,乃至整个村庄的角角落落,如此,村庄的旧空间、旧格局便在人们的记忆中再次清晰起来。换言之,两村的文化礼堂具有揭示已经消逝的村落或隐性空间的作用,它们在人们的意识中复原已被湮没的村庄空间,并将这份记忆持久保存下去。这份记忆属于村庄共同体成员关于村落空间的集体记忆。

乡村民众的集体记忆是当下开展各方面乡村建设的重要资源,而这种记忆是与村落物质遗存、空间景观、文化遗迹等联系在一起的。以旧祠堂、旧民居等传统建筑为基础建成的农村文化礼

---

①②③④ [美]段义孚:《空间与地方:经验的视角》,王志标译,中国人民大学出版社2017年版,第134页。

堂,使乡村民众能够"借助过去留下的物质遗迹"①,"并借助晚近的心理方面和社会方面的资料"②,重构过去,承续村庄的集体记忆。

第四节 村庄记忆在网络空间的创生和绵延

"哈布瓦赫指出,个体性的记忆由于必须使用人类社会的基本沟通工具——语言、逻辑和概念,因此也就必然受到社会框架的结构性限制。哈布瓦赫尤其强调记忆的当下性,认为'往事'不是客观事实,而是在'往事'过后,由社会框架重新建构的,因此记忆是现在、过去和未来。"③哈布瓦赫的观点较为深入地触及媒介与集体记忆的关系,这不仅体现在他对基本沟通工具语言的强调上④,更表现在他对社会框架的重视上。广义上,"社会框架"指一个社会的经济、政治、社会、意识形态的权力关系,此外,社会热点、时代精神、流行时尚等也都可以归之于"社会框架"的范畴。狭义上,"社会框架"指媒介形式。作为社会框架的媒介形式在很大程度上影响了集体记忆。

家谱、村志和农村文化礼堂这类媒介对乡村集体记忆的影响值得重视,但从媒介形态来看,它们带有较强的传统性,在全球化和互联网时代必然遭遇诸多掣肘。基于互联网的新媒介给村庄记

---

①② [法]莫里斯·哈布瓦赫:《论集体记忆》,毕然、郭金华译,上海人民出版社2002年版,第200页。

③④ 周海燕:《媒介与集体记忆研究:检讨与反思》,《新闻与传播研究》2014年第9期。

忆的创生提供了新的有效路径,经由互联网这一中介,村庄记忆得以在网络世界创生和绵延,同时,互联网还把家谱、村志和农村文化礼堂这类带有传统性质的媒介迁移到自身当中,成为自身的一部分。

一、社交媒体与村庄集体记忆

互联网给重新连接广泛流动的乡村人口提供了技术支撑。乡村民众无论身处何地,都能通过互联网在虚拟空间中进行交往,创生和延续了关于村庄共同体的集体记忆,这有助于强化、巩固基于血缘和地缘的乡土关系,从而维系村庄共同体的存续。

有学者将社交媒体给村庄社区成员提供在虚拟空间重新聚首的现象称为"重新部落化":"在媒介技术变革的语境下,中国乡村社会呈现出'重新部落化'的趋势。"[①]乡村民众通过社交媒体虚拟空间"重新部落化"的同时,也在网络空间中创生和延续了关于村庄的集体记忆,其方式有两种。

一是微信群、QQ 群等社交群。这类社交群建立在群成员都与村庄社区存在关联的基础上,无论他们当下是否身在村庄社区,他们都与村庄社区存在归属关系、利益关系或情感关系。由于存在现实的各种关系基础,这类群无论活跃与否,都比较稳定。群主有村组干部、乡村精英和社区活跃人士等。群主和群成员的关系是平等的,大家都有发言交流的机会,集体记忆就是在他们茶余饭后的聊天分享中生成的。群成员谈论的事或人总是与村庄特定的场景、规范和习俗等相关,总能牵连出更多对往昔的记忆。无论是发

---

① 郑素侠、杨家明:《云端的连接:信息传播技术与乡村社会的"重新部落化"》,《现代传播(中国传媒大学学报)》2021 年第 5 期。

在群里的方言语音信息，还是用谐音方式写出的方言表述，其意义并不在于内容，而在于方言语音勾起的乡愁。长久在外地生活的人都有这样的体验：面对熟悉的来自其他地方的同事和朋友，讲不好方言，即使他人特意让自己表演一下方言，也显得别扭，这时方言似乎已经被自己遗忘，而只要接到家乡亲人的来电，方言立马在自己口中"复活"，没有什么滞碍。这是因为方言总与特定的人群和地方相连，只有将人置于特定的地方情境中，方言才能获得生机。作为村庄集体记忆的媒介，方言所激活的记忆是根本性的，它将个体深深卷入对乡土的回忆而无法自拔。如果说方言是通过特殊的语音将个体与村庄这个地方相连的媒介，那么群中分享的图片和视频就是直接将村庄成员带入村庄这个地方的媒介。视觉在人类的感官中具有优先性，因此才有"我看""看法""直观"等词汇。与听觉相比，视觉能够更加直接地将个体带回熟悉的地方，带入对乡土的回忆中。

二是抖音等短视频社交平台账号。短视频社交平台的一项重要技术是算法推荐，这类平台抓取用户留在平台的信息，根据用户的偏好推荐账号及其内容，属于典型的"信息找人"。在这种技术的支撑下，一些乡土账号获得了平台特定用户群体的青睐并使其成为自己的粉丝。尽管这类账号生成的内容不一定属于特定的村庄，账号的粉丝也不一定同属于某个特定的村庄，但中国许多区域的物产、饮食、方言、习俗、仪式等在一定空间范围内具有较高的相似性，因此，这类乡土账号对来自某一特定地方的粉丝具有较强的黏附性。此外，抖音账号设有评论区，粉丝们在评论区不仅能与账号博主交流，还能相互交流。因此，乡土账号成为创生和延续村庄集体记忆的媒介。本研究在湖北省 G 县 D 村调查时，村民 X 说："抖音上面本乡本土的账号有很多啊，我们这儿好多喜欢拍抖音的,同城上面可以看到很多附近的人拍的短视频,有的年轻人还会拍一些小剧场,都是在我们农村当地拍的,还蛮有意思的。"①

集体记忆存在的前提是能够区分"我们"和"你们",如果没有这种区分,集体便无以存在,集体记忆也就无从发生。集体记忆的这种发生机制属于传统机制。在传统机制之外,村庄留守成员和流出成员的区隔成为新增的集体记忆发生机制。与传统机制不同,在新增的机制中,村庄留守成员和流出成员并没有明显的"我们"和"你们"的意识,集体记忆主要发生在"我们"意识之内。村庄留守成员在社交媒体空间提供的资讯激发流出成员的乡愁,同时,村庄留守成员也从流出成员的乡愁中感受到村庄事物的情感价值,更加明确地体认到村庄共同体的现实存在。如此,经由社交媒体的互动,集体记忆便在所有乡村成员中得以创生和延续,村庄留守成员和流出成员一道成为集体记忆的主体。

二、乡村记忆网络平台建设与村庄集体记忆建构

以上所论社交媒体的集体记忆建构带有一定程度的自发性。微信群、QQ群成员在群中分享关于村庄的素材时,只是感觉到这些内容会让其他成员感兴趣、能够成为一个话题,而没有明确意识到这是一次集体记忆建构实践。此外,社交媒体上的集体记忆建构大多属于民间行动。在民间行动之外,政府相关部门也认识到集体记忆之于村庄共同体维系的重要性,并开展了以保存记忆为目标的乡村记忆网络平台建设。

近十年来,城市化进程的加速推进引起了全国许多地方政府

---

① 资料来自对湖北省G县D村的调查。

相关部门对保存乡村记忆的重视,先后启动了"乡村记忆工程"。2014年,山东省委宣传部、精神文明建设委员会办公室、财政厅、农业厅、文化厅、旅游局、文物局等部门联合印发《关于实施"乡村记忆工程"的通知》,"乡村记忆工程"在山东全省范围内正式启动。青岛市崂山区档案局、史志办开展了崂山区城乡记忆工程。这项工程以图片的形式记录崂山区城乡面貌、自然地貌、居民生活、民俗文化、文物古迹、著名人物等方面的状况,对即将逝去或已经逝去的事物进行挖掘保存,同时在崂山区档案信息网上开辟专栏"城乡记忆"进行展示。青岛市西海岸新区以248个文化底蕴厚重、乡村特色鲜明或面临拆迁改造的村(社区)为重点,挖掘非物质文化遗产,构建非物质文化遗产档案,建立起乡村记忆工程数据库,并启用"西海岸记忆"微信服务号①。各地开展的"乡村记忆工程"抢救了一大批可能湮没在历史长河中的文化遗产,在乡村记忆资源的保护、搜集和整理方面起了较大的作用。然而,"乡村记忆工程"的成果只有进入乡村民众的集体记忆构建过程才能在其中发挥作用,这一工程的实际效用才能充分显现出来。除山东省青岛市西海岸新区之外,全国许多地方都将数据库建设作为"乡村记忆工程"成果的集纳方式,这种方式主要是从档案开发、利用的角度考虑的。

"乡村记忆工程"推动的乡村记忆资源库建设是开发利用记忆资源的基础。若要将这些记忆资源充分开发利用起来,数字人文是可行的方法。"数字人文技术的理念、方法与技术的运用,不仅可以起到烘托记忆主题和记忆场景形象化建构的作用,更是可以通过对乡村档案记忆资源的深度挖掘、内容聚类分析,以此实现记

---

① 李晓静:《论乡村档案传承乡村记忆的机制》,《兰台世界》2021年第9期。

忆细节的适当扩张、渲染等效果。如借助 VR/AR 技术全景式展示传统工艺技术、节日欢庆仪式操演;运用 3D 建模技术仿真还原具有乡土气息、历史意境的古建筑、遗址、乡村小道等。……在可视化开发中,需实地融入民众的交往环境与语境,适时补充散落的记忆细节与更新的记忆信息。"①

如果说乡村记忆资源数据库建设是第一步,用数字人文的方法和技术制作乡村记忆作品是第二步,那么经由媒体散布这些作品,使其进入乡土记忆构建过程就是最后一步。如前所述,基于算法推荐的社交媒体在寻找潜在目标用户方面具有强大功能,因此,社交媒体仍是传播乡村记忆作品的较好媒介。进入某一微信群、QQ 群的乡村记忆作品可能被多次转发到其他具有相关乡土关系的微信群、QQ 群,或者被转发给具有相关乡土关系的用户;进入抖音等短视频社交平台的乡村记忆作品,会被平台较为精准地推送给具有相关乡土关系的用户,聚集众多具有相关乡土关系粉丝的乡村记忆账号就能在集体记忆的创生和延续中持续不断地发挥作用。

中国乡村社会从传统向现代的急速转型发生在互联网时代,社交媒体给村庄社区的"重新部落化"提供了条件。村庄社区成员在网络空间的结合建立在现实的乡土关系基础上,随着时间的推移,当下村庄社区成员的后代与乡土的关系将越来越疏远,互联网空间中村庄"部落"的持续存在、集体记忆的延续将重新面临挑战。恰如学者郑素侠和杨家明所言:"'部落化'的乡村正成为一个融合现实与虚拟两种向度的文化空间,但作为熟人社会的乡村

---

① 周林兴、崔云萍:《面向数字人文的乡村档案记忆资源开发:价值、机制及路径选择》,《北京档案》2021 年第 10 期。

是否会重蹈城市的'覆辙',在技术中介的离身性交往中逐渐转向'陌生人社会',是值得深思的问题。"①

第五节　媒介、文化传承与乡村有效治理

乡村文化可分为两大部分。

一部分是从城市进入乡村的文化,它又可以分成两部分。一是电视和移动互联网供给的大众文化,主要功能是娱乐消遣,带有较强的消费主义色彩。二是政府相关部门组织的"文化下乡",主要有"电影下乡""戏曲下乡""图书下乡"等,其中有同大众文化交叉重合的部分,也有独立的成分。这类文化大都属于现代城市文化,有其积极意义,例如第二章论及的"国家农村电影放映工程"在增进乡村社区交往上有助于增强乡村治理的社会基础,但由于它们属于外来文化,没有植根乡土社会,因而在乡村治理实践中发挥的作用比较有限。

另一部分是乡村传统文化,也可以分成两部分。一是自古传承至今的乡村传统文化。"我国农耕文明源远流长、博大精深,是中华优秀传统文化的根。我国许多村庄有几百年甚至上千年的历史,至今保持完整。很多风俗习惯、村规民约等具有深厚的优秀传统文化基因,至今仍然发挥着重要作用。"②二是新中国成立后三十年创生的乡村社会主义集体文化。作为文化主体,乡村民众创

---

① 郑素侠、杨家明:《云端的连接:信息传播技术与乡村社会的"重新部落化"》,《现代传播(中国传媒大学学报)》2021年第5期。

② 习近平:《习近平谈治国理政》(第三卷),外文出版社2020年版,第260页。

生了乡村社会主义集体文化。

如果说从城市进入乡村的文化遵循的是自上而下的路径,那么乡村传统文化就是循着历史演变的轨迹而成为当下乡村社会结构的一部分的。由于两者与乡村社会的耦合度不同,因此,仅从文化本身的角度看,从城市进入乡村的文化在乡村治理方面自然不能与乡村传统文化相比。这正是本章在讨论乡村有效治理的文化基础时聚焦乡村传统文化的原因。

本章涉及的乡村传统文化有血缘伦理文化、政治文化、集体记忆等。乡村血缘伦理文化和村庄政治文化是按照文化内容区分的,村庄集体记忆则不限于某种文化内容。就乡村传统文化与集体记忆的关系而言,任何一种乡村传统文化都包含集体记忆,集体记忆是乡村传统文化的核心部分,浸透于其中。无论是在乡村传统文化的器物层面、精神价值层面还是行为层面,集体记忆都是其中的要素。换言之,集体记忆本身具有文化性质,是某一具体文化类型的组成部分。

乡村传统文化踏着历史前行的脚步行至当下,离不开传承,而媒介又是乡村传统文化传承过程中必不可少的中介。在这方面,德布雷曾有切中肯綮的阐释:

> 在"传承"这一术语语境中,包括所有表现集体记忆的词语;而在"传播"这一术语语境中,则表现的是一定时间内的信息流通。为避免对立,换一种说法,传播是在空间中传递信息,也就是说在同一个时空范围内进行。而传承指的是在时间中传递信息,确切地说,是在不同的时空范围内进行的。传播是属于社会学的范畴,它是以个体之间的心理学研究作为出发点(在信息发出者和接受者之间,以话语行为所构成的基

本经验为基础)。传承是属于历史范畴,它是以技术性能为出发点(通过媒介载体的使用)。一方面,将这里和那里连接起来,形成网络(也就是社会);另一方面,将以前的和现在的连接起来,形成延续性(也就是说文化的延续性)。①

通过比较"传播"与"传承",德布雷厘清了"传承"的内涵、性质和意义。第一,"传承"一词有丰富的集体记忆意味,这与本章所论的乡村传统文化及集体记忆正相符合。第二,传承是在时间中传递信息,时间的流逝使得传承行为总是在跨越时空,因此,传承"是在不同的时空范围内进行的"。本章讨论乡村治理的文化基础,其中,"文化基础"指的就是乡村传统文化在时间之流中的传递。第三,传承的意义在于"将以前的和现在的连接起来,形成延续性"。通过连接"过去的",在当下形成能够介入乡村治理的文化力量,是传承乡村传统文化的重要意义。第四,也是至关重要的一点,传承必须通过具有一定性能的媒介载体才能发生。本章正是从媒介角度切入乡村传统文化传承并在此基础上探讨乡村治理的。

本章所论的媒介——家谱、村志、农村文化礼堂和互联网,在乡村传统文化传承方面都自有其作用。家谱传承乡村血缘伦理文化,村志传承基于地缘的政治文化,农村文化礼堂和互联网延续村庄集体记忆。就几种媒介的相互关系而言,互联网具有较强的融合能力。在信息技术的推动下,家谱、村志和农村文化礼堂进入了互联网。例如家谱,1997 年中国民间出现第一家家谱网站,2001 年家谱数据库上线,2005 年后可进入网络创建家谱,后来发展到

---

① [法]雷吉斯·德布雷:《媒介学引论》,刘文玲译,中国传媒大学出版社 2014 年版,第 5 页。

跨国界家谱网站和家谱 App,与之相随,家谱形态和编撰方式也相应发生了变化①。图、像、声三者的结合使家谱的表达更多样化,在互联网修谱中,"人人都可参与去写",满足了家族成员对个体表达和多元记录形态的追求②。又如农村文化礼堂,浙江省部分地区创新形式,利用信息化技术、虚拟技术及互联网平台,在实体礼堂基础上建立起数字礼堂,打造实体与虚拟、线上与线下相结合的一体化礼堂③。作为村庄集体记忆媒介的家谱、村志和农村文化礼堂进入互联网,说明互联网是集纳了所有媒介形式的媒介形式,是"媒介的媒介"。这表明,互联网是从事乡村文化建设和乡村治理需要重视的事物。

本章从媒介角度讨论乡村传统文化传承的最终落脚点是乡村有效治理。家谱、村志、文化礼堂和互联网等媒介创生和延续的集体记忆属于维系村庄共同体存续的关键文化资源。"集体记忆是族群认同的基本依据,是共同体合法性的重要来源。拥有集体记忆未必能够建构和维系一个族群,而集体记忆的消失则注定造成共同体的孱弱、分裂和覆灭。对大多数族群而言,集体记忆意味着基于'我们'的话语和行动而形成的共同的命运感、共同的文化血缘和共持的价值信念。"④这虽然是就集体记忆之于大共同体而讲的,但对村庄这类小共同体来说也同样适用。乡村"三治",特别是自治和德治,离不开村庄共同体的存续。在当代世界,自治主要限于某个国家的特定区域,特定区域必定存在边界,这一边界的确

---

①② 张振霞:《中国近二十年来网上修谱历程考察》,宁波大学硕士学位论文 2019 年,第 1 页。

③ 叶利、丁贤勇:《新时代浙江农村文化礼堂数字化发展探析》,《观察与思考》2018 年第 12 期。

④ 胡百精:《互联网与集体记忆构建》,《中国高校社会科学》2014 年第 3 期。

定不仅要根据物理空间因素,而且要考虑人口、历史、政治、经济和文化等多重因素。依照这些因素而确定的自治区域就是一个共同体。就自治而言,治理主体指村庄共同体成员,治理对象则是村庄共同体本身。在这种意义上,先在的共同体是乡村自治的前提条件。在人类历史上,各个文明共同体之间在道德领域存在一些公约数,它们之间可以交往和沟通;它们之间在道德领域也存在差异,从道德层面可以将它们区分开来,而在道德层面能够被区分开来的各个文明共同体实际上也是道德共同体。道德是形成各个文明共同体的重要因素、区分各个文明共同体的重要依据,同时,各个文明共同体的存续又为道德实践提供了前提条件。总而言之,家谱、村志、文化礼堂和互联网等媒介创生和延续的村庄集体记忆在维系村庄共同体方面发挥着重要作用,共同体的存续又为乡村治理,特别是自治和德治提供了基础。

除集体记忆之外,各种媒介传承的乡村传统文化还在一些具体方面介入乡村治理。

首先,乡村传统文化为自治提供基础。中国传统乡村社会的自治是依靠乡绅、宗族组织等实现的。新中国成立后,随着国家政权的下沉,特别是农村人民公社体制确立后,这一自治传统被打破。改革开放后,农村人民公社退出历史舞台,国家开始在农村基层推行村民自治,包括民主选举、民主决策、民主管理、民主监督等事宜。这种自治与传统乡村社会的自治不同,它建立在土地集体所有制之上,并且是在农村基层党组织领导下村民广泛参与的民主自治。而在新中国成立后三十年的集体化时期,乡村民众不仅有在农村基层党组织领导下参加劳动生产的体验和广泛参与公共事务的经验,而且在此基础上形成了农村基层社会主义政治文化,这种政治文化正是新时期以来推进农村基层自治的文化基础。

其次,乡村传统文化为法治提供基础。新时期以来,党和国家先后实施了社会主义法治建设和依法治国方略,加上现代化对乡村社会秩序的冲击和重构,乡村社会开始了从"礼治"向"法治"的转型。"乡村法治化进程为转型期的中国乡村注入了契合时代要求的法治价值,同时也为传统乡村伦理提供了实现转型的'现代之源'。但是,这绝不意味着乡村秩序的重建能够与乡土伦理和'礼治'传统彻底'决裂'。"① "传统中国法治是一种以道德为核心的文化类型,传统文化中'规则文化'具有法治功效,经过法治嬗变的习惯法成为人们自觉的行为习惯,民间规范具有自身存在的法的价值。"② 由此来看,家谱铭记的家规祖训、农村文化礼堂弘扬的乡规民约、村志宣扬的公序良俗等在乡村法治建设中确有重要价值。

最后,乡村传统文化为德治提供基础。家规祖训、乡规民约和公序良俗本身就是道德伦理规范,是乡村德治建设的重要内容。传统乡村道德伦理规范的权威性来自三个方面:其一,乡村舆论,即民众对人和事的评议;其二,规范本身的历史,从"老人""祖先""过去"传承下来的东西具有不言而喻的合理性;其三,媒介,家规祖训、乡规民约、公序良俗等刻写在物质性的媒介(家谱、村志、农村文化礼堂等)上,成为精神的客观化表现,也提高了规范的权威性。

乡村自治、法治和德治都离不开"人群聚合"和"行为规范"两

---

① 王露璐:《伦理视角下中国乡村社会变迁中的"礼"与"法"》,《中国社会科学》2015年第7期。

② 宋才发、许威:《传统文化在乡村治理中的法治功能》,《中南民族大学学报(人文社会科学版)》2020年第4期。

大要义,村庄的集体记忆和传统文化为实现"人群聚合"提供了精神动力,为自治、法治和德治所要求的某些"行为规范"提供了来自过去的合理性证明。

第四章
媒介与乡村有效治理的信息基础

第三章以媒介视角讨论乡村有效治理的文化基础,主要聚焦于各乡村治理主体,特别是乡村干部和乡村民众参与治理所依傍的乡村意义体系问题。各乡村治理主体介入乡村治理除需要意义体系之外,也离不开信息;治理过程包含参与、协商、决策、行动等,这些都有赖于必要的信息资源。本章讨论的是媒介信息传播与乡村治理。

"传播"这一术语,"表现的是一定时间内的信息流通","如果要传承的话,首先必须要有传播"①。对此,德布雷举例阐释说:"如果拿撒勒人耶稣事先没有同周围的人交往,没有同他的弟子们谈话,没有面对人群的责问,基督教教会将永远不会确保福音教义传遍整个世纪、整个大陆,这一点是非常明显的。"②传播,也就是信息流通,离不开媒介。"衡量传播现象的标准不应当是看人与人之间是否有机械化的接口,而是看是否有制度化的接口",而所谓

---

① [法]雷吉斯·德布雷:《媒介学引论》,刘文玲译,中国传媒大学出版社2014年版,第5页。
② 同上书,第5—6页。

"制度化接口","就是传播机器(电报、电视、电脑)"①。作为传播机器的媒介,不只是物质载体和技术,而是融入社会并制度化了的物质载体和技术。明确这一点,有助于本章阐发媒介与信息流通之间的关系。

第一节 乡村治理中的信息不对称

如果说乡村传统文化为乡村治理提供的是处理乡村公共事务的规范和动力,那么信息资源给乡村治理带来的则是处理乡村公共事务的方向。

首先,充分的信息获取是各乡村治理主体,特别是乡村民众积极参与乡村公共事务讨论、协商的基础。乡村公共事务乃众人之事,不只是地方政府和乡村干部的工作。乡村民众只有在掌握充分的关于政策和村庄情况等信息的基础上,才能明白特定事项之于自己及村庄利益的重要性,才有参与讨论和协商的积极性与热情。在信息缺乏或不充分的情况下,村庄公共事务往往仅成为村干部的工作,不明究竟的村民有时无暇或无意多问,久而久之就不免对村庄公共事务持冷漠态度,而这与自治的原则和精神相悖。

其次,充分的信息获取是各乡村治理主体经协商后作出正确决策的基础。信息的一项重要功能是消除人们对于事物的不确定性。正确决策建立在人们充分掌握关于事物的信息的基础上,这与"知己知彼,百战不殆"的道理相同。此外,不仅乡村民众和乡

---

① [法]雷吉斯·德布雷:《媒介学引论》,刘文玲译,中国传媒大学出版社2014年版,第6页。

村干部需要掌握自上而下的政策信息,上级政府也需要了解乡村干部和乡村民众对于政策的意见和建议,以便再次作出决策,调整相关政策。

再次,充分的信息获取是各乡村治理主体在决策和行动中维护公正原则的基础。村庄既是地缘共同体和情感共同体,也是利益共同体。这并不意味着包括村干部在内的村庄成员之间的具体利益关系是完全一致的。在信息获取普遍不充足的情况下,乡村干部相较于普通村民总能掌握相对多的信息,加上手中握有一定的权力,他们就有机会在决策和行动中更多偏向自己这个群体。此外,如果乡村民众和上级政府对乡村治理中的情况掌握不够,就不能有效监督乡村干部,也就不能保证乡村治理中决策和行动的公正性。

总而言之,只有保证各个治理主体都能较为充分、均衡地占有信息,才能实现乡村有效治理。

一、信息不对称理论与乡村治理

各个乡村治理主体较为充分、均衡地占有信息,属于理想状态,是要达成的目标。然而,在新时期以来的乡村治理史上,信息不对称是长期困扰乡村治理的问题,及至电视已在乡村普及、互联网已向乡村延伸的当下,这一问题仍没有得到完全解决。

20世纪70年代出现的"信息不对称理论"旨在说明,"相关信息在交易双方的不对称分布对于市场交易行为和市场运行效率所产生的一系列重要影响"[①]。这一理论可简单概括为两点:第一,"有关交易的信息在交易双方之间的分布是不对称的,即一方比另一方占有较多的有关信息";第二,"交易双方对于各自在信息

---

① 作志忠:《信息不对称理论及其经济学意义》,《经济学动态》1997年第1期。

占有方面的相对地位都是清楚的;这种对相关信息占有的不对称状况导致在交易完成前后分别发生'逆向选择'和'道德风险'问题,严重降低市场运行效率,在极端情况下甚至会造成市场交易的停顿"①。

信息不对称理论属于信息经济学范畴,主要用来分析市场中的交易行为,也给包括乡村治理研究在内的许多其他领域的研究带来启发。乡村治理活动同市场中的交易活动存在重要的相似之处,即"委托-代理机制":"村干部是村庄公共权力的代理人,在村民选举和政府任命的双重机制下产生,在村域社会范围内,代表村民行使自治权,代表政府行使行政权;基层政府和村民是村庄公共权力的委托人,委托村干部执行政务和管理村务。从非对称信息的视角来看,在进行村级治理的过程中,村干部拥有充分的治理信息,是信息优势方;基层政府和村民只拥有部分的治理信息,是信息劣势方。"②由于信息反馈机制的缺失及其他因素的存在,"在行使村庄公共权力的过程中,只要制度对村干部约束还留有很多空隙,……就无法排除其冒着'道德风险'进行损害基层政府形象和村民利益的'败德行为'"。如此,"作为委托人,在其利益和声誉受到损害的时候,基层政府就会产生倾向于直接或间接地操纵村委会选举和控制村政的'逆向选择';而村民则会产生在村庄选举中不作为和在村庄治理中不配合的'逆向选择'"③。

比较信息不对称引发的后果在市场交易活动和乡村治理活动中的表现,可以发现两者存在显著差异。市场交易活动中的"逆向

---

① 作志忠:《信息不对称理论及其经济学意义》,《经济学动态》1997年第1期。
②③ 杨俊凯、唐俊、周丽婷:《非对称信息视角下的村级治理——来自信息经济学的分析和阐释》,《当代经济》2007年第9期(上)。

选择"与乡村治理中的"逆向选择"不是一回事。以金融市场为例,信息不对称状态"会鼓励投资资金向低质量企业的流动,抑制投资资金向高质量企业的流动"①,这种不合理的资金分配机制属于市场交易中的"逆向选择"。而乡村治理中的"逆向选择"指的是村民在选举和村庄治理中的不配合。两种"逆向选择"存在较大区别,后者是参照前者的比拟。此外,在市场交易领域,信息不对称导致的"逆向选择"和"道德风险"分别发生在交易完成之前和之后,而信息不对称在乡村治理领域导致的"逆向选择"和"道德风险"的发生顺序正好相反。

撇开这些差异不谈,同市场交易领域一样,信息不对称在乡村治理领域引发了一些需要正视的问题。例如,信息不对称造成乡村治理的低效,引起村民的政治冷漠,滋生了腐败行为②。

二、信息不对称视角下的信息分布

乡村治理活动中的重要信息可分为两部分。

其一为政策信息,包括中央"三农"政策及地方政府贯彻落实中央政策的实施方案、地方政府根据中央精神自主制定实施的政策。作为委托人的基层政府对政策信息的掌握并不在村干部之下,但同样作为委托人的村民与村干部相比,则明显处于劣势。这里所讲的村干部主要指村两委成员,他们受村民和基层政府的委托而执行政务、办理村务,是居住在村内的体制化人员。他们接收基层政府下发的文件、通知,参加基层政府组织的工作会议,此外,为让他们能够更好地工作,地方政府还会为其提供培训。在这样

---

① 仵志忠:《信息不对称理论及其经济学意义》,《经济学动态》1997年第1期。
② 孙翊锋、刘晓波:《乡村治理中信息不对称问题及其对策分析》,《金融经济》2011年第14期。

的位置上,村干部有系统接触各类"三农"政策的机会,并有将某些政策置于政策系列中加以解读的能力。与村干部相比,普通村民缺乏系统接触政策文件的机会,还缺乏主动搜求政策信息的动力和整合政策信息的能力。在乡村治理史上,村干部曾是乡村民众获取政策信息的主要来源。随着村庄经济社会结构的变革、政府与乡村关系的调整,村干部与乡村民众之间的关系也出现了变化,村干部向乡村民众宣传政策信息的意愿下降,乡村民众对村干部的信息依赖度也已下降。韩春秒等对河北省部分农村地区的调查显示,在政策信息获取方面,农村居民对"村委会、村干部"渠道的青睐度不及"亲朋友邻"①。本研究在湖北省 G 县 D 村调查时,村民 C 说:"村里很多政策上的东西其实我们也不是很清楚,很多时候也都是听别人说的。自己不知道的就去问问别人,看他们知不知道。"②如果某地的村干部愿意利用各种渠道向普通村民详尽地解释各种政策信息,同时普通村民也有兴趣耐心了解,那么该地的村民自然会获得较为充分的政策信息。但是,这只是一种理想状态,通常村干部和村民都没有这么强的意愿。

其二为村庄信息,包括村庄的户数、人口、就业情况、家庭收入、社会保障、产业、农田、山林、宅基地、集体经济组织、公共收支等方面的情况。基层政府虽然比较充分地掌握了"三农"政策信息,但对于村庄信息不一定掌握得准确。基层政府在村庄执行政务通常不是直接与村庄里的家户打交道,而是通过村干部这一中介完成的。不仅如此,基层政府手中掌握的关于村庄的信息来自

---

① 韩春秒:《网络时代农村地区政策信息传播调查》,《青年记者》2018 年第 9 期。需要说明的是,这是仅就政策信息的人际传播而言的,在下文可以看到,在政策信息的媒介传播中村干部的作用仍然重要。

② 资料来自对湖北省 G 县 D 村的调查。

村干部制作的报表,而报表上数据的准确程度只有村干部最为了解。此外,作为委托人的村民不仅在政策信息的获取上存在盲区,而且对村庄信息也不一定掌握得准确、全面。村民应该同村干部一样悉数掌握村庄信息,但改革开放以来的人口流动,特别是"合村并组"增加了村民掌握村庄信息的难度。21世纪以来,许多地方经过"合村并组",行政村的范围扩大,村民人数也大大增加。例如,2004年安徽省肥西县S镇将全镇21个村合并为7个村,村均达到4 000人;安徽省绩溪县Z镇两个村并为一个村,并要求合并村民小组,该镇宅坦村11个村民组,要求合并为5个村民组①。合村并组后,行政村的范围扩大,而村民个体所在的熟人社会的范围没有扩大,村民们本来对老行政村的信息掌握不全,村庄扩大后就更加难以企及了。湖北省G县D村村民X说:"村里的大致情况我不是很了解,因为只管自己家里的情况嘛,像这些村干部应该会比较清楚。"②安徽省D县Y村村民S在谈到对村庄情况的掌握程度时说:"不知道,这个要采访队长,村干部什么的,……你问他们肯定晓得。"③相较于政策信息,村庄信息获取的难度更大。若某位村民具有足够的媒介、文化和政策素养,通过传播媒介及其他渠道的咨询,就可以较为准确、全面地掌握政策信息,而近在咫尺的村庄信息却更难获取,因为村民个体缺乏在村内调查的身份和理由,其他村民也不一定会配合。在上述因素之外,作为委托人的基层政府和村民之所以有时难以准确、全面地掌握村庄信息,一个重要原因是某些村干部有隐藏信息的方式。例如,"村干部为了维护自己的利益,通过做三本不同的账(一本应付上级检查、一本对

---

① 贺雪峰:《合村并组 遗患无穷》,《调研世界》2005年第11期。
② 资料来自对湖北省G县D村的调查。
③ 资料来自对安徽省D县Y村的调查。

付村民找碴、一本留给自己）的方式来'隐藏信息'"①。

以上按照内容将信息分成了两部分，综合起来，可以将其称为公共信息。较多占有这些公共信息的当属村干部。村干部在传播某些重要信息时，存在区别对待传播对象的问题。如前所述，"传统乡土社会的差序格局是农村居民有机互动的生活和价值共同体，这在农村基层管理者身上留有深刻的印记。伴随着农村内部利益结构不断复杂和农村社会阶层分化日益凸显，农村部分基层管理者凭借对公共信息的优先获取，导致形成公共信息圈子化，进而侵犯公共利益"②。公共信息圈子化传播也是乡村治理中信息不对称的表现，而实现乡村善治需要破除整个信息不对称状况。

第二节 电视的"三农"政策信息传播及其局限

电视在乡村的普及给普通村民获取政策信息提供了方便。对普通村民来说，接触电视新闻和各类节目并不需要很高的媒介素养，也不需要花费过多的精力，在每天的闲暇时光中就能完成。电视能让村民在获取政策信息的同时获得愉悦感受，这是电视在面对网络浪潮的冲击时依然能在乡村社会保有一定空间的重要原因。此外，看电视成为家庭仪式也是电视能较为持久坚持的原因。

---

① 杨俊凯、唐俊、周丽婷：《非对称信息视角下的村级治理——来自信息经济学的分析和阐释》，《当代经济》2007 年第 9 期（上）。

② 侯东栋：《差序格局、信息传递与农村治理现代化》，《电子政务》2018 年第 3 期。

在农村集体化时期,电影放映是具有一定政治性质的仪式。进入改革开放新时期,农村电影放映的仪式性质遭到削弱,看电视成为家庭日常生活的仪式,甚至在某些重大节点(如除夕、国庆阅兵等)成为族群或国家仪式的一部分。因为在未来一段时间内,电视在乡村社会仍具有一定的影响力,所以在探讨乡村信息流通时仍有必要给予它适度的关注。

一、电视与信息不对称的初变

在互联网广泛延伸到乡村之前,电视是乡村民众获取信息的重要媒介。2009年6月至2011年9月蒋旭峰等在J市农村的调查就能说明这一点。在调查中,有村民说:"平常就看看电视,关心一下国家大事看看新闻,再就是弄点电视连续剧看看嘛,法治节目也可以。"①约十年后,在互联网和智能手机开始普及的情况下,电视仍是乡村民众获取信息的重要渠道。本研究对几个村庄的调查发现,仍有一些村民有看电视的习惯。浙江省R市J村村民Z说:"我平时都看新闻频道,……我在村里有活干,忙的时候不看,就是闲的时候打开电视机,选到哪个频道,(里面的内容)有意思,我就看。我就想知道一些消息,多知道一些没有错的,像什么叙利亚打仗、疫情,这些大事放出来我就看。"②村民H说:"我看新闻的,中央台常看。看看那些领导去哪些国家,看了哪些人。看新闻,睡得着,睡得快。还看《老娘舅》,我就懂这些,其他那些都不懂。"③贵州省X县X村村民H说:"家里有两台电视,用的电信网络机顶

---

① 蒋旭峰、崔效辉:《乡村传播生态及其对乡村治理的影响——以J市的田野调查为例》,《中国地质大学学报(社会科学版)》2013年第4期。

②③ 资料来自对浙江省R市J村的调查。

盒。娃儿看动画片,大人看电视剧、电影、新闻。"①安徽省 D 县 Y 村村民 W 说:"晚上看电视,喜欢什么时候看就什么时候看,谁还挤时间呢。看看新闻(《新闻联播》、安徽新闻),看看安徽台,看看冲锋(安徽台节目《男生女生向前冲》)。农村频道(央视农业农村频道)有看,17 台搞蔬菜什么的,3 台、4 台、13 台,太多啦,这哪记得住。"②电视属于党和政府的新闻舆论宣传阵地,在社会效益优先原则的指引下,宣传政府的涉农政策是其职责使命,这是电视供给涉农政策信息的社会政治动力。同时,乡村民众的政策信息需求始终存在,而电视仍是目前他们熟悉且能够方便获取政策信息的媒介。这两个方面奠定了当下电视在乡村信息流通中的地位。

国家实施乡村振兴战略后,电视对农传播得到加强,这给政府"三农"政策信息传播创造了有利条件。

首先,对农电视频道结构得到优化。"稀缺的频道资源和农业地位严重不匹配"③,是长期束缚中国对农电视事业发展的桎梏。截至 2016 年,全国已开通的农业电视频道只有 10 个半:中央电视台第七套军事农业频道(算半个)、河北电视台农民频道、黑龙江公共农业频道、内蒙古电视台农牧频道、河南电视台新农村频道、吉林电视台乡村频道、湖北陇上频道、山东电视台农科频道、陕西农林卫视、重庆公共农村频道、浙江电视台公共·新农村频道。2017 年乡村振兴战略提出后,对农电视频道资源丰富起来,江西电视台公共农业频道、四川电视台乡村频道、安徽电视台农业科教

---

① 资料来自对贵州省 X 县 X 村的调查。
② 资料来自对安徽省 D 县 Y 村的调查。
③ 冉华、窦瑞晴:《我国电视对农传播的整体现状——基于九个电视对农频道和两个农村地区的实证研究》,《湖北社会科学》2018 年第 5 期。

频道等相继加入对农传播阵营。在对农电视事业发展史上具有里程碑意义的是,2019年9月中央广播电视总台农业农村频道的正式开播。央视农业农村频道是面向"三农"的国家级全媒体平台,在解读国家"三农"政策方面发挥着重要作用。

其次,对农电视频道的内容得到优化。"电视对农传播的内容非专业化、泛娱乐化"①,是影响电视"三农"政策信息传播效果的重要因素。近年来,这一状况逐渐改变。央视农业农村频道开播后,全天围绕"三农"主题节目播出比例达85%以上,在全天传播主时段设置新闻类节目《乡村振兴资讯》《农业产经周刊》等,聚焦与"三农"及民生相关的重大问题和热点话题,访谈类节目《乡村振兴面对面》邀请国家有关部委各领域负责人,以人物专访的形式阐述贯彻落实国家在"三农"工作方面制定的规划和具体措施②。四川电视台推出政务服务类日播栏目《问您所"?"》,栏目以"想群众之所想、急群众之所急、解群众之所困"为出发点,围绕乡村"五大振兴",展示四川促进农业高质高效、农村宜居宜业、农民富裕富足等方面的经验、做法和故事③。

经由电视传播的政策信息在乡村民众中产生了一定效果。2009年6月至2011年9月蒋旭峰等在J市农村调查时,有村干部说:"有时候我们(村干部)电视看得不及时的话,有些政策我们还

---

① 冉华、窦瑞晴:《我国电视对农传播的整体现状——基于九个电视对农频道和两个农村地区的实证研究》,《湖北社会科学》2018年第5期。

② 郭振南:《新时代 新阵地 新作为——央视农业农村频道谱写"三农"宣传新篇章》,《声屏世界》2020年第4期。

③ 申振华、刘超、张烨:《以"三农"问题导向 为乡村振兴发声——〈问您所"?"〉的创新表达》,《西部广播电视》2021年第13期。

不知道的,他们就知道了:又有什么补贴之类的。"①2020 年 8—9 月汪兴和对南京市东汤村的调查显示,村民对电视和智能手机的接触明显高于其他媒介。有线电视用户虽有流失,但依然家家都有电视,与其他媒介相比,看电视的时间最稳定。电视依然是典型的"情感娱乐型"+"新闻咨询型"媒介,是村民获得政治信息的主渠道。村民看电视的主要信息需求是政策福利(减负、养老医疗等社会保障)、公共服务供给等②。贵州省 X 县 X 村村民 M 在访谈时讲:"夜深了没得人陪打牌的时候看一哈(下),白天不得空,习惯看农业频道的那些内容。"③这说明电视在改变乡村治理中的信息不对称问题时起到了积极作用。

  电视在传播"三农"政策信息方面的潜力仍有待进一步挖掘。电视最擅长的是以视觉形象讲故事。就电视的政策信息传播而言,可取的路径是遵循电视的传播规律,以动态的视觉形象讲述乡村干部和乡村民众践行"三农"政策的故事,以发挥电视的潜能,增强政策信息传播的吸引力和感染力。

二、乡村治理视角下电视的局限

  从乡村治理的角度看,电视的重要作用在于向乡村民众传播"三农"政策信息。乡村民众通过电视了解了一定数量的政策信息,原来仅由村干部掌握政策信息的局面在一定程度上得到改变,乡村治理中的信息不对称状况也发生了初步变化。同时,电视在

---

① 蒋旭峰、崔效辉:《乡村传播生态及其对乡村治理的影响——以 J 市的田野调查为例》,《中国地质大学学报(社会科学版)》2013 年第 4 期。

② 汪兴和:《媒介接触:农民政治信任构建载体研究》,《海河传媒》2021 年第 6 期。

③ 资料来自对贵州省 X 县 X 村的调查。

政策信息传播领域存在三个方面的局限。

第一,电视的交流方式限制了信息传播效果。如前所述,电视最大的潜能是将一切内容娱乐化,新闻信息类节目也不能完全避免这一点。娱乐性要素在增强电视新闻信息类节目吸引力的同时也会削减政策信息的素质。从传播者的角度讲,当娱乐性要素成为其考虑的重点时,政策信息的素质就会被忽视;从观众的角度看,当娱乐性要素吸引其注意力时,政策信息本身就会降到次要位置。此外,"不论是中央台还是地方台,电视播放一条新闻往往只有几秒或至多数分钟的时间,普通村民很难通过这么短的新闻来全面正确地把握国家政策……同时,电视是一种告知型媒体,通过中央电视台新闻所传播的政策信息没有和传播者直接面对面交流的机会,因此,电视新闻所传播的信息注定只能是笼统的、概要性的介绍……"①

第二,电视的特性导致地方电视台播发的政策信息受众数量较少。在四级办电视的格局下,各级电视台在政策信息流通中的地位存在差异。2009年7月和2010年7月孙秋云等对贵州黔东南地区雷山县、黎平县等地的调查显示,中央级电视台在政策信息传播领域的影响力远超地方台。孙秋云等在贵州省雷山县西江镇调查时,村民说:"我一般都看中央1台、4台、5台、12台。我不喜欢本地台,因为中央台更切合实际、公道。本地的(电视)很假。我不信任它,好的就报道,坏的就不说,只往好的方面宣传。""雷山(县)台不看,看中央(台)新闻,地方政策都是一句话,对国家政策不了解。"②近年来,有学者在调查中发现部分地区的乡村民众

---

①② 孙秋云、王利芬、郑进:《电视传播与村民国家形象的建构及乡村社会治理——基于贵州、湖南、河南三省部分乡村的实地调查》,《广东社会科学》2015年第1期。

开始关注县级电视台播发的涉农政策信息①,但这似乎不是普遍状况,根据本研究的调查,不少地区的乡村民众仍不关注或看不到县级电视媒体。河南省 W 县 B 村村民 L 说:"对市级和县级电视台关注不多,对省级电视台关注最多,平常爱看安徽卫视,CCTV8 也爱看。"②村民 F 说:"不会关注 J 市电视台和 W 县电视台,因为内容少、节目一般,并不觉得这些新闻对自身影响很大。"③贵州省 X 县 X 村村民 M 讲:"家里就一台电视,用着网络机顶盒。很多节目都在看,新闻也在看。电视台的话就是贵州台和央视看得多些。"④市县级电视台更靠近农村基层,在宣传本地"三农"政策及结合本地实际阐释中央政策方面更具优势,其传播的某些政策信息也是中央或省级电视台无法取代的。从这个角度看,市县级电视台政策信息受众数量较少,导致电视在政策信息传播方面出现了结构性缺失。

第三,电视观众限于乡村社会特定群体,其影响力呈逐步式微的趋势。本研究在河南省 W 县、浙江省 R 市、湖北省 G 县、安徽省 D 县、贵州省 X 县等地的调查都显示,文化程度较低、年龄较大的群体对基于互联网的新媒体比较陌生,接触和使用较少,因而对电视的依赖度较高。随着代际更迭,电视在乡村社会的观众群体将逐渐萎缩,影响力也会逐步下降。

除在政策信息传播领域存在局限性之外,从乡村治理的角

---

① 学者顾广欣在宁夏 Y 村陪同村民看电视的过程中发现县级电视台是他们选择频率最高、停留时间最长的,村民的理由是:"能够从县台的新闻上掌握精准扶贫的政策和项目","了解周边的村民,特别是一些致富能人都在干些啥"等(参见顾广欣:《电视与乡村关系的重构——对宁夏 Y 村的传播民族志研究》,《当代传播》2018 年第 6 期)。

②③ 资源来自对河南省 W 县 B 村的调查。

④ 资料来自对贵州省 X 县 X 村的调查。

度看,电视在为乡村民众和基层政府提供村庄信息方面基本是无能为力的。若要在以上这些方面有所改变,还有赖于新的媒介。

第三节 乡村治理中基于互联网媒介的信息沟通

在未来一段时间内,电视仍将在"三农"政策信息传播中发挥一定的作用,但信息技术变革带来的媒介革命对电视的冲击已经逐渐显现。在接受本研究的访谈时,河南省 Q 县 M 村村民 W 说:"家里安装了智能电视,连接了网络,但基本不看电视,电视只是挂在墙上的背景,信息来源是抖音或微信公众号。"① 浙江省 R 市 J 村村民 E 提及:"我家里有两台电视,卧室一台,客厅一台。但我都不怎么看电视,平时开都不开。过年春晚我也就放在那里热闹热闹。"② 湖北省 G 县 D 村村民 X 讲:"家里有网络电视,但是我们家里现在基本上都不看了,除了小孩子有时候看一下。家里老人平常的娱乐活动就是打牌,他们也不太会用网络电视。像我们年纪轻一点的平常没事就是玩玩手机、看看抖音,现在手机上什么都有,电视就看得少了。"③ 安徽省 D 县 Y 村村民 Z 在接受访谈时说:"现在家里没有电视,只通过网络新媒体获取外界信息,几乎不看电视。"④ 由此可见,基于互联网的新媒体正在乡村社会抢夺电视

---

① 资源来自对河南省 Q 县 M 村的调查。
② 资料来自对浙江省 R 市 J 村的调查。
③ 资料来自对湖北省 G 县 D 村的调查。
④ 资料来自对安徽省 X 县 X 村的调查。

的观众群。

为提高整个国家的信息化水平,国家先后推出的网络强国、数字中国、智慧社会、数字乡村等战略部署,给互联网向农村基层延伸和乡村治理数字化提供了强大推动力。经农业农村部有关机构综合测算,2020年全国县域农业农村信息化发展总体水平达到37.9%,其中,东部地区为41%,中部地区为40.8%,西部地区为34.1%①。农村互联网基础设施不断完善,"十三五"期间,工业和信息化部联合财政部组织实施了六批电信普遍服务试点,支持13万个行政村通光纤,建设了5万个4G基站,全国行政村通光纤和通4G比例均超过99%,农村互联网基础设施的不断完善,让城乡互联网接入鸿沟逐渐缩小②。截至2021年6月,中国城镇地区互联网普及率为78.3%;农村地区互联网普及率为59.2%,与2020年12月相比,提升了3.3个百分点;城乡地区互联网普及率差异缩小4.8个百分点③。农村地区的互联网推广,在各乡村治理主体之间创造了新的信息沟通方式。

一、互联网媒介与政策信息的流通

农村地区的互联网普及弥补了电视在政策信息传播方面的缺失。具有更强大、更多样性能的互联网媒介不仅能够弥补电视在地方政策信息传播方面的不足,而且使各乡村治理主体之间的政策信息沟通成为可能。经由互联网媒介的"三农"政策信息沟通,

---

① 农业农村部市场与信息化司、农业农村部信息中心:《2021全国县域农业农村信息化发展水平评价报告》(2021年12月),http://www.agri.cn/V20/ztzl_1/sznync/ltbg/202112/P020211220311961420836.pdf,最后浏览日期:2022年2月5日。

②③ 中国互联网络信息中心:《第48次中国互联网络发展状况统计报告》(2021年9月15日),http://www.cnnic.net.cn/hlwfzyj/hlwxzbg/hlwtjbg/202109/P020210915523670981527.pdf,最后浏览日期:2022年2月5日。

可以分为互联网平台沟通和社交媒体沟通两种类型。

第一,互联网平台的政策信息沟通,它属于政府及主流媒体主导的信息交流。

中央、省、市三级互联网平台构成了政策信息沟通体系的上层部分。中央、省、市三级互联网平台包括两个系统:一是三级政府涉农职能部门运行的网站、微博和微信公众号等新媒体;二是三级主流媒体及其运行的网站、微博、微信公众号、社交平台账号和客户端等新媒体。政策信息沟通体系的上层部分具有显著优势:一是三级政府和主流媒体更接近信息源,它们中的有些机构本身就是信息源,因此,它们不仅能及时发布信息,而且发布的信息更具权威性;二是三级政府和主流媒体拥有专业能力更强的工作队伍,并且有更多便利条件借助专家资源阐释政策信息,因此,它们有能力在政策文件之外制作出更具吸引力、传播力的政策信息产品。同时,政策信息沟通体系的上层部分也具有缺陷:一是涉农职能部门往往注重政策文件的发布,而忽视对政策信息的阐释,这不利于乡村民众对政策信息的吸收;二是在三级主流媒体及其运行的新媒体中,除去专门性的涉农媒体,非涉农媒体占大多数,其主业并非涉农政策信息传播,这就让乡村民众在为数众多的新媒体中难以发现和接触具有更高政策信息价值的专门性涉农新媒体。

县级融媒体中心、乡镇政府和农村基层组织运行的微信公众号等新媒体构成了政策信息沟通体系的下层部分。近年来,国家推进的县级融媒体中心建设取得了较大进展,为涉农政策信息在农村地区广泛传播、乡村民众较为准确和全面地掌握涉农政策信息创造了有利条件。县级融媒体中心向上获取、汇集涉农政策信息,并运用多样化的方式和技能手段对这些信息进行加工、制作；向下则通过各种渠道将涉农政策信息分发给乡村民众。从这个角度看，县级融媒体中心处于连接上下的枢纽位置。作为涉农政策信息传播平台，县级融媒体中心与中央、省、市三级互联网平台相比，自有其独特优势：一是县级融媒体中心靠近乡村社会，能敏锐地感知乡村民众的"急难愁盼"，从而准确把握乡村民众的政策信息需求；二是县级融媒体中心是县域内汇集涉农政策信息能力最强的互联网平台，这有利于乡村民众在海量的网络节点中找到一个可靠的节点，避免出现网络空间"信息迷航"的问题。同时，县级融媒体中心在政策信息传播方面也有其短处，主要表现为：缺乏高素质的专业人才，导致其生产的涉农政策信息产品在吸引力和传播力方面存在短板。在政策信息沟通体系的下层部分，乡镇政府和农村基层组织运行的微信公众号等新媒体属于县级融媒体中心的补充。微信公众号的运行成本和技术门槛相对较低，因此，它就成了农村基层组织传播涉农政策信息的重要媒介。

目前，具有传播"三农"政策信息功能的互联网平台为数不少，基于互联网的涉农政策信息沟通体系已经初步形成。接下来可以做的重点工作是调整这一体系的结构，使其功能得到充分发挥。在涉农政策信息沟通体系的上层部分已经相对完善的情况下，需要着重夯实下层部分，特别是进一步加强县级融媒体中心建设，以避免整个体系"头重脚轻"。从全国范围来看，县域相对缺乏聚集新闻传播人才的能力，没有高素质的专业工作队伍，就无法生产高质量的涉农政策信息产品。一项对中部地区的调查显示："人才团队的专业水平、技能熟练程度与新设备、新技术的应用之间也有较大差距。……L 市县级融媒体中心现有人才队伍的工龄均在 5 年以上，长期一线高强度的工作和相对闭塞的工作空间,使得一线工作人员对媒介新技术、新形态的敏感度低……"①此外,在经济社会发展程度较低的县域,政府财政能力有限,无法为县级融媒体中心建设提供较为宽裕的财力支持。同一项调查显示:"县级融媒体中心的事业单位性质,使其在响应国家政策进行部门整合时,较容易获得来自地方政府的直接财政支持,从而快速更新原有设备和技术,但第一期财政支持结束之后,缺少后续资金支持,人员队伍的更新、技术改造便难以进行。"②在条件有限的情况下,只有进一步汇集资源并将其投入涉农政策信息传播等重点业务领域,县级融媒体中心才能较好完成自身的职责和使命。

以上对互联网平台沟通的论述是按照自上而下的路线展开的,主要关注的是涉农政策信息经由互联网媒介向乡村民众的传递。而在互联网媒介的涉农政策信息沟通中,除自上而下的部分外,还有自下而上的部分。自下而上指乡村民众经由互联网媒介向政策制定者的信息反馈。在以上所论的互联网平台中,除政府涉农职能部门的门户网站之外,其他平台都有即时互动的功能,这为乡村民众参与政策讨论、政府汇集调整政策所需要的信息创造了更加便利的条件。1948年10月刘少奇在对华北记者团的谈话当中提出:"你们不仅要宣传党的政策,还要在群众的实践中去考察政策是不是正确,有没有缺点,这里就表现你们的创造性了。你能了解群众的真正情绪,他就不能;……你能发现党的政策的缺点,他就不能。你的创造性就表现在这里,党不是限制而是鼓励这

---

①② 常志刚等:《中部地区县级融媒体中心建设现状调研与路径优化——以L市13个县级融媒体中心为例》,《现代视听》2021年第12期。

种创造性。"①尽管利用互联网平台汇集乡村民众对涉农政策的意见,并不等于"在群众的实践中去考察政策是不是正确",但对"了解群众的真正情绪"大有裨益。乡村民众经由互联网平台参与涉农政策讨论,已非传统大众传播的信息反馈可比。在这种沟通中,乡村民众在信息技术的支持下可以成为积极的传播主体。

第二,社交媒体的政策信息沟通,它属于乡村干部群体主导的沟通。在涉农政策信息自上而下的传递过程中,信息能够较为广泛地被乡村民众知悉凭借的就是所谓的"最后一公里"。微信等社交媒体为涉农政策信息在乡村民众中的扩散及打通"最后一公里"创造了便利条件。本研究在浙江省 R 市 J 村调查时,J 村村支书说:"我们不仅建了 J 村大群,还按网格建了小群,平时有什么工作,比如说防疫、'三农',都会在群里第一时间通知村民。""我们的政策就发在群里,公众号我们没接到通知,所以没做。我们也不怎么管理这个群,就是不提倡村民聊天或者打广告……"②该村村民 E 的说法也印证了村支书的话:"加了我们村的微信群,但平时大家都不说话,这些都是领导说话的份,我们说那些干啥?里面的村干部会及时发布政策信息,回答村民提出的困惑,过年也会发几个红包。"③湖北省 G 县 D 村村民 X 说:"我们都加入了村民小组的微信群,每个小组有一个群,群主就是村民小组的组长,一些政策还有重要的信息也都是组长发的。"④安徽省 D 县 Y 村已退居二线的村干部 H 讲:"我们有宣传群,大部分老百姓都有加,宣传一

---

① 中共中央宣传部办公厅、中央档案馆编研部编:《中国共产党宣传工作文献选编(1937—1949)》,学习出版社 1996 年版,第 739 页。
②③ 资料来自对浙江省 R 市 J 村的调查。
④ 资料来自对湖北省 G 县 D 村的调查。

些疫情防控、政治上的东西,都是他们年轻人(年轻村干部)搞,搞起来了。"①从调查获取的资料可知:微信这类社交媒体在涉农政策信息自上而下的传递中是有效的;在微信群中村干部与村民存在关于涉农政策信息的互动,这有助于村民准确掌握政策信息;村干部是微信群中涉农政策信息的主要发布者,从这个角度看,社交媒体的政策信息沟通属于乡村干部群体主导的沟通。

从乡村干部群体的信息来源看,他们更依赖既有的组织传播渠道,较少直接从互联网媒介获取涉农政策信息。浙江省 R 市 J 村村支书提到自己的媒介接触情况:"我平时不怎么看电视,刷手机为主。就刷刷抖音和西瓜视频,会看一些直播啊,比方说带货、拳击比赛、唱歌,也会了解一些国家政策、动向,比方说刷到共青团中央我也是会看下去的。微信公众号关注了'R 市发布'和'青春浙江',但内容都不怎么看。R 市(县级市)融媒体中心说是去年(2021 年)建好了,但也一直没下一步动向,上面没通知,我们也不知道做什么。"②湖北省 G 县 D 村村干部 Y 讲的情况与浙江省 R 市 J 村村支书类似:"我很少看电视,一般都是在手机上看会儿新闻,手机上面什么都有,我想看什么就看什么,不择时间也不择地点,因为手机上方便嘛,也就逐渐不怎么看电视了。我关注的微信公众号比较少,因为有什么事情的话,上面都会让我们直接去开会,这种信息来源都是非常准确的,公众号上面的信息有的还不一定有我们的快。这种(县级融媒体中心)不是很了解。快手、抖音我都不爱看,我看的都是今日头条上面的一些国际新闻,再就是像 J 市和 G 县的一些新闻账号,反正除了国际的就是本地的,我只关

---

① 资料来自对安徽省 D 县 Y 村的调查。
② 资料来自对浙江省 R 市 J 村的调查。

注这两块的内容。比如说我们G县的招商引资,如果有哪个大型企业要引进到我们这里来,那肯定会带动一批人就业啊!政策上的信息,我们都是通过开会来了解的,村里开会开得很频繁,我们知道的多,了解的也多,掌握的都是一手信息。上面的政策通知到我们,我们再通过微信群通知到村民,一般都是这样。"①

浙江省J村村支书接触和使用短视频社交媒体较多,湖北省D村村干部Y接触和使用新闻资讯平台较多,他们都较少接触电视、微信公众号和县级融媒体等,而电视、微信公众号和县级融媒体正是传播涉农政策信息的重要媒介,短视频并不适宜传播涉农政策信息②。同时,村干部中存在接受政策信息的路径依赖,缺乏主动搜寻涉农政策信息的意识和动力。为使涉农政策信息在农村地区的传播更加广泛和深入,在村干部中适当开展媒介素养培训是必要的。此外,县级融媒体中心也需要在村干部中主动加强推广,疏通涉农政策信息流向乡村民众的渠道。乡村干部是涉农政策信息在农村地区广泛传播的重要节点,县级融媒体中心与这些节点建立牢固的关系纽带,就能经由这些节点及微信等社交媒体在农村地区扩散涉农政策信息,增强自身影响力。

从本研究调查的情况来看,部分农村地区的一些村民具有主动搜寻政策信息的意识。湖北省G县D村村民C说:"村里没有办微信公众号,我主要看的就是'G县在线',这个是县里办的。平

---

① 资料来自对湖北省G县D村的调查。
② 本研究对湖北省G县D村的调查在一定程度上证明短视频不适宜传播涉农政策信息。该村村民X说:"有时候群里会有人转发一些抖音或者微信上的小视频,跟上面的政策有关,他们觉得视频里的政策和我们村里的不一样,就会发在群里讨论。但是,像这种小视频很多都不是官方的,因而经常就会产生一些误会。之前我们村有人说我们这边的田卖30万一亩,结果咧?没有这回事嘛!县里也没有制定这个政策。这个说法不知道是从哪里来的。"

常主要就是了解一些本地的信息,比如天气信息、G县的发展情况、招工信息。村里有些人要找事情做,我们看到了这些招工信息,也会跟他们说。"①

村民X说:"我是知道县融媒体中心的,村里知道的人可能不是很多,像'G县在线'就是县融媒体中心的嘛。除了微信公众号,其他的一些媒体就没有关注了。我关注的微信公众号有'D镇人民政府''G县在线''G县之声',我一般就关注下我们当地的一些动态,现在县里到处都在搞建设,有时候就会看一下,了解一下情况。"②

以上所列具有信息接触主动性的村民仅限于部分地区的部分人群,在他们之外,还有两种类型的村民。第一类是在村干部的推荐和要求下关注了某些公众号而接受信息的群体,如贵州省X县X村村民M。他说:"公众号的话,有群里(村微信群)要求关注的一些,比如'黔微普法'就是讲一些政法方面的东西,还有些公众号讲的是健康和卫生方面的常识,虽然村委会没有强制要求关注他们推荐的公众号,但我还是基本都关注了,毕竟讲的多少是些有用的东西。"③第二类是关注了某些微信公众号但基本不看的和没有关注过的群体。浙江省R市J村村民E说:"平时都刷手机,看看抖音。也是刷到什么看什么。关注了'R市发布''W市新闻''W市都市报'等公众号,但平时都不看这些。"④在谈到微信公众号时,贵州省X县X村村民H说:"这个我不太懂哦,公众号倒是听说过,但是自个也不清楚具体是咋个样子。"⑤这两类村民比较依赖村干部在微信群发布的政策信息

---

①② 资料来自对湖北省G县D村的调查。
③⑤ 资料来自对贵州省X县X村的调查。
④ 资料来自对浙江省R市J村的调查。

及他们对这些信息的解释，缺乏主动搜寻涉农政策信息的意识和动力。

当前互联网媒介在涉农政策信息流通中扮演了关键角色。在涉农政策信息获取方面，乡村民众很大程度上依赖乡村干部及其主导的微信群等社交媒体。乡村干部从上级获取涉农政策信息后，通过微信等社交媒体分享给乡村民众。在这一过程中，乡村干部仍是涉农政策信息流通的控制者，信息在乡村干部与乡村民众之间的不对称分布没有完全得到改变。同时，获知多少涉农政策信息也与乡村民众主动搜寻信息的意愿有关，只要乡村民众有足够的信息搜寻意愿和一定的媒介素养，就可以掌握同乡村干部差不多，甚至更多数量的涉农政策信息。从这个角度看，改变涉农政策信息不对称状况的制度和渠道屏障已经被打破，而这正是信息技术革命带来的成果。

二、互联网媒介与村庄信息的流通

除涉农政策信息外，村庄信息也是乡村有效治理的重要基础。在农村基层组织、乡村民众和地方政府三个乡村治理主体中，相对于乡村民众和地方政府，农村基层组织掌握的村庄信息更为充分、全面。为使乡村民众掌握更多关于村庄的信息，国家在农村基层不仅大力推行"三务"（党务、村务、财务）公开制度，而且积极推广经由互联网媒介的村庄信息公开方式。2019年6月中共中央办公厅、国务院办公厅印发的《关于加强和改进乡村治理的指导意见》提出全面实施村级事务阳光工程的工作要求：完善党务、村务、财务"三务"公开制度，实现公开经常化、制度化和规范化。梳理村级事务公开清单，及时公开组织建设、公共服务、脱贫攻坚、工程项目等重大事项。健全村务档案管理制度。推广村级事务"阳光公开"监管平台,支持建立"村民微信群""乡村公众号"等,推进村级事务即时公开,加强群众对村级权力有效监督。从全国范围看,2020年应用信息技术实现行政村党务、村务、财务"三务"综合公开水平达到72.1%,较2019年提升6.8个百分点。其中,党务公开水平为73.1%,村务公开水平为72.8%,财务公开水平为70.5%[①]。

  作为农村基层的一项基本制度,村务公开先以宣传栏展示的方式在村庄得到落实。浙江省R市J村村支书谈到"三务"公开时说:"村务公开的,就门前那个宣传栏公开,我们开了什么会、讲了什么,还有项目、账目和'低保低边'那些都在那个宣传栏。"[②]湖北省G县D村村民X说:"大队部(村委驻所)有公示栏,每年村里有一些跟粮补、低保相关的政策,还有一些党建方面的内容,都会公开,但专门过去看的人不多,因为有的家里离得远。有时候有些村民看到了会拍个照发到微信群里,但是拍得也不是很清楚。"[③]贵州省X县X村村民M在谈及村务公开时说:"村务公开倒是落实到位的,公开的东西都很详细。"[④]可见,"三务"公开制度在全国农村地区以宣传栏形式施行得较好,但合村并组之后,行政村的范围变大许多,乡村民众对宣传栏公开的"三务"信息的接收有限。

  微信群等社交媒体是农村基层组织实行村务公开可方便使用的互联网媒介。湖北省G县D村村民C在接受访谈时说:"大队

---

 ① 农业农村部市场与信息化司、农业农村部信息中心:《2021全国县域农业农村信息化发展水平评价报告》(2021年12月),http://www.agri.cn/V20/ztzl_1/sznync/ltbg/202112/P020211220311961420836.pdf,最后浏览日期:2022年2月5日。
 ② 资料来自对浙江省R市J村的调查。
 ③ 资料来自对湖北省G县D村的调查。
 ④ 资料来自对贵州省X县X村的调查。

部(村委住所)是有橱窗的,村里一些通知什么的应该都会贴在里面,但是我自己没怎么去看过,如果有什么事情,微信群里一般也会通知,也不用来回跑。"① 可见,微信群等社交媒体既是村干部向村民传播政策信息的重要媒介,又是其执行"三务"公开的重要渠道。不过,经由微信群等社交媒体实施的信息公开,在制度化程度上并不高,村干部的主观意愿在当中起着很大作用。

与微信群相比,同属社交媒体的微信公众号在"三务"公开领域拥有更高的制度化潜能。在本研究调查的行政村中,使用微信公众号进行"三务"公开的村较少。湖北省 G 县 D 村村民 X 谈到对利用微信公众号实行"三务"公开的看法:"我觉得微信公众号这种方式还是蛮好的,如果我们 D 村建了自己村的一个微信公众号,所有人都关注这个公众号,那么村里平常有什么重要信息,还有政策信息什么的,就可以及时地通过这个公众号发布出来,我们本村的村民肯定是非常关注我们本村的大小事务的。像公众号这种媒体,其实对村里的基层组织还是有很高要求的。既然作为一个基层组织,你对外发布的信息啊、语言啊什么的,还有政策严不严谨,这种要求都还是挺高的。"②

这番话反映出村民对微信公众号这种公开方式的认可,也道出了农村基层组织在信息把握方面的顾虑。此外,农村基层组织和乡村干部群体的意愿也是一个问题。"三务"公开是国家在农村基层施行的一项制度,其目的是监督农村基层组织和乡村干部,推动其规范履行职责,因此,单靠农村基层组织和乡村干部群体的自觉性来推广微信公众号这种公开方式存在较大困难,还有赖于政府的推动。近年来,一些地方政府积极采用微信公众号实行"三

---

①② 资料来自对湖北省 G 县 D 村的调查。

务"公开。例如,江苏省苏州市的"E阳光"行动以太仓市半泾村微信公众号为参照,以民主管理为原则,构建村务公开媒介体系。该市许多地方结合工作实际创新模式和拓展功能,张家港市、吴江区、姑苏区、高新区以区(市)为单位建立"E阳光"微信公众号。其中,高新区在原区纪委微信平台的基础上拓展"E阳光"行动功能模块,增添监督、举报等互动功能,把"E阳光"和党风廉政建设紧密结合在一起;昆山市、吴中区、相城区以乡镇为单位建立"E阳光"微信公众号;太仓市将"E阳光"微信公众号升级为"阳关村务监督移动平台"。苏州市有关方面为督促各地加强平台推广力度,建立健全日常更新机制,确保信息及时更新、实时推送、准确无误,提高乡村民众的满意度,还全面加强考核,将相关工作纳入各地村级勤廉指数测评体系和农业农村重点工作考核体系①。又如,内蒙古自治区赤峰市苏木(相当于乡镇)、嘎查(相当于村)全部建立微信公众号实行"三务"公开,公开的内容包括党员发展、低保、贫困残疾人补贴、退耕还林补贴、医疗救助发放、高龄津贴等情况。经由微信公众号实行公开的好处有二:对村民来说,"在家就能看到嘎查各类补贴信息、发展党员情况、重要事项等,省时又省力","在外打工的村民闲时扒拉一下手机,就能及时了解到村里的大事小事";对基层干部来说,微信公众号上有不同模块,简单易学,他们只需要把内容上载就可以,减少了工作量②。可见,政府不仅能以较低成本推广微信公众号这种信息公开方式,还有条件将其制度化。

---

① 江苏省苏州市委农村工作办公室:《"阳光行动"全覆盖 村务公开"零距离"》,《江苏农村经济》2018年第2期。

② 魏婧宇:《赤峰:信息公开从"上墙"到"上网"》,《新华每日电讯》2021年8月31日第5版。

随着互联网在农村地区的普及,"三务"公开正在从"上墙"向"上网"转变,加速这一转变还需提高乡村干部群体的媒介和政策素养,并将网络公开方式制度化。不过,即使"三务"公开通过互联网得到很好实现,也并不意味着村庄信息在村干部、乡村民众和基层政府之间得以平衡分布。首先,列入公开清单的"三务"信息只是村庄信息的一部分,还有许多未被列入清单的村庄信息并不被乡村民众获悉。此外,乡村民众在一定程度上也缺少知悉的意愿。贵州省X县X村村民H在接受访谈时说:"村务公开的内容多,但愿意仔细看的住户不多,大家都只看和自己相关的通知或者政策内容。"① 其次,有些"三务"信息涉及村民隐私和商业秘密,不适合经由互联网公开,这也限制了信息在乡村民众中流通的范围。再次,"三务"公开是面向乡村民众的,对基层政府来说意义不大,基层政府并不能通过"三务"公开增获多少关于村庄的信息。

综上,互联网在乡村社会的普及改变了乡村社会的信息沟通方式,给乡村社会的有效治理奠定了较好的信息基础。但是,基于互联网的信息沟通并没有完全改变乡村治理中的信息不对称状况。无论是涉农政策信息的获取还是村庄信息的获得,乡村民众都仍旧比较依赖乡村干部。就涉农政策信息而言,乡村民众尽管存在绕开乡村干部获取涉农政策信息的条件,但获取信息的意愿和媒介素养一定程度上限制了他们的行动;就村庄信息而言,乡村民众对这类信息的获取主要依靠乡村干部凭借互联网对"三务"公开制度的实行,而"三务"公开并不等于所有村庄信息。同时,经由互联网的"三务公开"对基层政府掌握村庄信息也助益不多。信息在各治理主体之间的均衡分布还有待大数据、云计算和人工

---

① 资料来自对贵州省X县X村的调查。

智能等在乡村治理中的运用。

针对某些疑虑,"三务"公开制度的实行,关键就是对乡村干部建立全过程监督的民主制度,并且需上下联动,才能行之有效。否则,时间一长,互联网对乡村治理的推动会有流于形式之弊。下面一节将回答这种疑虑。

第四节 乡村智治中的信息沟通

随着技术变革及其应用推广的加速,网络与大数据、云计算、人工智能等技术结合形成了新的乡村治理方式——乡村智治。在乡村治理的视野中,智治并不是以智能机器取代作为治理主体的政府、农村基层组织、乡村民众及其他社会组织和群体,而是运用新的数字和信息技术将他们更加紧密、有效地联结起来。智治的核心是运用数字和信息技术对数据进行处理,并将处理的成果应用到各方主体的治理活动中去。从这个角度看,智治必然伴随着信息的流通,这为进一步打破乡村治理中的信息不对称状况提供了新的契机。在这种意义上,乡村智治属于更高层次的乡村治理方式。

在乡村智治领域,浙江省走在全国前列,其进展在全国范围内具有启发和示范意义。在浙江,乡村智治又属于数字化改革的一部分。

一、数字化改革与乡村智治

浙江省的数字化改革有较好的前期部门、地方和基层探索经验积累,但作为省级战略,它注重顶层设计,浙江省委和省政府是改革的主要推动者。2021年2月18日,浙江省委召开全省数字化改革大会,启动全面数字化改革。会议对数字化改革的定义内涵、目标任务、方法路径、推进机制等作出全面阐述,全面部署数字化改革工作。2021年3月1日出台的《浙江省数字化改革总体方案》推出"152"体系架构,将全省数字化改革大会的精神落实到实践操作层面。"152"体系构架指:公共数据平台一体化智能化,党政机关整体智治、数字政府、数字经济、数字社会、数字法治五大系统,理论、制度两大体系。在这一体系架构中,一体化智能化公共数据平台是基座。在浙江,省市县三级党政机关工作人员打开App"浙政钉"就可使用一体化数字资源系统(Integrated Resources System,简称IRS),查询、申请全省各地各部门共享的数据、应用。IRS驱动省市县三级一体共建的一体化智能化公共数据平台,在IRS简洁的系统界面之下藏有浩瀚的数据之海。IRS厘清浙江省各地各部门过去的信息化成果,统筹整合全省政务数字应用、公共数据和智能组件等海量的数字资源,并将一个个"信息孤岛"逐步连成"数字大陆"。在"152"体系架构中,五大系统是支柱。以党政机关整体智治系统中的"七张问题清单"应用为例,它针对巡视、审计、督查、生态环保等七方面问题,以问题发现、生成、整改、评估、预防全周期,全流程精密智控、全要素综合分析、全方位党建统领,实现党建工作可视化、可量化、可评价。在"152"体系架构中,理论、制度两大体系是保障。例如,出台有五大系统定义集、公共数据分类分级指南、群众和企业全生命周期"一件事"工作指南等①。以上介绍的只是浙江省数字化改革的基础部分——体系架构,它具有很强的发展性,具体来说,主要有三个重要方面。

第一,这一体系架构具有向县级以下的农村基层延展的性能。

---

① 施力维等:《数字化改革的浙江跃迁》,《浙江日报》2021年12月29日第7版。

在"152"体系架构中,一体化智能化公共数据平台由省市县三级一体共建,县级以下则不在这一体系架构中,这就给县级以下在遵循统一制度的前提下因地制宜地推进数字化改革工作留下了空间。浙江省杭州市萧山区河上镇在建设县级以下数字体系架构方面做出了具有启发性的尝试。河上镇数字体系架构的基础是萧山区一体化智能化的公共数据平台和区镇村三级一体化驾驶舱。河上镇数字体系架构主要包括两端,即治理端和服务端。治理端,即河上镇探索建设的数字乡村指挥中心,这个中心把萧山区统一建设的镇级驾驶舱囊括在内,注重数据归集与互通。数字乡村指挥中心外围建有物联网设备平台、视频智能算法平台和数据资源平台,下辖安全乡村、美丽乡村、发展乡村、幸福乡村、政务乡村五大模块。服务端,即"善治河上"App——面向社会的前端网上服务治理平台。在该App中,村民既能掌握村级事务,也可以发起活动。"善治河上"App向上接入数字乡村指挥中心,实现数据流通,向下作为模块切入数字乡村治理体系,提升了应用场景的互动性和便民性①。

第二,这一体系架构具有在各领域延伸的性能,其触角可以延伸至包括乡村治理在内的许多领域。宁波市余姚市谢家路村在不断探索中建起"村庄大脑"。"村庄大脑"由综合智慧室、大数据库和智治闭环流程组成。其中,综合智慧室是整个村庄的智慧枢纽,链接着党建智慧平台、"e宁波"管理平台、出租房智能化管理平台、网格管理平台、平安村居、即时呼叫系统等多个市级平台、子平台及智能设备,与村庄相关的数据可以流转到这里进行处理。与

---

① 张留等:《萧山河上:强化两端协同 破除信息孤岛》,《信息化建设》2021年第5期。

综合智慧室同步搭建的还有大数据库。为充实该库,谢家路村开展过一次全方位调查,排摸全村的房屋、人员、企业、道路、河道等基本信息,并把这些信息和来自政府各部门的数据全部导入综合智慧室的数据池①。

第三,这一体系架构具有持续更新的性能,这为乡村智治的可持续发展创造了条件。2021年12月召开的浙江省全年最后一次数字化改革推进会提出,下一年的一项工作重点是数字体系架构迭代升级,这会更多惠及基层治理②。除省市县三级数字体系架构之外,县级以下的数字体系架构也能实现迭代升级。浙江省萧山区河上镇的体系架构就能在运行中继续发掘和完善应用场景,不断自我迭代③。

由于只有打破部门、系统、区域、层级、行业、业务等众多因素的阻隔,数据才能汇集,才能产生更大的效益,因此,数字化改革和智治需要整体推进,这也是"整体智治"这一理念产生的重要原因。在浙江,数字化改革和智治是自上而下推进的,一直延伸到农村基层,这符合整体性的逻辑。乡村智治除需要技术支撑外,还需要较高的经济社会发展程度作为条件,就当前的情况来看,全国许多区域的农村尚未达到这一条件。不过,先建立和完善上层数字体系架构,以待来日条件成熟再向农村基层延展也不失为一个较好的选择。浙江乡村经济社会发展程度较高,乡村智治处于起步试点阶段,尽管仍有一段路程要走,但其展现出的前景令人期待。

---

① 胡珊:《谢家路村打造"智慧板凳" 开启乡村智治新时代》,《宁波通讯》2021年第15期。
② 施力维等:《数字化改革的浙江跃迁》,《浙江日报》2021年12月29日第7版。
③ 张留等:《萧山河上:强化两端协同 破除信息孤岛》,《信息化建设》2021年第5期。

二、乡村智治与信息流通

如前文所述,当前乡村治理中的信息不对称状况主要表现为涉农政策信息和村庄信息在主要乡村治理主体之间分布不平衡。乡村智治对解决村庄信息分布不平衡问题尤为有利。

第一,乡村智治系统大量搜集、汇集、存储、处理数据,推动村庄信息的上下流动。数据是乡村智治体系中的核心要素,充分挖掘、利用包括村庄信息在内的各种数据是保证乡村智治有效的重要前提,而村庄信息也在被充分挖掘、利用的过程中流通起来。以村庄信息中的村民信息为例,浙江省建德市打造的"乡村钉"以户为最小单元沉淀农村基层数据,村民的信息、需求都以数据的形式实时存储,建立起精准的"村民手册"。建德市"乡村钉"平台上线两周,就有16个乡镇(街道)、236个村(社区)、10.24万户、29.55万人入驻,8.19万人激活,日活量2.08万人,基本做到村民信息全上"钉"。同时,"钉钉"具有开放性和可拓展性,支持链接和打通其他业务应用系统,这能推动涉农信息资源整合①。当然,除乡村智治系统沉淀村民留在平台上的数据之外,乡村智治系统也需要农村基层的数据导入。村庄治理端与上级政府的治理端相连,与乡村民众手中的服务端相连,上级政府和乡村民众因而可以掌握更多关于村庄的信息。

第二,乡村智治系统为"三务"公开创设统一的网上平台,使公开更规范、透明。浙江省建德市莲花镇戴家村改革财务公开方式,探索推行"钉上集体审账"制度,村级财务由集体逐人逐项逐

---

① 张文雅等:《建德以"乡村钉"推进数字乡村治理的实践与思考》,《浙江农业科学》2021年第8期。

笔在"乡村钉"平台进行审账,提高村级财务管理透明度,让村民对村级开支知根知底,有效打消村民疑虑①。浙江省义乌市大陈镇依托"浙政钉"系统,在红旗村试点运行"集网上办事、网上监督、网上公开"等功能于一体的"智慧钉办"平台。平台设置"三务"公开板块,村级权力运行情况以党务、村务、财务、清廉村居四条路径在线上公示,村民可随时点阅监督②。

第三,数字化改革自上而下打造的智治系统拥有大数据比对功能,这在一定程度上可以保证村务公开的数据及其他村庄信息的准确性。纪检监察机关可"启用'三务'公开再监督系统,运用大数据手段,通过数据对比分析,对'三务'公开、民生资金等重点领域进行精准监督,及时发现不公开、假公开的情况";通过数据对比分析机制,还可以"实时发现'三务'公开异常数据,实现在线预警、反馈、督促整改等功能"③。

由此可知,乡村智治体系建设为村庄信息流通奠定了较好的基础,既创新了"三务"公开的渠道,保障了村民的知情权、监督权和参与权,又为上级政府全面、准确掌握村庄信息创造了条件,这对于上级政府就农村基层治理作出科学决策、监督村级权力运行状况都是很有利的。乡村智治体系建设仍处于部分地区先行先试阶段,尚不成熟,遇到的一些问题在下一阶段需要破解。一是农村基层的智治体系架构与上层数字体系架构相容性问题。如果下层体系架构与上层体系架构不能相容,村庄信息就不能顺畅流动,数

---

① 张文雅等:《建德以"乡村钉"推进数字乡村治理的实践与思考》,《浙江农业科学》2021年第8期。

② 义乌市大陈镇政府:《义乌市大陈镇:"智慧钉办"乡村治理新模式》,《政策瞭望》2021年第3期。

③ 魏婧宇:《赤峰:信息公开从"上墙"到"上网"》,《新华每日电讯》2021年8月31日第5版。

据也不能较好地被挖掘、处理和利用。二是各条线的智治系统相容、整合的问题。政府部门已根据自己的职能开发了一些智治系统,各条线的智治系统若不能相容、整合,就会出现所谓的"数据烟囱"问题①。在这种情况下,村庄数据同样不能顺畅流动,也不能产生较大的治理效益。同时,各条线智治系统不实现整合,还会增加农村基层的负担,让基层陷入持续填报各类表格的事务中。三是村庄信息流通过程中的村民隐私权保护问题。"三务"公开包含许多村民个人信息,这些信息以传统宣传栏展示的方式在村庄范围内公示尚不会对村民的隐私保护构成较大威胁,而一旦这些信息进入以互联网为基础的智治平台,就存在被滥用和泄露的风险。除"三务"公开涉及村民个人信息之外,智治系统搜罗的村庄信息中也包含大量村民个人信息,这增加了数据滥用和泄露产生问题的严重性。在这种情况下,以国家相关法律规范为基础,建设适合智治系统运行的隐私保护制度显得尤为重要。

除推动村庄信息流通之外,乡村智治系统还具有较强的传播涉农政策信息的能力。浙江省建德市的"乡村钉"设置有"信息宣传"应用场景。"乡村钉"以公告模式发布信息,村民在手机端查收,有疑问的村民直接在公开信息下留言;利用"钉一下"功能点对点精准推送信息,设定户已读率、个人已读率规则,村干部通过已读和未读功能掌握村民信息接收状况②。乡村智治系统传播涉农政策信息有两个方面的优势:第一,乡村智治系统关涉村民个人需要办理的各种事务,是许多村民有必要接触和使用的平台,这就为其在传播涉农政策信息方面发挥作用创造了契机;第二,乡村

---

① 周俊:《以整体智治消除基层"数据烟囱"》,《国家治理》2020年第30期。
② 张文雅等:《建德以"乡村钉"推进数字乡村治理的实践与思考》,《浙江农业科学》2021年第8期。

智治系统上下贯通,为上级政府直接宣传涉农政策或监督下级政府和农村基层组织宣传涉农政策提供了条件。

综上,部分省将数字化改革作为全面深化改革的重要抓手,依靠数字技术和新信息技术探索推进包括乡村智治在内的整体智治,从而给村庄信息和涉农政策信息的流通提供了新的平台、渠道、机制和制度保障。乡村智治包含对村庄数据的挖掘、整合和利用,这意味着村庄信息在智治系统的流动。信息在智治系统中的顺畅流动有助于打破乡村治理中的信息不对称状态,特别是采用大数据对比方法,上级政府可以发现错误数据并予以纠正,发现信息空白并要求进行填补,这对上级政府作出科学决策和监督村级权力运行都有较大助益。此外,乡村民众也在乡村智治实践中接触到一个更加稳定的信息平台。尽管当前乡村智治处于起步阶段,存在诸多问题,但其展现出的新信息沟通方式和信息效益前景,反映了社会发展的趋势。

第五节　媒介、信息沟通与乡村有效治理

从电视在乡村的普及到互联网大规模延伸到农村基层,再到以大数据、云计算和人工智能技术为支撑的乡村智治开始试点探索,仅用了二十多年的时间。在这段时期里,随着媒介形态和格局的变革,乡村治理中的信息沟通也发生了改变。在乡村治理实践中,电视的媒介性质决定了它适合传播中央涉农政策信息,在传播地方政府涉农政策信息方面则没有显示出较强能力。电视并不适合传播村庄信息,也不属于互动型媒介。互联网大规模延伸到农

村基层在一定程度上突破了电视的局限。互联网的网络化结构和浸润力使各层级的涉农政策信息都能通过它向农村基层渗透,同时,互联网还具有一定的村庄信息传播能力和较强的互动性,这些都提升了乡村治理中的信息沟通水平。互联网与大数据、云计算、人工智能的结合在社会治理领域创生了一种新的治理方式——智治,这种治理方式在农村基层的运用就是乡村智治。乡村智治系统使乡村治理中的信息沟通水平再次得到提升,无论是涉农政策信息的传播还是村庄信息的流通,都因智治系统而得到优化。当前乡村智治处于试点探索阶段,其前景在实践中得到了初步展露。媒介形态和格局的变革所带来的信息沟通方式的变化,为信息在乡村治理主体之间较为均衡地分布创造了条件。当然,不能片面夸大技术的力量,乡村治理中信息平衡的实现也有赖治理制度体系的完善。以"三务"公开为例,正是由于从中央到农村基层都建立了严格的规章制度,"三务"信息才能较好地为乡村民众所获取,技术在当中所起的作用属于支撑和催化剂。在未来一段时间内,几种媒介及其相应的信息沟通方式还将共存,目前它们之间属于叠加关系。因此,当下探讨媒介、信息沟通与乡村有效治理的关系,仍需基于这种现实。从媒介、信息沟通与乡村有效治理的关系来看,媒介及信息沟通变革在自治、法治和德治领域造成的效应存在差异,这是当下乡村治理研究和实践需要评估的。

第一,媒介及信息沟通变革对提升乡村自治水平产生了较好的效果。在农村基层自治中,民主选举、民主决策、民主管理、民主监督都离不开信息资源,乡村民众只有较为充分地掌握政策和村庄信息,才能在民主选举中高质量地行使自己的民主权利,才能在民主决策、民主管理和民主监督中充分发挥作用,从而提高村庄自治水平。媒介及信息沟通方式变革推动与乡村治理有关的信息在各治理主体之间的分布趋向平衡,在此过程中,乡村民众的信息获取情况得到改善,这有助于推动乡村自治走向成熟。此外,媒介及信息沟通方式变革改善了干群关系。微信等基于互联网的社交媒体在乡村的普及增进了已出现疏离趋向的干群交往,加强了干群之间的信息沟通,增进了彼此之间的信任,为提高乡村自治水平创造了有利条件。

第二,媒介及信息沟通变革削弱了电视在提高乡村民众的法治意识和法律知识水平上的作用,同时,互联网新媒介在该领域又未能弥补上这一损失。蒋旭峰等在2009—2010年对J市部分村庄的调查中,就注意到电视对乡村民众法治意识和法律知识水平的促进作用。在对J市D镇Q村的调查中,有村民说:"平常就看看电视,关心一下国家大事看看新闻,再就是弄点电视连续剧看看嘛,法制节目也可以。"另有村民讲:"我很爱看法律节目,《今日说法》《法治在线》《石头会说话》。看这些节目能明白事理,知道什么事情该做、什么事情不该做,看了有好处。我们看了好玩的事,和邻里百家的也会聊聊。这些节目常说农村里的事,关于农村的我当然爱看了。"在对J市W镇Y村的调查中,有村民说:"喜欢看法制节目,这是我们一家子的乐趣吧。看人家那么麻烦的事情都处理掉了,自己心里也舒服点,虽然我的问题没解决,总归人家处理掉了,我看了心里开心!就是自得其乐吧,求个心理安慰!"在对J市W镇H村的调查中,有村干部说:"村民这种法律意识的提高应该说还是通过他们自己看得多,现在电视啊什么的,外面的世界多大他们都知道,看新闻他们都能懂。"①本研究的调查也印证了

---

① 蒋旭峰、崔效辉:《乡村传播生态及其对乡村治理的影响——以J市的田野调查为例》,《中国地质大学学报(社会科学版)》2013年第4期。

电视全盛时期法治节目在乡村具有较强的影响力。安徽省 D 县 Y 村村民 Z 说:"现在家里没有电视,以前我妈经常会看那些法律节目,我一般也会看,要不就电视剧,要不就综艺。"①湖北省 G 县 D 村村民 C 讲:"以前看电视的时候,有时候也喜欢看一些中央台的法治节目,觉得看这些节目能懂一些道理,看到坏人得到了惩罚,心里也会好受一点。"②村民 X 也说:"以前挺喜欢看《今日说法》之类的节目,因为很真实,节目讲的都是一些真实的事件,看得还蛮有意思的,再一个就是学到很多东西,反正犯罪最终都是要受到法律的惩罚的,我们老百姓要做一个守法的公民。"③

随着互联网在乡村的普及,电视在乡村传播格局中日益边缘化,社交媒体越来越多地占有乡村民众的媒介接触和使用时间,而社交媒体提高乡村民众法治意识和法律知识水平的能力不如电视。湖北省 G 县 D 村村民 C 说:"现在一般看抖音看得多,抖音里如果看到一些这样的内容(法治类),我也会关注,然后看事情的发展。但是我一般很少自己去搜,都是刷到了,觉得感兴趣就关注,反正有什么事都可以在这上面找。"④村民 X 也讲:"这几年看电视看得少了,也就不怎么专门看这个节目(《今日说法》)了,一般都是通过抖音。抖音里面什么信息都有,比如我今天看法治信息比较多,它就会推送很多嘛。但有时候看一些其他内容,这些法治类的信息就看得比较少了。我一般也不会主动去搜法治信息,除非身边有什么人发生了什么事,可能才会去搜一下。"⑤

在电视的全盛时期,电视和乡村民众共同建构了"媒介时间"。"媒介时间"指电视台以包括乡村民众在内的观众群体的作

---

① 资料来自对安徽省 D 县 Y 村的调查。
②③④⑤ 资料来自对湖北省 G 县 D 村的调查。

息来编排节目,同时,乡村民众也会尽量按照电视节目的播出时间来调整自己的作息,这是电视台与乡村民众之间的"协商"。对乡村民众来说,"媒介时间"就是收看节目的时间习惯。正是以乡村民众的这一习惯为基础,电视法治节目持续向乡村民众供给法律知识,涵养其法治意识。与电视不同,社交媒体虽有推送和搜索功能,但这两种功能都是建立在使用者兴趣点的基础上,而在社交媒体海量的内容中,使用者的兴趣点除少数特别坚固的之外,很容易转移。此外,与电视法制节目不同,短视频社交媒体不适合讲述较长的法治故事,短视频平台的用户一般也缺乏长时间停留在某个视频上的耐心。由此看来,社交媒体在乡村法治建设领域的效力不如电视,这是当下推进乡村治理工作需要注意的。

第三,媒介及信息沟通变革对推进乡村德治建设具有积极意义。互联网和乡村智治系统使乡村民众更多、更全面、更准确地掌握涉农政策信息和村庄信息,这使村级权力得以在阳光下运行,有助于根治乡村干部的权力滥用和腐败行为,遵纪守法的乡村干部才可以成为以德治村的重要主体。此外,互联网和社交媒体上存有大量正能量的道德故事,这是涵养乡村民众道德品性的重要资源。

第五章
媒介视角下的乡村有效治理

本书前四章分别论述了媒介及其变革为乡村有效治理提供的政治基础、社会基础、文化基础和信息基础。其中,政治基础和社会基础部分讲的是媒介对乡村治理主体及其关系的塑造,文化基础和信息基础部分讲的是媒介对乡村治理的文化和信息资源供给。这四大基础都指向乡村的有效治理或善治,即自治、法治和德治的实现。尽管第一章至第四章都不同程度地涉及媒介与自治、法治和德治的关系,但缺乏全面深入系统的论述,因此,本章将专门论述媒介与"三治"的关系。从国家乡村治理的方略来看,自治、法治和德治是一体推进的,国家追求的是党组织领导下的自治、法治和德治融合发展,因此,本章还将论述媒介维度的"三治"融合问题。

第一节 媒介与自治主体间的
关系塑造及沟通

新时期以来,乡村自治逐渐成为政治学、社会学、公共管理学等学科的重要研究对象,但这并不意味着它属于这些学科的专有领地,传播学同样可以在乡村自治研究领域贡献真知灼见。众多学科之所以都能在这一研究领域耕作而不相悖,主要是因为"每一门科学都是沿着特定的入射角进入人类生活当中的"[①]。传播学若要在乡村自治研究领域体现独特价值就需要拥有特定的"入射角"。就本研究而言,媒介对乡村自治主体及其关系的塑造即为这种"入射角"。当然,媒介为乡村自治供给文化和信息资源也很重要,只不过它不是这种特定的"入射角",而是这种角度的附属物。

一、媒介视角下的国家政权与乡村自治

新中国成立后三十年的一项重大政治成果就是国家政权广泛深入农村基层,结束了近代以来农村基层陷入失控状态的局面。国家政权深入农村基层建立起来的农村人民公社制度不仅为工业化所需要的资源汲取提供了基础,而且为乡村社会供给了秩序。工业化所需要的资源汲取任务完成后,农村人民公社制度随之走入历史,但乡村社会秩序的维系仍离不开国家政权的介入。中国正稳步走在中华民族伟大复兴的道路上,同时面临世界之大变局,农业农村稳则国家安,而农业农村的稳定离不开国家政权的全面领导。首先,粮食安全是国家整体安全的重要基石,农村社区基本的经济活动是农业生产,保持国家政权对全国农村基层的统一领导是维护国家粮食安全的重要前提。其次,虽然乡村自治主要依靠的是乡村社会的内部力量,但目前乡村社会的内生秩序能力仍显不足。在这种情况下,国家政权的介入十分必要。在国家政权

---

① [法]雷吉斯·德布雷:《媒介学引论》,刘文玲译,中国传媒大学出版社2014年版,第3—4页。

组织体系中,中央国家政权、县级国家政权和农村基层组织与乡村自治的关系最为重要,也是本研究关注的重点。

第一,媒介变革在一定程度上削弱了中央国家政权经由电视介入乡村自治的力量。在电视时代,中央国家政权经由中央级电视台在乡村民众中获得了广泛的影响力。电视是娱乐性的媒介,播送娱乐性的节目最能发挥其潜能,即使是以严肃著称的新闻信息节目也不得不在一定程度上迎合电视的这种媒介特性。而在由上至下的各级电视台中,中央级电视台拥有较强的将新闻信息类节目娱乐化的能力,因此,与地方电视台相比,中央级电视台在乡村社会拥有更大的观众群体,至少在新闻信息类节目方面是如此。在中央级电视台播送的新闻信息类节目中,国家涉农政策信息占了一定的比重,这有助于中央国家政权直接介入乡村自治。作为乡村自治的重要主体,乡村民众参与乡村自治离不开对国家涉农政策信息全面准确的把握,中央级电视台在这方面的力量在电视的全盛时期得到了较为充分的彰显。然而,随着互联网向农村基层的延伸和基于互联网的社交媒体在乡村社会的日益普及,这一局面发生了变化。从当前的情况来看,乡村民众对电视的接触和使用日渐减少,电视的观众群体主要集中于老年群体。随着时间的推移,电视在乡村社会的影响力日渐下降已成不可挽回的趋势。尽管中央传统主流媒体也创办了大量有实力的互联网媒体,但互联网去中心化的特征使得乡村民众对这类媒介的接触和使用不及全盛时期的电视。因此,可以说,以互联网技术为支撑的传播革命下沉到乡村社会之后,一定程度上削弱了中央国家政权经由媒介介入乡村自治的力量,这是当前在媒介维度上加强中央国家政权对乡村自治的领导需要解决的问题。

第二,国家主导的县级融媒体中心建设为增强县级国家政权介入乡村自治的力量创造了条件,但其力量的充分发挥还有待各方面工作的推进。在国家政权组织体系中,县级国家政权处于乡村治理的桥头堡位置,其地位至关重要。长期以来,县级国家政权缺乏有效的可以依凭的传播媒介,这是国家全面推进县级融媒体中心建设的重要原因。县级融媒体中心在全国许多县份的设立及良好运行,增强了县级国家政权介入乡村治理的能力。当前,县级融媒体中心还有两个方面的工作需要推进。一是扩大县级融媒体中心在乡村干部中的影响力。农村基层组织体系内的乡村干部是乡村治理的重要主体,此外,作为乡村精英和舆论领袖,他们也是在乡村社会扩散信息的重要环节,因此,在他们中推广县级融媒体中心是必要的。县级党委和政府可通过组织的力量在乡村干部中推广县级融媒体中心。二是在乡村民众中推广县级融媒体中心。面对数量庞大、游离性高的乡村民众,依靠组织的力量在他们中推广县级融媒体中心较难取得实效,应提高县级融媒体中心服务乡村民众的能力,以增强平台的黏附力。

第三,媒介变革在一定程度上增强了农村基层组织领导、参与乡村自治的能力。农村基层组织在乡村社会扮演着双重角色,既是国家政权组织体系在农村基层的根系,又是乡村社会的一部分。农村基层党组织是国家政权在乡村社会的代表,农村基层党组织领导下的村民委员会是基层群众性自治组织。由此看来,农村基层组织在国家政权与乡村自治之间起着关键纽带作用。在媒介变革中新出现的社交媒体不仅把在村的村干部和村民连接了起来,而且在网络世界建构了虚拟村庄空间,重新组织了农村基层组织与在外村民之间的交往关系和信息交流。可以说,媒介变革对农村基层组织领导乡村自治颇有助益。在新媒体之外,农村广播网等传统媒体对农村基层组织领导、参与乡村自治来说,也有价值。

农村广播网兴起并盛行于农村集体化时期,改革开放后,全国许多农村地区的广播网停用或消失,近二十年来,国家逐步加大力度向农村基层投入信息和文化建设资源,农村广播网随之在一些地方得以复苏。当下的农村广播网应融入乡村声音景观体系,并有机地成为其中的一部分,如此,农村广播网才能成为农村基层组织领导、参与乡村自治的具有较高性能的中介。

综合而言,从农村基层组织、县级国家政权到中央国家政权,在国家政权介入乡村自治过程中,基于互联网的新媒体所供给的力量呈递减趋势。即使是从新媒体中获得力量较多的农村基层组织也面临网络化传播结构带来的不确定性的挑战。实际上,无论是中央主流媒体创办的新媒体、县级融媒体中心,还是农村基层组织组建的微信群等,它们都是网络上无数节点中的一小部分。网络上各节点之间的关系属于竞争性质,这意味着国家政权组织体系中各个层级掌握的新媒体与其他海量的节点一起被互联网并置到网络世界中,它们处在平等的位置上,同时意味着,在网络中,现实世界存在的层级式权力关系已被改变。在基于新媒体的乡村治理实践中,治理主体都必须遵从"网络运行逻辑",层级式的权力支配在网络语境中是不能持久的,因而也是无效的。在"命令逻辑"无效的网络世界中,国家政权组织体系中各个层级主导下的新媒体要想"增强自己在网络中的地位",就必须"吸收更多的信息并有效地处理这些信息",即必须争取成为"网络中起转换作用的关节点"[1]。然而,在竞争白热化的网络世界中,形成较强的转换能力并非易事,即使形成,能否持久也是不得不持续面临的挑战。

---

[1] [英]约翰·厄里:《全球复杂性》,李冠福译,北京师范大学出版社2009年版,第12页。

由于国家政权经由互联网介入乡村自治的状态不稳定，因此，为增强国家政权介入乡村自治的力量，有必要重视其他传播类型。网络传播具有去中心化、扁平化、非命令逻辑等特征，因此，在网络传播中适当引入或结合组织传播有助于国家政权领导乡村自治。本研究的调研发现，乡村干部对组织传播渠道供给的政策信息存在较高的依赖度，当他们获取政策信息后，他们又通过社交媒体分享给乡村民众。在这个过程中，组织传播与网络传播实现了较好连接，增强了各级党委政府政策信息向农村基层的渗透力。由此可知，在网络传播时代，作为传统传播类型的组织传播仍很重要，它有助于保持传播结构的稳定性。此外，乡村智治也能在一定程度上弥补互联网的不足。以数字技术为支撑的乡村智治，能够更有效地实现国家政权，特别是地方国家政权和基层国家政权与乡村民众的连接。乡村智治对乡村民众具有较强的黏附性、统摄性和组织力，可以为国家政权介入乡村自治提供一个相对稳定的支点。

二、媒介视角下的乡村民众与乡村自治

在当代中国，乡村自治是乡村民众在国家政权的领导下通过一定的组织形式实现的自我管理、自我教育、自我服务。

电视在乡村的普及曾给乡村民众带去较多涉农政策信息，特别是中央政策信息，这在一定程度上有助于改善乡村自治中的信息不对称状态。然而，电视在增进乡村民众的交往和沟通交流上不仅无能为力，甚至起到了一定的消极作用。与农村集体化时期的电影放映、群众文化活动等不同，电视构建的空间具有家庭性，当它在乡村普及开来并吸附大量乡村民众的空闲时间后，乡村民众的公共交往就被削弱了。这不利于乡村民众作为自治主体而发

挥作用,因为自治意味着互动、协商、决策、实践、监督等行动,而这些行动都离不开交往及沟通交流。电视在推动乡村民众公共交往方面的缺失限制了它在乡村自治领域的影响力。

基于移动互联网的微信群等社交媒体在推动乡村民众公共交往方面突破了电视的局限。乡村治理实践中的微信群等社交媒体主要有两种类型:一是农村基层组织及乡村干部主导的社交媒体群;二是乡村民众经由社交媒体群独立实现的连接。乡村民众经由社交媒体群在线创设了虚拟的村庄交往空间,这在村庄人口高度流动化的当下尤其显得可贵。村民微信群建立在基于乡土的血缘和地缘关系基础上,具有一定的牢固性。然而,随着基于乡土的血缘和地缘关系的日渐式微,社交媒体群所维系的在线交往及沟通交流能否持久也是一个需要继续观察的问题。无论如何,当下村民社交媒体群在促成乡村民众公共交往及信息沟通方面正发挥着重要作用,而这正是乡村自治必不可少的。

除社交媒体外,另有一些媒介在维系乡村民众间的交往及沟通交流方面也颇有价值。一是农村红白喜事这类乡土媒介。从横向看,农村红白喜事是乡村社会关系网络的集中展现。从纵向看,农村红白喜事是乡村社会交往关系的再生产,是血缘、地缘关系的持续生成和不断巩固。作为乡土社会的一项重要传统,农村红白喜事延绵已久,大操大办红白喜事的风习固然需要规范,但其维系乡村交往关系的功能也不该被忽视。二是农村群众文化活动。当下的农村群众文化承继了两种传统:远承传统乡村文化活动,近承新中国成立后三十年的农村社会主义文化实践。两种传统都具有较高的价值。从历史的角度看,农村群众文化活动的持续生成建立在围绕它所形成的文化网络基础之上,而这种文化网络实际上就是乡村部分交往关系的结构化。文化网络为农村群众文化活动提供动力和规范,农村群众文化活动反过来巩固文化网络,并持续生成乡村交往关系。三是农村电影放映。农村电影放映盛行于新中国成立后三十年,是农村社会主义集体文化的组成部分,改革开放后曾一度式微,后来在国家农村电影放映工程的推动下,许多农村地区的电影放映又有一定程度的复苏。近年来的农村电影放映是"文化下乡"的一部分。在政府送电影下乡的过程中,应充分依靠和激活农村基层组织,这是农村电影放映的历史经验。在依靠和激活农村基层组织的基础上开展的电影放映可充分发掘其在增进乡村交往方面的潜能。之所以反复提及乡村民众的公共交往,是因为自治能不能有效施行实有赖于乡村民众中是否存在较为紧密的交往关系及顺畅的信息交流。

第二节　媒介与法治的政权支持及观念培育

费孝通对"法治"有通透的阐释:"法治的意思并不是说法律本身能统治,能维持社会秩序,而是说社会上人和人的关系是根据法律来维持的。法律还得靠权力来支持,还得靠人来执行,法治其实是'人依法而治',并非没有人的因素。"[①]结合本研究,可以从费孝通的论述中引申出两个结论:第一,法律的效力依靠的是权力——国家政权的力量;第二,法的执行离不开人,人的法治意识和观念对人如何执行法律有着重要影响。而无论是国家政权力量在乡村社会的显现,还是乡村民众法治观念的培育,都与媒介存在

---

① 费孝通:《乡土中国》,人民出版社2008年版,第58页。

重要关联。

一、媒介视角下的国家政权力量与乡村法治

法治的实现有赖于权力的支持,即必须依靠国家政权的力量。国家政权的力量在法律实施过程中的展现无时不在,只有当社会成员意识到国家政权的这种威慑力量始终存在时,他们才能遵守法律规范,法律也才能发挥维持社会秩序、维持人与人之间正常关系的功能。那么,乡村民众是如何意识到国家政权这种威慑力量始终存在的呢?他们从平常与之打交道的地方政府及公职人员、农村基层组织及乡村干部身上意识到有组织的国家政权力量的存在。地方政府及公职人员、农村基层组织及乡村干部掌握着公共权力和资源,在乡村民众心目中是具有权威性和强制力的公共机构和人物,乡村民众从他们身上感受到国家政权的力量从而自觉遵守法律(属于国家意志的重要表现)是自然而然的事。

在现代社会,乡村民众通过电视等大众媒介对国家政权力量的感受更广泛、更深刻。首先,电视等大众媒介隶属于各级党委和政府,是其举办的主流媒体和宣传舆论阵地,其言论在很大程度上代表各级党委和政府,因此,可以说,电视等大众媒介本身就是国家政权力量的展示。其次,电视等大众媒介的信息传播具有很强的单向性和强制性,这种自上而下的信息单向流动与国家权力自上而下的运用具有同构性,这也说明电视带有较强的国家权力色彩。此外,改革开放后编撰成书的村史村志也有助于强化国家政权在农村基层的力量。首先,村史村志的重点在于记述新中国成立以来的乡村社区史,在乡村民众的集体记忆中凸显了新中国国家政权。其次,大多数村史村志都有关于新中国农村基层政权建制发展史的记述,这使农村基层政权能在乡村民众中获得更多权

威性。总之,在当代中国,广播电视、村史村志等媒介有助于在乡村社会推行法治,因为这类媒介让乡村民众更广泛、更深刻地感受到国家政权力量的现实存在,而国家政权力量正是法律实施的保障。

互联网在乡村社会的普及正在消减乡村民众对国家政权力量的感受。互联网具有去中心化的特征,使得党和政府举办的主流媒体在海量网络节点中无法一直成为中心节点,在一定程度上消减了党和政府举办的主流媒体所代表的国家政权力量。就此而言,基于互联网技术的传播革命并没有给乡村法治的推行带来多少力量。

二、媒介视角下的乡村民众法治观念培育与乡村法治

传统中国乡土社会是"礼治"社会,本是"无法"的[①]。法治对于传统乡土社会来说属于外来之物。法治在乡村社会的实行靠的是国家权力,即国家政权的力量。然而,国家政权力量只是作为一种威慑力和强制力而存在,乡村法治状态的形成还有赖于乡村民众法治观念的逐步成熟。许多社会机制都对乡村民众法治观念的形成产生了重要影响,媒介机制就是其中的重要一种。

中国传统乡土社会向现代社会的快速转型发生在改革开放之后,与这一进程相伴随的正是电视在乡村社会的逐步普及。电视擅长以形象会话讲故事,结合法治宣传来讲,它能把法律知识和观念寓于法治故事当中,相较于枯燥的法律书籍来说无疑具有较强的吸引力。因此,电视法治节目在乡村民众中一度具有较大的影响力。然而,基于移动互联网的社交媒体在乡村社会使用的广泛

---

① 费孝通:《乡土中国》,人民出版社 2008 年版,第 60 页。

化正在改变电视法治节目广受青睐的局面。社交媒体在乡村社会抢占了年轻群体的媒介接触时间,而又不能较好地承担起培育法治观念的任务。社交媒体不擅长讲述较长的故事,它以碎片化的内容将用户带入信息之海而无法自拔。在信息的海洋中,碎片化的法治内容一方面较难抵达用户,另一方面不能较好地讲述一则完整的法治故事,从而也就不能很好地在乡村民众中培育法治观念。

在这种情况下,找到有助于在乡村社会推行法治的其他媒介是必要的,也确实存在这样的媒介。首先是以信息和数字技术为支撑的乡村智治平台。乡村智治平台扎根乡村,上接政府相关部门,体现了国家政权力量。同时,乡村智治平台承担着服务和管理任务,对乡村民众具有较强的黏附性,这使之有条件成为在乡村民众中传播法治观念的重要媒介。其次,与信息和数字技术关系较少的乡村社区广播、标语图画、村史村志、农村文化礼堂等媒介也可以在一定程度上弥补社交媒体在推行法治方面的不足。乡村社区广播和标语图画分别以声音景观和视觉景观的方式融入乡村社区,成为乡村社区的一部分,乡村民众对之习焉不察,却容易受到其潜移默化的影响。村史村志以历史叙事赋予农村基层政权权威性,农村文化礼堂则以承续传统的名义矗立在乡村社区,并成为宣扬法治的平台。由此可知,传统媒体和新媒体结合使用,更有助于乡村法治观念的推行。

第三节 媒介对实现乡村德治的支持

乡村德治指乡村社区成员共同遵守道德规范,道德规范成为维系社会秩序的重要力量。乡村德治的实现离不开诸多条件的支持,包括本书讨论的一些媒介。

一、媒介视角下的乡村社区舆论与乡村德治

如果说在乡村社会推行法治离不开国家政权力量的支持,那么乡村德治水平的提高就离不开乡村社区舆论的支持。"道德是社会舆论所维持的,做了不道德的事,见不得人,那是不好;受人唾弃,是耻。"①正是由于戒惧"见不得人""受人唾弃",乡村社区成员才会自觉或不自觉地合于道德规范而不逾矩。乡村社区舆论形成于乡村民众就某些事项进行的交谈中,而交谈必须通过包括口语在内的众多媒介。

传统乡村社会的舆论主要形成于乡村社区成员面对面的口语交谈过程中。在传统乡村社会,由于乡村民众的活动空间有限,加上社会流动性低,因此,乡村民众在社区内的接触频次就高,这也是通常称传统乡村社会为熟人社会的原因所在。在乡村社区,聊天是乡村民众调剂单调贫乏的生活必不可少的,明恩溥对此有段记述:

> 除了最忙碌的季节外,我们在每个中国村庄都能见到成群的男人聚集在小庙这样的乡村公共场所,冬天在太阳下,夏天是在阴凉处,坐在几根树段上交谈。即使在隆冬时节,他们也会挤在一起,以求温暖和亲密。他们整天地聊呀聊,直到吃饭时才散去。从前、现在和以后的天气状况、集市行情、小道

---

① 费孝通:《乡土中国》,人民出版社 2008 年版,第 64 页。

消息,尤其是最新官司的细节,都构成了这类无休无止闲谈的内容。①

乡村社区舆论就形成于这类闲谈中,家长里短、飞短流长尽管不尽符合事实,却是道德规范极为重要的成效因素。与依靠国家政权的强制力不同,道德规范富有弹性,主要依靠舆论,这降低了社会治理的成本。乡村舆论持续不断地生成,不仅能强化乡村民众的道德意识、规范他们的行为,而且能够实现道德规范不同代际的传承。

从20世纪80年代开始,随着改革开放的深入展开和现代化进程的加速,乡村民众的活动范围得以扩大,其流动性也持续提高,这改变了乡村熟人社会的性质及乡村舆论的生成状况。同时,与改革开放和现代化进程如影随形的媒介变革,也给乡村舆论的生成带来较大影响。

首先,电视在乡村普及造成乡村社区闲谈的衰落。电视在20世纪80年代刚出现在乡村时,曾成为乡村民众聚集的契机。那时电视在乡村社会属稀罕之物,一些有电视的家庭为照顾邻里或获得社会资本,便将电视放置于屋内宽敞的厅堂或屋外的场地,同邻里一起集体观看。虽然这与集体化时期的农村电影放映有一些相似之处,但也存在较为明显的差异。农村电影放映大多由农村集体组织举办,是公共性的文化活动,而家庭电视播放属于纯粹的私人活动。到别人家看电视的人对电视的私人性质有着自觉意识,这使到别人家看电视的人大多属于与电视主人交情较好的人,而与之关系不甚密切或感觉到别人家看电视有伤面子的人不愿前

---

① [美]明恩溥:《中国的乡村生活》,陈午晴、唐军译,电子工业出版社2012年版,第206页。

往。由于电视的私人性质,加上电视在乡村的普及,乡村民众因电视而聚集交谈的契机便丧失了。同时,电视具有较高的娱乐性,占有了乡村民众许多闲暇时间,乡村公共场所的闲谈及舆论生成逐渐式微。

其次,基于移动互联网的社交媒体在乡村日益广泛的使用进一步削弱了乡村舆论的生成。尽管社交媒体能将散落在各地的乡村民众联结起来,但社交媒体群的人员复杂且处处留痕的性质并不适于家长里短式的闲谈。本研究在湖北省 G 县 D 村调查时,村民 C 说:"我们不会在群里面议论别人,群里也没有批评过哪些人,因为你在这里面说,大家都知道的,这样不太好。"① 可见,公共性较强、人员较复杂的社交媒体群在乡村舆论生成方面的成效不大。而在一些公共性较弱、人员较简单的社交媒体群(如亲戚群),即使存在家长里短式的闲谈,其形成的意见也难以被称为舆论,因为舆论具有公共性。

总之,四十多年的乡村媒介变革给乡村舆论的生成并未带来多少助益,给在乡村社会推行德治造成了一定的困难。但是,媒介变革并未使现实中乡村民众之间的交往和交谈消失。此外,一些媒介在促进乡村民众的交往、交谈和乡村舆论的生成方面表现出持久的韧性和可供进一步开掘的潜力。

首先,农村红白喜事和群众文化活动不仅连接乡村民众,还为他们的交往、闲谈和舆论生成提供了契机。农村红白喜事是基于血缘、地缘和业缘关系的人群聚集,使红白喜事成为乡村舆论生成的重要契机。同农村红白喜事一样,农村群众文化活动也有久远的历史,群众参与性成为其显著特征。当下,以广场舞为代表的农

---

① 资料来自对湖北省 G 县 D 村的调查。

村群众文化活动成为红白喜事之外人群聚集及舆论生成的重要契机。农村红白喜事和群众文化活动都与现代技术无甚关联,却能够在一定程度上弥补现代媒介技术变革所造成的乡村舆论生成的缺失,说明社会发展并非现代技术革新的狂欢,传统媒介在疗救现代社会的病症方面仍具有一定的价值。

其次,农村电影放映具有一定的人群聚集及舆论生成潜力,有必要对其进一步挖掘。农村集体化时期的电影放映所推动的乡村民众密集交往是乡村舆论生成的沃土。尽管时过境迁,当今的农村电影放映不复当年的光景,但只要改进农村电影放映的模式和条件,它仍然可以在乡村人群聚集及舆论生成方面发挥一定的作用。

二、媒介对实现乡村德治的其他支持

在乡村舆论之外,乡村德治的实现也离不开其他一些支持,而媒介正在为乡村德治的实现提供这样的支持。

首先,媒介通过建构集体记忆塑造乡村道德共同体。乡村德治同一般意义上的遵守社会公德不完全一样。遵守社会公德要求道德规范具有普遍性,不仅如此,社会公德的实践主体指的是存在于广阔地域的一般主体;而乡村德治的主体是局限在特定地域范围内的村民,乡村德治所依据的道德规范也具有一定的特殊性。乡村德治无论是在所依据的道德规范上还是在主体、空间上都具有特殊性,这说明乡村德治是在具有特殊性的主体、空间、道德规范所构成的场域进行的,这种场域即乡村道德共同体。乡村道德共同体的形成和巩固有赖于多种因素,集体记忆是其中重要的一种。家谱、村志、农村文化礼堂,乃至当今如日中天的互联网媒介,都在构建村庄集体记忆方面有其建树,而它们建构起来的村庄集体记忆又推动了乡村道德共同体的持续巩固,这有利于乡村德治的实现。

其次,媒介传承的家规祖训、乡规民约为乡村民众的道德实践提供了来自乡土的共同准则。道德规范在乡村不同世代之间的传承所凭借的媒介有许多种,本书所论的家谱、村志和农村文化礼堂便位列其中。植根乡土的家谱、村志和农村文化礼堂传承的道德规范主要是家规祖训和乡规民约,这些规范本身也具有乡土性。乡土性媒介传承乡土性规范必然更具效力,因为两者在性质上相近。乡土性的道德规范来自村庄社区的历史深处,融入乡村民众的意识世界,成为其道德实践中不言自明的真理。

再次,媒介变革打破乡村信息不对称状况为权力在阳光下运行创造了条件,有助于增强乡村干部的道德权威。在信息不对称的状况下,群众对乡村干部存有不信任感,这不仅损害干群关系,而且有损乡村干部群体的道德形象。当下乡村发生的媒介变革正在打破信息不对称的状况,这将逐步改善干群关系,提高乡村干部权力运用的透明度,从而增强乡村干部的道德权威。乡村干部属于乡村精英群体,其道德品性对乡村民众具有较高的示范性。

第四节　媒介维度的"三治"融合

自治、法治和德治是国家推进乡村治理的基本方略,当前这三大方略在乡村社会的实施是一体推进,而不是分头挺进、互不相关。尽管在新中国乡村治理史上,自治、法治和德治依次被提出并实施,但后出现的方略与先行的方略不是叠加关系,而是互相加强,进而相互融合的关系。"三治"融合发展是众多力量推动的历史进程,媒介是其中一个重要动力。因此,考察媒介维度下的"三治"融合,或许能对当前整体推进乡村自治、法治和德治提供一些启发。

一、党组织对"三治"领导的融合

无论是推行自治还是推进法治和德治,都离不开党组织的领导,党组织对"三治"的领导给"三治"发展提供了动力。第一,虽然中国传统乡村社会存在传统形态的自治,但在进入近代之后,这种自治就因不再适应时代变迁而逐步瓦解,进而在新中国成立后被"政社合一"的人民公社体制取代。改革开放后农村基层实行的自治在根本上不同于传统乡村自治,是一种新的自治形态。改革开放以来的乡村自治是在党组织的领导下开展的,不仅如此,其发展也离不开党组织提供的支持。第二,法治对中国乡村社会来说是一种新生事物,其所走的路径是自上而下的嵌入,因此,乡村法治发展离不开党组织的推动。第三,尽管传统乡村礼治可以引为当下乡村德治的重要资源,但礼治建基于乡土社会,随着乡村社会乡土性的逐渐流失,可资利用的礼治资源也所剩不多,并且乡村德治与传统乡村礼治存在显著不同,就此而言,仅靠传统乡村社会在德治领域的自我生成力,并不足以实现乡村德治。在这种情况下,党组织的推动也就成为必要之举。

媒介维度下党组织对"三治"领导的融合,在逻辑上表现为三个阶段。第一,党组织经由媒介实现了自身与"三治"基本主体乡村民众的连接。乡村民众是"三治"的基本主体,离开乡村民众谈乡村自治、法治和德治没有意义。作为乡村"三治"的领导者,党组织除通过自上而下的组织体系与乡村民众连接起来之外,还通过众多媒介与乡村民众实现了连接。这些媒介不仅包括广播电影电视等大众媒介,还包括互联网媒介、智能媒介等新兴媒介,以及村志、农村文化礼堂等具有传承功能的媒介。第二,党组织经由媒介实现了自身与"三治"基本主体乡村民众的沟通交流。在建立连接的基础上,党组织与乡村民众之间的沟通交流趋向顺畅。媒介变革不仅使党组织与乡村民众之间实现了互动,而且赋予乡村民众在沟通交流中更加主动的地位。当然,在媒介变革中产生的新兴媒体并没有完全取代传统媒体,传统媒体在党组织与乡村民众的沟通交流中仍具有重要作用。第三,党组织经由媒介实现了对"三治"领导的融合。党组织与乡村民众之间沟通交流关系的建立,是党组织领导"三治"的重要基础。由于乡村民众是同时作为自治、法治、德治的基本主体出现的,因此,党组织与乡村民众的沟通交流过程同时是党组织对"三治"的领导过程,而这种领导又因为领导对象的同一性而具有融合的性质。

二、"三治"基本主体的融合

乡村民众只有相互间达到较为融合的状态,才能在"三治"实践中有效发挥作用。首先,乡村民众并不是抽象的整体,而是众多个体的集合,这就使乡村民众之间的融合成为"三治"成功的必要条件。在逻辑层面,个体间的差异具有普遍性和稳定性,而他们之间的同一性不仅总是相对的,而且始终处于变动之中。乡村民众个体间的差异性是实施"三治"的障碍,乡村自治、法治和德治都要求乡村民众之间达成一定程度的共识,具有一定的合作意愿,而乡村民众个体间的差异性与之相反。在这种情况下,消减乡村民众个体间的差异性,在他们中催生同一性、推动他们走向融合就成为必要之举。其次,人口流动给推行"三治"带来了困难,也使乡村民众之间的跨空间融合成为"三治"成功的必要条件。乡村自治、法治和德治都需要以乡村民众个体的在场为前提，而人口流动削弱了乡村民众个体在场的现实基础。在这种情况下，打破空间的阻隔，在乡村民众中促成新的融合也就成为必要之举。而就当下乡村民众间的融合而论，媒介的力量不可忽视。

第一，乡村民众并不以个体身份出现，而是要结合成整体才能发挥主体作用，而他们经由媒介的交往使身处不同空间的彼此融合成为一个整体。经由口语媒介的面对面交流拉近了乡村民众之间的心灵距离；电视将乡村民众区隔成以家庭为单位的小群体，无助于乡村民众之间的沟通交流及融合；农村红白喜事、群众文化活动和电影放映等具有较强的促成乡村民众沟通交流及融合的能力；社交媒体不仅将身在村庄社区的乡村民众连接起来，而且把散落在村庄内外的社区成员集结起来。社交媒体使流动在各地的村庄社区成员在虚拟村庄空间实现了虚拟在场。在场是沟通交流的前提，沟通交流是在场的表现形式，社交媒体所造就的虚拟在场对当下乡村"三治"具有特殊意义，它较为有力地推动了乡村民众间的融合。

第二，乡村民众经由媒介的交往有助于消减乡村民众之间的观念差异，增进乡村民众间的合作和共识，推动其走向融合。个体之间观念差异产生的原因很多，其中，成见的禁锢、知识不足、视野狭窄等是重要因素。就乡村治理而言，乡村民众经由媒介的沟通交流是消除这些因素的有效途径。面对面的口头交流本是消减乡村民众观念差异的较好方式，但电视和基于互联网的新媒体减少了乡村民众面对面交流的频次和强度，在这种情况下，有助于增进乡村民众交往、交流的农村红白喜事、群众文化活动、电影放映等就需要给予足够的注意。同时，社交媒体在面对面交流之外开辟了更为广阔的沟通空间。

三、"三治"规范的融合

乡村"三治"的实施是自治规范、法律规范和道德规范的实现过程,各类规范属于乡村"三治"的核心要素。就各类规范的关系而言,它们在乡村"三治"实践中本身就存在相互融合的情况:自治规范主要来自国家法律法规和党的政策,传统乡村道德规范也包含着一些有助于实施自治的准则;法律规范是国家政权力量的表现,在执行过程中要与乡村传统道德规范相协调,法律规范本身也属于道德规范的基础部分;道德规范中的传统成分要与现行法律规范相协调才能继续存在。在媒介维度下,无论是传播还是传承,媒介都有助于进一步增进自治规范、法律规范和道德规范之间的融合。自治规范、法律规范和道德规范抵达乡村民众存在两种路径。

第一,自上而下的传播。各类规范自上而下经由电视、标语、宣传栏、农村广播、村志、农村文化礼堂、社交媒体等抵达乡村民众。各类规范之所以循着自上而下路径抵达,是由规范本身的性质决定的。各类规范中都存在由党和国家制定、推广或倡导的准则。自治规范包括国家制定的关于农村基层自治的法律法规和党的相关政策,这一部分在自治规范中占绝对优势;法律规范的完全国家属性自不待言;道德规范具有时代性,体现时代精神,党和国家倡导的道德规范在整体道德规范中占有相当比例。正是因为这些准则是由乡村社会之外的党组织和国家政权制定、推广或倡导的,所以自上而下的传播才成为必要。改革开放后相当长一段时间内,作为乡村社会的主导性媒介,电视在自上而下地传播自治规范、法律规范和道德规范方面发挥了较大作用,乡村民众对电视的依赖度也较高。近年来,互联网新媒体在农村地区的普及削弱了电视的影响力，乡村民众对电视的依赖度也随之下降。标语和宣传栏长久以来就是农村基层组织宣传自治规范、法律规范和道德规范的重要媒介，这种媒介形式尽管较为传统，却具有一定的稳定性。农村广播以声音对空间的占据而带有一定的强制性和权威性，这有利于农村基层组织宣传各类规范。改革开放后村志和农村文化礼堂在部分地区兴起，村志以对村庄"三治"历史的叙述传播各类规范，农村文化礼堂则以直观的方式展示各类规范。社交媒体群也是农村基层组织可用来宣传各类规范的重要媒介，它在这方面的潜力还有待挖掘。

第二，从古及今的传承。家规祖训和乡规民约等是中国农业文明的重要精神文化遗产，至今仍在许多农村地区发挥着浸润人心的作用。家规祖训和乡规民约是当下乡村自治规范、法律规范和道德规范的补充，也是这些规范发挥作用的历史文化基础。首先，家规祖训和乡规民约是与传统乡村自治相适应的规范，其中蕴藏的社区公共精神仍能裨益当下的乡村自治。其次，家规祖训和乡规民约不同于由国家强制力支持的法律规范，但其中的一些禁止性规范与法律规范存在相通之处，这在一定程度上疏浚了法律规范在乡村社会实施的通道。再次，家规祖训和乡规民约本身就是道德规范，能够在乡村德治中发挥作用。家规祖训和乡规民约的历时传承有两种形态。一是耳濡目染的传承。在识字率不高的传统乡村社会，家规祖训和乡规民约之所以能为乡村民众所熟悉，主要就是因为乡村社会存在代际间的口耳相传和前辈的行为示范。二是经由物质化媒介的传承。在传统乡村社会，碑刻、祠堂、族谱等物质化媒介就是传承家规祖训、乡规民约的重要媒介，及至当代，家谱、村志和农村文化礼堂等则成了接续传承的媒介。

无论是自上而下传播自治规范、法律规范和道德规范，还是从古及今传承家规祖训、乡规民约，都离不开标语、宣传栏、农村广播、家谱、村志、农村文化礼堂和社交媒体群等媒介。这些媒介由包括农村基层组织在内的乡村组织主导，媒介主导者的相对统一性决定了媒介内容的协调性和融合性。此外，自治规范、法律规范、道德规范的传播与家规祖训、乡规民约的传承所依赖的媒介，还存在部分重合的情况，这也有助于增进两种规范体系的融合。总之，自治规范、法律规范、道德规范与家规祖训、乡规民约经由媒介在乡村治理实践中逐步走向融合，两种规范体系相融相济、相得益彰。

结　语

本研究以媒介视域下乡村有效治理的基础建设为主题，聚焦媒介与乡村有效治理的政治基础、社会基础、文化基础和信息基础，并从整体上探讨媒介与自治、法治、德治及其融合的关系问题，尝试为推进乡村有效治理提供一个传播学的路线图、一个可供进一步探讨的方案。

一、研究的主要观点和发现

在从媒介角度研究乡村有效治理基础建设的过程中，笔者对许多原来比较模糊的问题有了更加清晰的认识，并对这些问题进行了较为系统的梳理和阐释。

第一，通常人们会沿用固有的管理思维来思考治理问题，这就使乡村治理研究偏向关注来自外部的治理力量和资源，而忽视乡村社会的主体性，即乡村社会的内生力量和资源。乡村治理不仅意味着外部力量运用一定的手段和资源对乡村社会的调控、引导和规范，而且需要内生力量的参与。乡村治理研究的外部偏向导致的结果是研究者更加重视乡村治理的政治基础和信息基础，而对其社会基础和文化基础没有足够的认识。在乡村治理实践中，外部力量和资源具有主导性，内生力量和资源则具有基础性。本研究将乡村治理的社会基础和文化基础纳入考察范围,并将它们与政治基础和信息基础等量齐观,构建了较为完整的关于乡村治理基础建设的研究体系,对推进乡村治理研究具有一定的参考意义。

第二,媒介或媒介传播与乡村治理的基础建设存在较高的耦合性。仔细思量可以发现,这种耦合性之所以存在,主要是因为乡村治理意味着乡村内外治理主体及乡村内部治理主体之间必然发生频繁的互动和协作,而这种频繁发生的互动和协作必定离不开沟通交流,这也是媒介或媒介传播对于乡村治理的基础建设之所以重要的主要原因。

第三,不同性质的媒介在乡村治理基础建设的同一领域具有不同的效能。首先,电视、有线广播和网络新媒体在乡村治理的政治基础建设中有不同表现,电视凸显中央治理力量,有线广播有助于增强农村基层组织的治理能力,网络新媒体则使几乎所有的治理主体成为网络世界海量节点中极小的一部分,这就使各类治理主体的力量表现出很大的不确定性。其次,农村红白喜事、群众性文化活动、电影放映和互联网新媒体在乡村治理的社会基础建设领域都有助于增进乡村民众的社会交往,而曾经一度在乡村社会占据主导地位的电视不仅无助于这一点,反而对其有损害。再次,具有较强乡土性质的家谱、村志、农村文化礼堂和极具现代色彩的互联网,都能在乡村治理的文化基础建设中发挥显著作用,而在现代社会曾大放异彩的广播、电影和电视在这一领域显得有些无能为力。最后,电视、互联网新媒体及智能媒体等现代媒介在乡村治理的信息基础建设领域都能不同程度地发挥改变乡村信息不对称状况的作用,而具有乡土色彩的媒介在这一领域作为有限。

第四,互联网新媒体在乡村治理基础建设的几乎所有领域都具有一定效能。互联网新媒体以数字技术为基础。数字技术属于元技术,具有根本性、统摄性和吸纳性。基于数字技术的互联网新媒体将其之前的所有媒介都统一、统摄、吸纳到自身之内,是它产生之前的所有媒体的融合体。互联网新媒体在乡村治理基础建设领域的实践效能,充分彰显出它作为融合型媒体的优异性质。这也说明,在基于数字技术的互联网新媒体诞生之前,每种媒介都有其不可替代的价值,新媒体与旧媒体之间多是叠加关系,而不是替代关系。但是,这种状况在基于数字技术的互联网新媒体产生之后发生了变化,除了以声带和空气为载体的口语之外,其他所有以物质载体为基础的媒介都有可能被替代,或者被数字技术改变、融入新媒体。

第五,在乡村传播研究领域,历史思维能使关于现实的研究更加丰富、深入和立体,值得重视。"对于理论研究者来说,往往容易忽视时间的因素,将研究置于一个单调的空间平面之内",而真实的乡村传播活动,"是在时空之中展开的,它既来自历史和传统,又来自现实外部的空间,处于二者的张力之中"①。本研究致力于考察现实问题,立足现实回望历史,用历史照映现实,在历史和现实的交相辉映中洞察媒介介入乡村治理的路径和效能。

二、可继续探索的领域和方向

在这场学术研究的旅行中,笔者沿着事先规划好的路线行进,沿途领略了许多美丽风景,有些风景被拍入相机留念,恰如许多事物和观点被载入本书,有些风景由于旅行者站立的位置而不能很

---

① 司洪昌:《嵌入村庄的学校:仁村教育的历史人类学探究》,教育科学出版社2009年版,第424页。

好地被相机摄入,只好放弃作罢,恰似在研究中迸发的灵感和想法囿于本书的主题和主线而不能在其中加以展开。在这里,笔者觉得有必要将其中的几个想法呈现在本书的末尾,以激励自己来日完成这些未了的心愿。

第一,媒介与乡村优秀传统文化传承发展是一个有价值的研究领域。关于乡村优秀传统文化的传承发展问题,习近平总书记曾指出:

> 中华文明根植于农耕文明。从中国特色的农事节气,到大道自然、天人合一的生态伦理;从各具特色的宅院村落,到巧夺天工的农业景观;从乡土气息的节庆活动,到丰富多彩的民间艺术;从耕读传家、父慈子孝的祖传家训,到邻里守望、诚信重礼的乡风民俗,等等,都是中华文化的鲜明标签,都承载着华夏文明生生不息的基因密码,彰显着中华民族的思想智慧和精神追求。
>
> 我们要深入挖掘、继承、创新优秀传统乡土文化。要让有形的乡村文化留得住,充分挖掘具有农耕特质、民族特色、地域特点的物质文化遗产,加大对古镇、古村落、古建筑、民族村寨、文物古迹、农业遗迹的保护力度。要让活态的乡土文化传下去,深入挖掘民间艺术、戏曲曲艺、手工技艺、民族服饰、民俗活动等非物质文化遗产。要把保护传承和开发利用有机结合起来,把我国农耕文明优秀遗产和现代文明要素结合起来,赋予新的时代内涵,让中华优秀传统文化生生不息,让我国历史悠久的农耕文明在新时代展现其魅力和风采。[①]

---

① 习近平:《习近平著作选读》(第二卷),人民出版社 2023 年版,第 92—93 页。

习近平总书记全面精辟地论述了乡村优秀传统文化的类型和精神实质,并就传承发展乡村优秀传统文化作出了要求。关于落实这一要求,众多学科从其独特的入射角切入,可以提出不同的方案。在乡村优秀传统文化中,不仅许多物质文化遗产和非物质文化遗产本身就具有媒介性质,而且现代媒介的介入也可助力乡村优秀传统文化的传承发展。因此,从媒介角度探讨乡村优秀传统文化传承发展问题,是一件颇有学术价值和实践意义的工作。

第二,媒介变革背景下乡村法治传播的转型及新格局构建也是一个值得重视的研究领域。法治是自治、德治的边界和保障,是党组织领导的乡村治理体系不可或缺的组成部分。对正处于现代化进程中的中国乡村社会来说,法治得以实现的基础是乡村民众尊崇法治,而这离不开法治传播。党的二十大报告提出要"深入开展法治宣传教育,增强全民法治观念"①。在党的二十大后召开的中央农村工作会议上,习近平总书记强调,"要加强法治教育,引导农民办事依法、遇事找法、解决问题用法、化解矛盾靠法"②。自1986年"一五"普法实施至今,学术界以普法、法治(法制)宣传教育为主题的研究产生了一批颇有学术价值的成果。在此过程中,与普法、法治(法制)宣传教育范畴存在重合而又超出这两个范畴的法治传播,也进入了学术界的研究视野。学术界关于法治传播的现有研究存在两种倾向。一是从传播主体视角考察法治传播现象。从传播主体视角考察法治传播自然能有所收获,但仅将在现代性语境中日益显现其重要性的媒介视为被选择和使用的工具,忽视了一个基本事实:媒介被传播主体选择和使用,传播主体也

---

① 习近平:《习近平著作选读》(第一卷),人民出版社2023年版,第35页。
② 习近平:《加快建设农业强国 推进农业农村现代化》,《求是》2023年第6期。

不得不在一定程度上遵从媒介本身的某些社会和技术性质。二是关于去情景化的倾向。嵌入乡村社会的法治传播总是在一种交流情境中展开的,这种情境影响着行动者的传播实践方式,而这一点在现有研究中没有得到足够的重视。有鉴于此,本研究认为,媒介化视角是一个适合乡村法治传播研究且具有学术穿透力的角度。首先,媒介化视角具有历史维度,便于考察主导性媒介由电视向新媒体转变所造成的乡村法治传播变动。其次,媒介化视角具有现实维度,便于考察新媒介对乡村法治交流的现实建构,同时也可以借此看到乡村法治传播行动者对新媒介技术的"驯化"。再次,凭借媒介化视角,可以洞悉新媒介在乡村法治传播场域所形成的新交流情境。这一情境扩展了行动者的实践方式和活动空间,让行动者有了更多参与法治交流的可能性。

以上简述的是在本研究的基础上可继续探索的两个领域和方向,而由本研究引发的学术想象并不限于此。例如,可以引入媒介化研究视角,从整体上考察乡村治理问题,即整体考察乡村治理的媒介化实践问题;还可以具体地考察乡村自治、法治和德治的媒介化实践。

总之,乡村振兴是党和国家在全面建设社会主义现代化国家新征程上坚持持续实施的重大战略,实现乡村社会的善治则是乡村振兴的重要方面。在关于如何实现乡村社会善治这一研究领域,传播学已经展现自己的作为并将继续有所贡献。

附　　录
调查访谈提纲

尊敬的村民朋友：

　　您好！

　　非常感谢您愿意接受我们关于"媒介与中国乡村有效治理的基础建设研究"的访谈。本次调查访谈纯粹出于学术研究的需要，旨在掌握当前及过去一二十年乡村民众的媒介接触和使用情况，并考察媒介与乡村治理的有关问题。我们的调查访谈不会涉及商业秘密、个人隐私等敏感话题，在使用访谈资料时，我们将隐去村庄名称和访谈对象姓名。我们保证访谈得来的资料只用于学术研究，请您放心。本次访谈大概需要30分钟。如果您同意，我们将对本次访谈进行录音，以使记录的访谈内容更加准确。

　　再次感谢您的支持和帮助！

　　（一）访谈时间

　　（二）访谈地点

　　（三）访谈对象编号

（四）访谈对象个人信息

1. 性别：（　　）男　（　　）女

2. 年龄：（　　）18~29 岁　（　　）30~39 岁　（　　）40~49 岁　（　　）50~59 岁　（　　）60~69 岁　（　　）70~79 岁　（　　）≥80 岁

说明：若能获知访谈对象的具体年龄更好，直接记录。

3. 文化程度：（　　）研究生　（　　）本科　（　　）高中　（　　）初中　（　　）小学

4. 身份：（　　）村干部　（　　）普通村民

5. 从事的职业：_____

（五）访谈问题

1. 关于电视

（1）您家有几台电视？放在客厅，还是放在卧室？

（2）您家里安装的是什么类型的电视？有线电视？卫星天线电视？还是接入互联网的电视？

（3）您平常在什么时间看电视？一般看多长时间？

（4）您平常喜欢看什么电视台？中央台？省台？市台？县（区）台？平常看不看县区台？为什么喜欢看这些台？为什么不喜欢看某些台？

（5）您平常看什么频道？每个频道里面选择什么栏目看？

（6）您喜欢看电视娱乐节目吗？都有哪些娱乐节目？每天看娱乐节目的时间占您看每天看电视时间的百分比？

（说明：娱乐节目指的是影视剧、综艺节目、真人秀、选秀节目、相亲节目、情感类节目等。）

（7）您关注电视新闻吗？喜欢看什么频道的新闻节目？为什么喜欢看这些新闻节目？

（8）您对电视新闻里面的关于农业农村的政策信息关注吗？为什么会关注？您关注的政策信息包括哪些？您觉得您对农业农村的政策信息掌握得丰富吗？

（9）您喜欢看法治和道德类的节目吗？为什么爱看这类节目？一般看什么台的法治和道德类节目？

（10）您平常看央视17频道（农业农村频道）吗？您平常看不看省市级的乡村或农村频道？为什么看这些频道？

（11）以您所见，有没有只通过网络新媒体获取外界信息而很少看电视的村民？

2. 关于微信群

（1）您加入了村组干部组建的微信群吗？村组干部在里面发通知吗？都是些什么通知？村组干部会在群里公布或公示一些信息吗？在外地打工的人加入了微信群吗？大伙平常在这样的群交流些什么内容？有商议过关于村里的公共事务吗？有议论或批评过什么人吗？大伙有在群里发一些关于村庄的图片、视频等引起怀恋、回忆的东西吗？

（2）除了村组干部组建的微信群，您加入了有其他村民的微信群吗？在外地打工的人加入了微信群吗？大伙平常在这样的群交流些什么内容？有商议过关于村里的公共事务吗？有议论或批评过什么人吗？大伙有在群里发一些关于村庄的图片、视频等引起怀恋、回忆的东西吗？

（3）在微信群里什么人会转发一些"三农"政策信息？

3．关于微信公众号

（1）您关注了哪些微信公众号？（村里办的、乡镇街道办的、县里办的,其他主体办的等）

（2）您主要从这些微信公众号获取什么信息或者得到什么服务？

4．关于县级融媒体中心

（1）您知道县级融媒体中心吗？您看过县级融媒体中心的微信公众号、微博或县融其他平台上的内容吗？

（2）您关注县级融媒体中心提供的什么内容或服务？

5．关于互联网平台

（1）您手机上安装了什么客服端（App）？（抖音、快手、西瓜视频、今日头条、百度等）

（2）您喜欢看这些平台上的什么内容？您从这些平台能获得关于"三农"的政策信息吗？您在这些平台发现了关于本乡本土的账号吗？

6．关于农村广播

（1）村里有广播吗？广播喇叭在村里什么位置？广播平常什么时候播出？放些什么内容？

（2）村组干部用广播干什么（开会、通知等）？

（3）村里的广播给您带来什么感受？您喜欢吗？

7. 关于标语图画
（1）村里有什么标语、图画吗？
（2）标语、图画在什么位置？是什么内容？

8. 关于农村群众文化活动
（1）村里平常有什么人组织文化活动吗？（比如广场舞、合唱队、剧团等）是什么人发起的？有哪些人参加？大家参与的积极性高吗？
（2）政府和村干部管这些活动吗？给补贴吗？提供场地吗？对这些活动有什么要求？
（3）这些文化活动的经费如何保障？
（4）大家参加这些活动有什么感受？有什么公开表演的机会吗？

9. 关于农村电影放映
（1）地方政府如何组织和实施农村电影放映？农村电影放映工作的参与者有哪些？农村基层组织在电影放映中扮演什么样的角色？电影片目由谁选择？如何选择？
（2）电影放映员的积极性如何？
（3）放映前的宣传工作如何开展？放映前村组干部会出来讲话吗？
（4）平常有电影放映队到村里放映电影吗？一般多久一次？
（5）观影的观众一般有多少？主要是哪几类人？
（6）电影片目主要有哪几种类型？观众喜欢哪几种类型？放

映的片目能满足观众的需求吗?

（7）大家是喜欢看电影,还是借看电影的机会出来聊天？都聊些什么？

10. 关于农村文化礼堂

（1）现在的文化礼堂是什么时候建的？

（2）为什么要选现在的位置设立文化礼堂？

（3）现在文化礼堂的建设经费是如何筹集的？

（4）改革开放前本村有文化礼堂吗？那时的文化礼堂在什么位置？

（5）现在的文化礼堂是在改革开放前文化礼堂的基础上改建的吗？

（6）改革开放之后的一段时间文化礼堂是不是不怎么用了？为什么？

（7）现在的文化礼堂有哪些功能或作用？现在的文化礼堂里经常举办什么活动？

（8）除了举办活动外,平常有些什么人经常出入礼堂？他们到礼堂干什么？

11. 关于村庄信息

（1）您知道村里有村务公开吗？村里的村务公开是怎么做的？

（2）除了橱窗展示,还有什么途径？（比如微信群、微信公众号等）

（3）您觉得村务公开做得怎样？

（4）您对整个行政村的情况了解吗？（指的是村庄的户数、人

口、就业情况、家庭收入、社会保障、产业、农田、山林、宅基地、集体经济组织、公共收支等方面的情况)

12. 关于法治传播

(1) 您觉得法律和您的生活关系大吗？

(2) 您平常通过什么渠道获取法治方面的内容和信息？看电视法治节目？通过手机？通过手机上的什么平台？

(六) 调查访谈注意事项

1. 在开展访谈之前尽可能通过查阅资料获取村庄信息，并在访谈过程中对这些信息进行修正和丰富。村庄信息具体包括：村庄所在的县(区)、乡镇(街道)概况；村庄名称、地理位置、自然和资源条件、产业结构；村庄的村民组构成及空间布局；村庄的人口总数、常住人口和外出人口结构。

2. 调查访谈针对的是村庄平常状况，若调查访谈在过年期间进行，要注意避免把过年这一特殊时间段的情况当作常态。

3. 访谈对象要注意代表性，最好老、中、青都有，少年儿童不用访谈。

4. 访谈时要用贴近当地表达习惯的方式解释访谈问题，让访谈对象能听得懂。

5. 访谈时要注意营造良好氛围，让访谈对象把自己的想法和观点鲜活地表达出来，其间访谈对象有故事讲述自然最好。

6. 访谈尽量详尽些，让访谈对象多说一些，不必完全拘泥于提纲，注意发掘其他有价值的信息。

7. 注意保留访谈对象的原话，整理的时候可按语法适当调整，但不要将访谈对象的话完全书面化。

主要参考文献

一、调查资料

1. 对安徽省 D 县 Y 村的调查资料。
2. 对贵州省 X 县 X 村的调查资料。
3. 对河南省 Q 县 M 村的调查资料。
4. 对河南省 W 县 B 村的调查资料。
5. 对湖北省 G 县 D 村的调查资料。
6. 对湖北省 J 市 D 区 X 村的调查资料。
7. 对湖北省 X 市 C 村的调查资料。
8. 对浙江省 R 市 J 村的调查资料。
9. 对浙江省宁海县海头村的调查资料。
10. 对浙江省宁海县梅山村的调查资料。

二、报纸

1.《宝鸡日报》2016 年。
2.《湖北日报》2013 年。
3.《黄冈日报》2017 年。
4.《嘉兴日报》2018 年。
5.《经济日报》2020 年。

6. 《宁波晨报》1947年。

7. 《宁波大众》1953—1956年,1958年。

8. 《宁波日报》1946—1948年。

9. 《宁波时报》1950—1951年。

10. 《农民日报》2021年。

11. 《人民日报》1950年,1952年,1954—1957年,1977年,1982年,1990年,2019年,2020年。

12. 《三秦都市报》2010年。

13. 《时事公报》1946—1948年。

14. 《新华每日电讯》2021年。

15. 《许昌日报》2021年。

16. 《甬江日报》1950年。

17. 《浙江日报》2021年。

18. 《中国档案报》2019年。

19. 《中国文化报》2013年。

20. 《遵义日报》2020年。

三、档案

1. 《奉化县电影放映网工作检查报告》,1955年,宁波市档案馆藏,(地)全宗号4,目录号7,案卷号10。

2. 《关于当前电影放映工作情况与今后意见》,1955年,宁波市档案馆藏,(地)全宗号4,目录号7,案卷号11。

3. 宁波中心文化馆:《鄞县农村剧团代表会议总结》,1954年,宁波市档案馆藏,(地)全宗号4,目录号6,案卷号2。

4. 《上虞县农村业余剧团情况调查汇报》,1952年,宁波市档案馆藏,(地)全宗号4,目录号4,案卷号6。

5.《浙江省文化局关于农村电影队几个问题的报告》,1956年,宁波市档案馆藏,(地)全宗号4,目录号8,案卷号10。

6.《中共奉化县委宣传部批转浙江省电影队奉化二零九小队关于电影放映网工作检查报告》,1955年,宁波市档案馆藏,(地)全宗号4,目录号7,案卷号10。

7.《中共宁波地委组织部、宣传部关于发展电影放映队招收队员的联合通知》(一九五六年二月廿五日),1956年,宁波市档案馆藏,(地)全宗号4,目录号8,案卷号1。

8. 中共宁波地委组织部、宣传部:《关于招考放映人员的通知》(一九五四年八月二十七日),1954年,宁波市档案馆藏,(地)全宗号4,目录号6,案卷号1。

9. 中共宁波地委组织部、宣传部:《关于招考放映人员的通知》(一九五四年七月廿七日),1954年,宁波市档案馆藏,(地)全宗号4,目录号6,案卷号2。

10. 中共余姚县委宣传部:《余姚县农村剧团情况调查》,1952年,宁波市档案馆藏,(地)全宗号4,目录号4,案卷号6。

11.《中共浙江宁波地委宣传部一九五〇年下半年宣教工作综合报告(一九五〇年十二月)》,1950年,宁波市档案馆藏,(地)全宗号4,目录号2,案卷号1。

四、方志

1.《白石村志》编纂委员会:《白石村志》,团结出版社1993年版。

2.《大原村志》编纂委员会主编,张宏钊编:《大原村志》,三秦出版社2017年版。

3. 东丽区《胡张庄村志》编修委员会:《胡张庄村志》,天津古籍出版社 2001 年版。
4. 《奉化市志》，中华书局 1994 年版。
5. 《海墩村志》，海墩村志编纂领导小组 1998 年编印。
6. 《南王曼村志》编委会：《南王曼村志》，华文出版社 2019 年版。
7. 谢振岳主编：《鄞县文化广播志》，宁波市图书馆藏未刊稿。
8. 《浙江省电影志》，中国书籍出版社 1996 年版。
9. 《中国戏曲志（浙江卷）》，中国 ISBN 中心 1997 年版。

五、资料汇编、文集、报告

1. 《2013 年"农村电影放映工程"暨"万场电影"进农村活动实施方案》，宁波市文化广电新闻出版局网站，http://www.nbwh.gov.cn/art/2013/4/25/art_8756_178.html，最后浏览日期：2021 年 7 月 22 日。
2. 《国务院办公厅转发广电总局等部门关于做好农村电影工作意见的通知》，《中华人民共和国国务院公报》2007 年 7 月 10 日。
3. 《加大力度推动社会领域公共服务补短板强弱项提质量　促进形成强大国内市场的行动方案》（2019 年 2 月），http://www.gov.cn/xinwen/2019-02/19/5366822/files/2f2e0fff4c884b30a86ea5c5482d4c21.pdf，最后浏览日期：2021 年 2 月 22 日。
4. 毛泽东：《毛泽东文集》（第三卷），人民出版社 1996 年版。
5. 毛泽东：《毛泽东选集》（第三卷），人民出版社 1991 年版。
6. 《宁波市文化广电新闻出版局 2017 年工作总结》（2018 年 4 月 9 日），宁波市文化广电旅游局网站，http://wglyj.ningbo.gov.cn/art/2018/4/9/art_1229057634_58334.html，最后浏览日期：

2021年2月22日。

7. 农业农村部市场与信息化司、农业农村部信息中心：《2021年全国县域农业农村信息化发展水平评价报告》(2021年12月)，http://www.agri.cn/V20/ztzl_1/sznync/ltbg/202112/P020211220311961420836.pdf，最后浏览日期：2022年2月5日。

8. 习近平：《习近平谈治国理政》（第二卷），外文出版社2017年版。

9. 习近平：《习近平谈治国理政》（第三卷），外文出版社2020年版。

10. 习近平：《习近平著作选读》（第二卷），人民出版社2023年版。

11. 习近平：《习近平著作选读》（第一卷），人民出版社2023年版。

12. 《县级融媒体中心建设规范》，国家广播电视总局网站，www.nrta.gov.cn/art/2019/1/15 art_114_43242.html，最后浏览日期：2023年5月25日。

13. 《中共中央办公厅 国务院办公厅印发〈关于加强和改进乡村治理的指导意见〉》(2019年6月23日)，中华人民共和国中央人民政府网站，http://www.gov.cn/zhengce/2019-06/23/content_5402625.htm，最后浏览日期：2021年7月22日。

14. 《中共中央关于坚持和完善中国特色社会主义制度 推进国家治理体系和治理能力现代化若干重大问题的决定》(2019年11月5日)，中华人民共和国中央人民政府网站，http://www.gov.cn/zhengce/2019-11/05/content_5449023.htm，最后浏览日期：2021年7月24日。

15. 《中共中央 国务院关于建立健全城乡融合发展体制机制和政策体系的意见》(2019年5月5日),http://www.gov.cn/zhengce/2019-05/05/content_5388880.htm,最后浏览日期:2021年7月22日。

16. 中共中央宣传部办公厅、中央档案馆编研部编:《中国共产党宣传工作文献选编(1937—1949)》,学习出版社1996年版。

17. 中共中央宣传部办公厅、中央档案馆编研部编:《中国共产党宣传工作文献选编(1949—1956)》,学习出版社1996年版。

18. 《中国共产党农村基层组织工作条例》,中国法制出版社2019年版。

19. 中国互联网络信息中心:《第44次中国互联网络发展状况统计报告》(2019年8月30日),http://www.cnnic.net.cn/hlwfzyj/hlwxzbg/hlwtjbg/201908/P020190830356787490958.pdf,最后浏览日期:2021年7月27日。

20. 中国互联网络信息中心:《第45次中国互联网络发展状况统计报告》(2020年4月28日),http://www.cnnic.net.cn/hlwfzyj/hlwxzbg/hlwtjbg/202004/P020210205505603631479.pdf,最后浏览日期:2021年7月27日。

21. 中国互联网络信息中心:《第47次中国互联网络发展状况统计报告》(2021年2月3日),http://www.cnnic.cn/hlwfzyj/hlwxzbg/hlwtjbg/202102/P020210203334633480104.pdf,最后浏览日期:2021年8月8日。

22. 中国互联网络信息中心:《第48次中国互联网络发展状况统计报告》(2021年9月15日),http://www.cnnic.net.cn/hlwfzyj/hlwxzbg/hlwtjbg/202109/P020210915523670981527.pdf,最后浏览日期:2022年2月5日。

23. 中国社会科学院新闻研究所编:《中国共产党新闻工作文件汇编(1950—1956)》(中卷),新华出版社1980年版。
24.《中华人民共和国村民委员会组织法》,中国人大网,http://www.npc.gov.cn/zgrdw/npc/xinwen/2019-01/07/content_2070268.htm,最后浏览日期:2023年6月3日。

六、专著

1. [美]E.M.罗杰斯:《传播学史:一种传记式的方法》,殷晓蓉译,上海译文出版社2005年版。
2. [美]杜赞奇:《文化、权力与国家:1900—1942年的华北农村》,王福明译,江苏人民出版社2010年版。
3. [美]段义孚:《空间与地方:经验的视角》,王志标译,中国人民大学出版社2017年版。
4. [美]韩丁:《翻身——中国一个村庄的革命纪实》,韩倞等译,邱应觉校,北京出版社1980年版。
5. [丹麦]克劳斯·布鲁恩·延森:《媒介融合:网络传播、大众传播和人际传播的三重维度》,刘君译,复旦大学出版社2012年版。
6. [法]雷吉斯·德布雷:《媒介学宣言》,黄春柳译,南京大学出版社2016年版。
7. [法]雷吉斯·德布雷:《媒介学引论》,刘文玲译,中国传媒大学出版社2014年版。
8. [法]雷吉斯·德布雷:《普通媒介学教程》,陈卫星、王杨译,清华大学出版社2014年版。
9. [英]雷蒙·威廉斯:《文化与社会:1780—1950》,高晓玲译,吉林出版集团有限责任公司2011年版。

10. ［美］林文刚编：《媒介环境学：思想沿革与多维视野》，何道宽译，北京大学出版社 2007 年版。

11. ［加拿大］马歇尔·麦克卢汉：《理解媒介：论人的延伸》（增订评注本），何道宽译，译林出版社 2011 年版。

12. ［美］明恩溥：《中国的乡村生活》，陈午晴、唐军译，电子工业出版社 2012 年版。

13. ［法］莫里斯·哈布瓦赫：《论集体记忆》，毕然、郭金华译，上海人民出版社 2002 年版。

14. ［美］尼尔·波兹曼：《娱乐至死》，章艳译，广西师范大学出版社 2004 年版。

15. ［美］施坚雅：《中国农村的市场和社会结构》，史建云、徐秀丽译，虞和平校订，中国社会科学出版社 1998 年版。

16. ［德］瓦尔特·本雅明：《迎向灵光消逝的年代：本雅明论艺术》，许绮玲、林志明译，广西师范大学出版社 2004 年版。

17. ［加拿大］伊莎白·柯鲁克、［英］大卫·柯鲁克：《十里店（一）——中国一个村庄的革命》，龚厚军译，上海人民出版社 2007 年版。

18. ［美］约翰·杜海姆·彼得斯：《奇云：媒介即存有》，邓建国译，复旦大学出版社 2020 年版。

19. ［英］约翰·厄里：《全球复杂性》，李冠福译，北京师范大学出版社 2009 年版。

20. ［美］詹姆斯·W.凯瑞：《作为文化的传播》，丁未译，华夏出版社 2005 年版。

21. 方晓红：《大众传媒与农村》，中华书局 2002 年版。

22. 费孝通：《乡土中国》，人民出版社 2008 年版。

23. 费孝通：《乡土重建》，华东师范大学出版社 2019 年版。

24. 郭建斌、陈静静等：《电影大篷车：电影与滇川藏大三角地区社会变迁》，民族出版社2018年版。
25. 郭建斌：《独乡电视：现代传媒与少数民族乡村日常生活》，山东人民出版社2005年版。
26. 郭庆光：《传播学教程》，中国人民大学出版社1999年版。
27. 贺雪峰：《大均衡：进城与返乡的历史判断与制度思考》，广西师范大学出版社2022年版。
28. 贺雪峰等：《南北中国：中国农村区域差异研究》，社会科学文献出版社2017年版。
29. 贺雪峰：《乡村治理的社会基础》，生活·读书·新知三联书店2020年版。
30. 贺雪峰：《治村》，北京大学出版社2017年版。
31. 贺雪峰：《组织起来：取消农业税后农村基层组织建设研究》，山东人民出版社2012年版。
32. 景军：《神堂记忆：一个中国乡村的历史、权力与道德》，吴飞译，福建教育出版社2013年版。
33. 李广：《中国乡村治理中的政治传播与控制》，山东大学出版社2011年版。
34. 李红艳：《乡村传播学》（第二版），北京大学出版社2014年版。
35. 彭兰：《新媒体用户研究：节点化、媒介化、赛博格化的人》，中国人民大学出版社2020年版。
36. 沙垚：《土门日记：华县皮影田野调查手记》，清华大学出版社2011年版。
37. 沙垚：《吾土吾民：农民的文化表达与主体性》，中国社会科学出版社2017年版。

38. 沙垚：《新农村：一部历史》，清华大学出版社 2014 年版。
39. 司洪昌：《嵌入村庄的学校：红村教育的历史人类学探究》，教育科学出版社 2009 年版。
40. 孙信茹主编：《熟悉的陌生人：村落视野中的传播、交往与互动》，民族出版社 2017 年版。
41. 吴飞：《火塘·教堂·电视——一个少数民族社区的社会传播网络研究》，光明日报出版社 2008 年版。
42. 徐建发主编：《宁波电影纪事》，宁波出版社 2005 年版。
43. 徐勇：《城乡差别的中国政治》，社会科学文献出版社 2019 年版。
44. 徐勇：《国家化、农民性与乡村整合》，江苏人民出版社 2019 年版。
45. 徐勇：《中国农村村民自治》，生活·读书·新知三联书店 2018 年版。
46. 张昆：《大众媒介的政治社会化功能》，武汉大学出版社 2003 年版。
47. 张乐天：《告别理想：人民公社制度研究》，上海人民出版社 2005 年版。
48. 赵维国：《教化与惩戒：中国古代戏曲小说禁毁问题研究》，上海古籍出版社 2014 年版。
49. 赵玉明主编：《中国广播电视通史》（新一版），中国广播影视出版社 2014 年版。
50. 周晓虹：《传统与变迁：江浙农民的社会心理及其近代以来的嬗变》，生活·读书·新知三联书店 1998 年版。

七、论文

1. 艾红红：《"下乡""离场"与"返乡"——新中国农村有线广播

发展"三部曲"》,《福建师范大学学报(哲学社会科学版)》2020年第4期。

2. 曹海林:《村庄红白喜事中的人际交往准则》,《天府新论》2003年第4期。

3. 常志刚等:《中部地区县级融媒体中心建设现状调研与路径优化——以L市13个县级融媒体中心为例》,《现代视听》2021年第12期。

4. 车英、袁松、张月盈:《试论新闻传播在乡村治理中的反作用》,《武汉大学学报(人文科学报)》2008年第1期。

5. 陈国权、吴佳莲:《县级融媒体中心发展关键问题讨论》,《中国记者》2020年第10期。

6. 陈进华:《治理体系现代化的国家逻辑》,《中国社会科学》2019年第5期。

7. 陈守湖:《媒介·文化·政治——县级融媒体运行机制的三重逻辑》,《陕西师范大学学报(哲学社会科学版)》2021年第1期。

8. 陈新民、王旭升:《电视的普及与村落"饭市"的衰落——对古坡大坪村的田野调查》,《国际新闻界》2009年第4期。

9. 陈信凌:《江西苏区标语的传播学分析》,《新闻与传播研究》2005年第4期。

10. 成相翼:《关于山西省垣曲县农村电影放映情况的调研报告》,《现代电影技术》2020年第4期。

11. 邓大才:《超越村庄的四种范式:方法论视角——以施坚雅、弗里德曼、黄宗智、杜赞奇为例》,《社会科学研究》2010年第2期。

12. 丁浩、游家明、曹良刚:《让"治理清风"吹进千家万户——河南省商城县打造"阳光村务"纪实》,《农村·农业·农民》2019年第6A期。

13. 东台县头灶小学:《利用忙假调查村史家史》,《江苏教育》1963年第Z1期。

14. 方晓红:《大众媒介与苏南农村文化生活关系研究》,《当代传播》2004年第4期。

15. 方晓红、牛耀红:《网络公共空间与乡土公共性再生产》,《编辑之友》2017年第3期。

16. 冯强、马志浩:《科技物品、符号文本与空间场景的三重勾连:对一个鲁中村庄移动网络实践的民族志研究》,《国际新闻界》2019年第11期。

17. 古夫:《几家欢乐千家愁 何日休吹宴请风——川北某县城乡红白喜事宴请扫描》,《四川党的建设(城市版)》1994年第4期。

18. 顾广欣:《电视与乡村关系的重构——对宁夏Y村的传播民族志研究》,《当代传播》2018年第6期。

19. 郭学勤、邹大鸣:《宁波市农村电影市场调查报告》,《当代电影》2008年第5期。

20. 郭振南:《新时代新阵地新作为——央视农业农村频道谱写"三农"宣传新篇章》,《声屏世界》2020年第4期。

21. 韩春秒:《网络时代农村地区政策信息传播调查》,《青年记者》2018年第9期。

22. 韩晓莉:《社会变动下的乡村传统——〈退想斋日记〉所见清末民国年间太原地区的乡村演剧》,《史学月刊》2012年第4期。

23. 河北大学马列主义教研室下乡调查组:《河间县东诗经村村史调查报告》,《河北大学学报(哲学社会科学版)》1964年第

1 期。

24. 贺雪峰：《合村并组 遗患无穷》，《调研世界》2005 年第 11 期。

25. 贺雪峰：《农村：中国现代化的稳定器与蓄水池》，《党政干部参考》2011 年第 6 期。

26. 贺雪峰：《央地关系视野下的县级治理》，《治理现代化研究》2021 年第 2 期。

27. 侯东栋：《差序格局、信息传递与农村治理现代化》，《电子政务》2018 年第 3 期。

28. 胡鞍钢、张晓群：《中国传媒普及率追赶的实证分析》，《新闻与传播研究》2004 年第 4 期。

29. 胡百精：《互联网与集体记忆构建》，《中国高校社会科学》2014 年第 3 期。

30. 胡珊：《谢家路村打造"智慧板凳" 开启乡村智治新时代》，《宁波通讯》2021 年第 15 期。

31. 黄旦：《报刊是一种交往关系——再谈报纸的"迷思"》，《安徽大学学报（哲学社会科学版）》2012 年第 6 期。

32. 黄旦、李暄：《从业态转向社会形态：媒介融合再理解》，《现代传播（中国传媒大学学报）》2016 年第 1 期。

33. 黄旦：《"千手观音"：数字革命与中国场景》，《探索与争鸣》2016 年第 11 期。

34. 黄旦：《试说"融媒体"：历史的视角》，《新闻记者》2019 年第 3 期。

35. 黄旦：《听音闻道识媒介——写在"媒介道说"译丛出版之际》，《新闻记者》2019 年第 9 期。

36. 黄旦：《新媒介与中国传播研究》，《中国社会科学评价》2019

年第 4 期。

37. 黄旦：《重造新闻学——网络化关系的视角》，《国际新闻界》2015 年第 1 期。

38. 黄宗智：《重新思考"第三领域"：中国古今国家与社会的二元合一》，《开放时代》2019 年第 3 期。

39. 江苏省苏州市委农村工作办公室：《"阳光行动"全覆盖 村务公开"零距离"》，《江苏农村经济》2018 年第 2 期。

40. 蒋旭峰、崔效辉：《乡村传播生态及其对乡村治理的影响——以 J 市的田野调查为例》，《中国地质大学学报（社会科学版）》2013 年第 4 期。

41. 蒋旭峰、唐莉莉：《政策下乡的传播路径及其运作逻辑——一项基于江苏省 J 市 10 个乡镇的实证调查》，《学海》2011 年第 5 期。

42. 金恒江、聂静虹、张国良：《乡村居民社交网络使用与人际交往——基于中国 35 个乡镇的实证研究》，《新闻与传播研究》2020 年第 2 期。

43. 李红艳：《关于乡村传播与新农村建设的几点思考》，《中国农业大学学报（社会科学版）》2006 年第 3 期。

44. 李红艳、韩芸：《以"一"贯之：社会化媒体视野下乡村治理秩序的重构》，《现代传播（中国传媒大学学报）》2020 年第 3 期。

45. 李红艳、牛畅、汪璐蒙：《网络时代农民的信息获取与信息实践——基于对北京市郊区农民培训的调研》，《新闻与传播研究》2019 年第 4 期。

46. 李晓静：《论乡村档案传承乡村记忆的机制》，《兰台世界》2021 年第 9 期。

47. 刘超、刘明：《中国乡村传统文化活动及其治理功能——基于陕西 D 村的个案研究》，《湖南农业大学学报（社会科学版）》2015 年第 4 期。

48. 刘文海：《修优质族谱 走创新之路——新修族谱应该重点把握的几个问题》，《黑龙江史志》2016 年第 10 期。

49. 吕益君：《"农村电影放映工程"的现状与思考——记鄞州区"农村电影放映工程"》，《中国电影市场》2016 年第 4 期。

50. 毛丽萍、焦阳：《微信群里巧协商，我的乡村我做主》，《湖北政协》2019 年第 6 期。

51. 倪琳：《国家治理视角下县级融媒体中心传播功能再解读》，《东岳论丛》2021 年第 6 期。

52. 牛耀红：《建构乡村内生秩序的数字"社区公共领域"——一个西部乡村的移动互联网实践》，《新闻与传播研究》2018 年第 4 期。

53. 潘忠党：《"玩转我的 iPhone，搞掂我的世界！"——探讨新传媒技术应用中的"中介化"和"驯化"》，《苏州大学学报（哲学社会科学版）》2014 年第 4 期。

54. 钱茂伟、董秀娟：《由精英而大众：村民人人入村志村史之路》，《浙江社会科学》2021 年第 12 期。

55. 钱茂伟：《浅谈公众社区史的编写》，《中国地方志》2015 年第 9 期。

56. 钱茂伟、王笑航：《大规模推广村村修志的必要性与成功路径》，《中国地方志》2021 年第 4 期。

57. 冉华、窦瑞晴：《我国电视对农传播的整体现状——基于九个电视对农频道和两个农村地区的实证研究》，《湖北社会科学》2018 年第 5 期。

58. 冉华、耿书培：《农村社会变迁中村落共同体的线上建构——

对宁夏中部 Z 村的考察》,《开放时代》2021 年第 3 期。

59. 沙垚、王昊:《"主体-空间-时间-实践":新时代乡村文化振兴的原则与方向》,《浙江师范大学学报(社会科学版)》2019 年第 5 期。

60. 沙垚:《乡村文化传播的内生性视角:"文化下乡"的困境与出路》,《现代传播(中国传媒大学学报)》2016 年第 6 期。

61. 沙垚:《新时代中国特色新闻学体系建构与乡村实践》,《厦门大学学报(哲学社会科学版)》2019 年第 2 期。

62. 沙垚:《重建基层:县级融媒体中心实践的平台化和组织化》,《当代传播》2020 年第 1 期。

63. 申端锋:《电视下乡:大众媒介与乡村社会相关性的实证研究》,《华中科技大学学报(社会科学版)》2008 年第 6 期。

64. 申振华、刘超、张烨:《以"三农"问题导向为乡村振兴发声——〈问您所"?"〉的创新表达》,《西部广播电视》2021 年第 13 期。

65. 宋才发、许威:《传统文化在乡村治理中的法治功能》,《中南民族大学学报(人文社会科学版)》2020 年第 4 期。

66. 孙藜:《We Chat:电子书写式言谈与熟人圈的公共性重构——从"微信"出发的一种互联网文化分析》,《国际新闻界》2014 年第 5 期。

67. 孙秋云、王利芬、郑进:《电视传播与村民国家形象的建构及乡村社会治理——基于贵州、湖南、河南三省部分乡村的实地调查》,《广东社会科学》2015 年第 1 期。

68. 孙士杰:《依靠群众移风易俗的一个创造——"红白事理事会"工作的几点经验》,《学习与研究》1991 年第 1 期。

69. 孙翊锋、刘晓波:《乡村治理中信息不对称问题及其对策分析》,《金融经济》2011 年第 14 期。

70. 唐士军、郭学勤:《宁波:农村电影院线可持续发展的思考》,《当代电影》2010 年第 12 期。

71. 田凯、黄金:《国外治理理论研究:进程与争鸣》,《政治学研究》2015 年第 6 期。

72. 汪兴和:《媒介接触:农民政治信任构建载体研究》,《海河传媒》2021 年第 6 期。

73. 王斌:《从技术逻辑到实践逻辑:媒介演化的空间历程与媒介研究的空间转向》,《新闻与传播研究》2011 年第 3 期。

74. 王崇文:《受群众欢迎的"红白事简办理事会"》,《党的建设》1987 年第 6 期。

75. 王华:《农村"高音喇叭"的权力隐喻》,《南京农业大学学报(社会科学版)》2013 年第 4 期。

76. 王露璐:《伦理视角下中国乡村社会变迁中的"礼"与"法"》,《中国社会科学》2015 年第 7 期。

77. 王浦劬:《新时代乡村治理现代化的根本取向、核心议题和基本路径》,《华中师范大学学报(人文社会科学版)》2022 年第 1 期。

78. 王仁磊:《当代中原家谱的新修及其时代特征》,《河南科技学院学报》2018 年第 5 期。

79. 王晓伟:《县级融媒体中心建设的长兴经验》,《中国广播》2019 年第 1 期。

80. 王越、费爱华:《从组织传播到大众传播:国家治理乡村社会的策略演进》,《南京社会科学》2012 年第 4 期。

81. 吴明堂:《中华文化传承中的家谱与地方志》,《档案记忆》2020 年第 11 期。

82. 吴南星：《谈写村史》，《前线》1963 年第 22 期。
83. 吴南星：《再谈编写村史》，《前线》1964 年第 2 期。
84. 仵志忠：《信息不对称理论及其经济学意义》，《经济学动态》1997 年第 1 期。
85. 习近平：《加快建设农业强国 推进农业农村现代化》，《求是》2023 年第 6 期。
86. 徐勇：《两种依赖关系视角下中国的"以文治理"——"以文化人"的乡村治理的阶段性特征》，《学习与探索》2017 年第 11 期。
87. 徐勇、吴毅、孙龙等：《农村社会观察（五则）》，《浙江学刊》2002 年第 2 期。
88. 徐勇：《"宣传下乡"：中国共产党对乡土社会的动员与整合》，《中共党史研究》2010 年第 10 期。
89. 许加彪、张宇然：《宣传·组织·指路：长征标语口号的产制、修辞和社会动员》，《现代传播（中国传媒大学学报）》2020 年第 12 期。
90. 闫文捷、潘忠党、吴红雨：《媒介化治理——电视问政个案的比较分析》，《新闻与传播研究》2020 年第 11 期。
91. 晏青：《近代中国标语的表征实践：历史逻辑、空间修辞与现代性焦虑》，《新闻与传播研究》2012 年第 4 期。
92. 杨俊凯、唐俊、周丽婷：《非对称信息视角下的村级治理——来自信息经济学的分析和阐释》，《当代经济》2007 年第 9 期（上）。
93. 叶利、丁贤勇：《新时代浙江农村文化礼堂数字化发展探析》，《观察与思考》2018 年第 12 期。
94. 叶枝利：《推行"三微工作法" 完善乡村治理体系》，《宁波通讯》2019 年第 12 期。

95. 义乌市大陈镇政府：《义乌市大陈镇："智慧钉办"乡村治理新模式》，《政策瞭望》2021年第3期。

96. 于晶、谢泽杭：《故乡何处是：短视频平台上的农民工社群建构与乡土记忆——对抖音"福建村"的考察》，《新闻界》2021年第9期。

97. 曾亿武、宋逸香、林夏珍、傅昌銮：《中国数字乡村建设若干问题刍议》，《中国农村经济》2021年第4期。

98. 张霭堂：《再谈病语"红白喜事"》，《临沂师专学报（社会科学版）》1990年第3期。

99. 张诚、朱天、齐向楠：《作为县域治理枢纽的县级融媒体中心建设刍议——基于对A市的实地研究》，《新闻界》2018年第12期。

100. 张怀东：《新媒体环境下乡村治理的信息难题思考——基于C县的乡村调查》，《新媒体研究》2021年第19期。

101. 张留等：《萧山河上：强化两端协同 破除信息孤岛》，《信息化建设》2021年第5期。

102. 张升：《对新修族谱的一点思考》，《华夏文化》2004年第2期。

103. 张文雅等：《建德以"乡村钉"推进数字乡村治理的实践与思考》，《浙江农业科学》2021年第8期。

104. 张秀梅：《仪式的实践与乡村共同体重塑——关于浙江农村文化礼堂建设的思考》，《浙江学刊》2018年第3期。

105. 张振霞：《中国近二十年来网上修谱历程考察》，宁波大学硕士学位论文2019年。

106. 张祝平：《论乡村礼堂的变迁与乡村社会的再组织化》，《广西民族大学学报（哲学社会科学版）》2016年第6期。

107. 赵琨、苏昕：《嵌入"智治"：乡村数字化治理的趋向与探索》，《领导科学》2021年9月（下）。

108. 赵丽娜:《生活记忆及其方法价值》,《哈尔滨工业大学学报(社会科学版)》2017年第4期。
109. 《浙江绍兴将全面实现有线广播"村村响"》,《中国有线电视》2009年第8期。
110. 郑琳:《当代家谱文化的时代特征》,《浙江档案》2012年第7期。
111. 郑素侠、杨家明:《云端的连接:信息传播技术与乡村社会的"重新部落化"》,《现代传播(中国传媒大学学报)》2021年第5期。
112. 郑中玉:《沟通媒介与社会发展:时空分离的双向纬度——以互联网的再地方化效应为例》,《黑龙江社会科学》2008年第1期。
113. 周海燕:《媒介与集体记忆研究:检讨与反思》,《新闻与传播研究》2014年第9期。
114. 周俊:《以整体智治消除基层"数据烟囱"》,《国家治理》2020年第30期。
115. 周逵、黄典林:《从大喇叭、四级办台到县级融媒体中心——中国基层媒体制度建构的历史分析》,《新闻记者》2020年第6期。
116. 周朗生:《治理的理论诠释——从治理到乡村治理》,《兰州学刊》2008年第7期。
117. 周林兴、崔云萍:《面向数字人文的乡村档案记忆资源开发:价值、机制及路径选择》,《北京档案》2021年第10期。
118. 朱毅峰:《教育习俗传承的空间变革——基于农村文化礼堂建设的个案分析》,《教育发展研究》2019年第8期。
119. 邹华享:《湖南家谱简论(续)》,《图书馆》2002年第1期。

后 记

本书的写作思路几经调整。最初的设想是按照历时的时间线索来组织全书的结构,即从纵向上探讨媒介变革与乡村治理变迁。这种写法虽然可以涉及现实问题,但无法凸显现实关怀。随后的设想是根据乡村治理的几个主要现实问题来设计全书结构,即从横向上研究媒介与当下的乡村有效治理问题。这样做的好处是既实现了现实导向,又可以把历史维度的考察寄寓在关于现实问题的讨论中。但在研究过程中,我又发现,探讨乡村有效治理还需要解决一些乡村有效治理的基础建设问题。于是,全书的主题最终被确定成现在的模样:媒介与乡村有效治理的基础建设。

在写作本书的过程中,实实在在遇到一些时间上的困扰。各种事务性的工作扑面而来,时间被切成一小块一小块的碎片。前面看过的文献资料,在后面写作时就忘记了,不得不重新再看一遍。尤其可惜的是,看文献资料时迸发的灵感,有时没注意记下来,当时相信自己可以记得住,再启动写作时,却难以想起来。另外,连续畅快写作带来的愉悦感和成就感,在这种断断续续的工作中消减了。这些都是无可奈何的事。好在,经过几年的努力,书稿终于完成了。同许多作者一样,在完成书稿的那一刻,有种如释重负的感觉,同时颇感欣慰,希望这本书能成为自己学术征程中的一块踏脚石。

在谋划本研究的思路时,宁波大学人文与传媒学院的宁海林教授、王丽教授和张斌宁教授,提供了很好的建议和诸多鼓励,激发了我的学术想象和完成研究的信心。在完成本研究的过程中,研究生陈孝琳、王周雨虹、吴豪、诸葛承凯和本科生闫思敏,协助我完成了村庄调查,获得了一批第一手资料。研究生徐卫琦通读书稿,协助我改正了一些技术问题。这里,向诸位同事和同学表达诚挚的谢意。

复旦大学出版社的朱安奇老师为本书的出版耗费了很多心力,她严谨细致的工作不仅纠正了书稿中的一些细节问题,还为我提供了很好的修改、增补建议。我和朱安奇老师认识八九年了,她亲切和善的待人风格、高水平的专业工作令人印象深刻。我的第一部书稿《教育农民:浙东乡村社会变迁中的政治传播(1949—1962)》2016年在复旦大学出版社出版,也是由朱老师编辑的。朱老师告诉我,那本书稿也是她参加工作后编辑的第一本专著。这既是我的幸运,也是一种机缘吧。

图书在版编目(CIP)数据

沟通基层:媒介与中国乡村有效治理的基础建设/李乐著.—上海:复旦大学出版社,2023.9
ISBN 978-7-309-16733-7

Ⅰ.①沟… Ⅱ.①李… Ⅲ.①农村-基础设施建设-研究-中国 Ⅳ.①F323

中国国家版本馆 CIP 数据核字(2023)第 018844 号

沟通基层:媒介与中国乡村有效治理的基础建设
李　乐　著
责任编辑/朱安奇

复旦大学出版社有限公司出版发行
上海市国权路 579 号　邮编:200433
网址:fupnet@fudanpress.com　http://www.fudanpress.com
门市零售:86-21-65102580　团体订购:86-21-65104505
出版部电话:86-21-65642845
上海四维数字图文有限公司

开本 890 毫米×1240 毫米　1/32　印张 8.75　字数 204 千字
2023 年 9 月第 1 版
2023 年 9 月第 1 版第 1 次印刷

ISBN 978-7-309-16733-7/F·2962
定价:42.00 元

如有印装质量问题,请向复旦大学出版社有限公司出版部调换。
版权所有　侵权必究